生物技术文献索引

田德桥　编

科学技术文献出版社
SCIENTIFIC AND TECHNICAL DOCUMENTATION PRESS
·北京·

图书在版编目（CIP）数据

生物技术文献索引 / 田德桥编. —北京：科学技术文献出版社，2023. 3
ISBN 978-7-5235-0134-4

Ⅰ. ①生…　Ⅱ. ①田…　Ⅲ. ①生物工程—文献—索引—世界　Ⅳ. ① Z89：Q81

中国国家版本馆 CIP 数据核字（2023）第 053305 号

生物技术文献索引

策划编辑：郝迎聪　　责任编辑：李　鑫　　责任校对：王瑞瑞　　责任出版：张志平

出 版 者　科学技术文献出版社
地　　址　北京市复兴路15号　邮编　100038
编 务 部　（010）58882938，58882087（传真）
发 行 部　（010）58882868，58882870（传真）
邮 购 部　（010）58882873
官方网址　www.stdp.com.cn
发 行 者　科学技术文献出版社发行　全国各地新华书店经销
印 刷 者　北京厚诚则铭印刷科技有限公司
版　　次　2023 年 3 月第 1 版　2023 年 3 月第 1 次印刷
开　　本　787 × 1092　1/16
字　　数　587千
印　　张　29.75
书　　号　ISBN 978-7-5235-0134-4
定　　价　108.00元

编写说明

生物技术发展日新月异，*Science* 每年评选的十大科学突破中，生命科学与生物技术相关科学突破往往占到一半以上；生物技术涉及领域广泛，医学、制药、农业、环保等很多领域的发展与生物技术密切相关。生物技术发展也存在风险，合成生物学、基因编辑技术、克隆技术等的发展存在潜在的生物安全与伦理风险。

生物技术相关文献数量庞大，包括大量图书与期刊文献，梳理这些文献可为相关研究与管理人员提供参考。

为此编者检索整理了 2000 年以来与生物技术相关的一些重要的中英文图书、期刊文献，生命科学与生物技术相关诺贝尔奖获奖者文献，国内外生物技术相关战略规划及文献，生物技术相关 *Science* 与《麻省理工科技评论》年度科技突破信息等，检索时间截至 2021 年 11 月。

文献检索策略如下。

1. 图书检索

通过以下网站，检索“biotechnology”（如果有“标题”检索选项，选择“标题”检索），选择出版时间在 2000 年以后的图书，筛选重要图书，整理相关信息：

美国科学院出版社（https://www.nap.edu/）；

德国施普林格出版社（https://link.springer.com/）；

荷兰爱思唯尔 SD 数据库（https://www.sciencedirect.com/browse/journals-and-books）；

约翰威立父子出版公司在线图书馆（https://onlinelibrary.wiley.com/）；

英国泰勒–弗朗西斯出版集团（https://www.taylorfrancis.com/）；

哈佛大学出版社（https://www.hup.harvard.edu/）；

麻省理工学院出版社（https://mitpress.mit.edu/）；

牛津大学学术资源库（https://global.oup.com/academic/online）；

剑桥大学出版社（https://www.cambridge.org/core）。

在京东商城网站（https://www.jd.com/）检索“生物技术”，筛选相关图书，在中央宣传部出版物信息中心网站（https://pdc.capub.cn/）进行信息核准。

按年度由近及远顺序编排文献，年度相同的按标题字母编排。

2. 文献及期刊检索

文献检索：基于 Science Citation Index Expanded（SCI-Expanded），在标题检索“biotechnology”；期刊：*Science*、*Nature*、*Nature Biotechnology*；文献类型：Article、Review、Letter、Editorial material；出版时间：2000 年以后。按年度由近及远顺序编排文献。

期刊检索：基于 SCI-Expanded，选择名称含“biotechnology”的期刊。期刊相关信息查询：https://mjl.clarivate.com/search-results；2020 年度影响因子查询：http://sci.justscience.cn；查询时间：2022 年 6 月。

100 种生物技术文献按照编者前期编写的《生物技术发展知识图谱》中选取的 100 种生物技术进行检索，选取重要综述类文献。

同时检索诺贝尔生理学或医学奖及化学奖获奖者发表的综述类文献，分别按作者获奖时间由近及远、文献由近及远顺序编排。

文献格式按照 PubMed 格式。

3. 其他检索

查找国内外生物技术相关战略规划及文献，英文文献通过 PubMed 检索；中文文献通过 Web of Science 的中国科学引文索引数据库检索，文献时间选取 2000 年以后，按年度由近及远排序。

Science 年度十大科学突破，参考 *Science* 网站（如 https://vis.sciencemag.org/breakthrough2018 等）及科学网中文网页（http://sciencenet.cn）。

《麻省理工科技评论》全球十大突破性技术参考期刊官网（https://www.technologyreview.com/10-breakthrough-technologies）及相关中文网址。

书中文献信息基于原始来源，未做过多调整。书中不当之处，请读者批评指正。

编者

2022 年 10 月

目 录

一、图书

NAP

标题	**The Critical Public Health Value of Vaccines：Tackling Issues of Access and Hesitancy：Proceedings of a Workshop**
年度	2021
页数	230
DOI	https://doi.org/10.17226/26134
序号	1
标题	**Engineering for Pandemics：Preparedness，Response，and Recovery：Proceedings of a Forum**
年度	2021
页数	48
DOI	https://doi.org/10.17226/26093
序号	2
标题	**Next Steps for Functional Genomics：Proceedings of a Workshop**
年度	2020
页数	200
DOI	https://doi.org/10.17226/25780
序号	3
标题	**Planning for Long-Term Use of Biomedical Data：Proceedings of a Workshop**
年度	2020
页数	92
DOI	https://doi.org/10.17226/25707
序号	4
标题	**Neuroscience Data in the Cloud：Opportunities and Challenges：Proceedings of a Workshop**
年度	2020
页数	98
DOI	https://doi.org/10.17226/25653
序号	5

续表

标题	**Life-Cycle Decisions for Biomedical Data：The Challenge of Forecasting Costs**
年度	2020
页数	184
DOI	https://doi.org/10.17226/25639
序号	6
标题	**Safeguarding the Bioeconomy**
年度	2020
页数	392
DOI	https://doi.org/10.17226/25525
序号	7
标题	**Advancing Progress in the Development of Combination Cancer Therapies with Immune Checkpoint Inhibitors：Proceedings of a Workshop**
年度	2019
页数	88
DOI	https://doi.org/10.17226/25405
序号	8
标题	**Second International Summit on Human Genome Editing：Continuing the Global Discussion：Proceedings of a Workshop–in Brief**
年度	2019
页数	10
DOI	https://doi.org/10.17226/25343
序号	9
标题	**Forest Health and Biotechnology：Possibilities and Considerations**
年度	2019
页数	240
DOI	https://doi.org/10.17226/25221
序号	10
标题	**Governance of Dual Use Research in the Life Sciences：Advancing Global Consensus on Research Oversight：Proceedings of a Workshop**
年度	2018
页数	210
DOI	https://doi.org/10.17226/25154

续表

序号	11
标题	**Nutrigenomics and the Future of Nutrition：Proceedings of a Workshop**
年度	2018
页数	154
DOI	https://doi.org/10.17226/25147
序号	12
标题	**Implementing and Evaluating Genomic Screening Programs in Health Care Systems：Proceedings of a Workshop**
年度	2018
页数	150
DOI	https://doi.org/10.17226/25048
序号	13
标题	**The Next Generation of Biomedical and Behavioral Sciences Researchers：Breaking Through**
年度	2018
页数	192
DOI	https://doi.org/10.17226/25008
序号	14
标题	**Biodefense in the Age of Synthetic Biology**
年度	2018
页数	188
DOI	https://doi.org/10.17226/24890
序号	15
标题	**Animal Models for Microbiome Research：Advancing Basic and Translational Science：Proceedings of a Workshop**
年度	2018
页数	114
DOI	https://doi.org/10.17226/24858
序号	16
标题	**Dual Use Research of Concern in the Life Sciences：Current Issues and Controversies**
年度	2017
页数	114

续表

DOI	https://doi.org/10.17226/24761
序号	17
标题	**Making the Living World Engineerable：Science，Practice，and Policy：Proceedings of a Workshop in Brief**
年度	2016
页数	9
DOI	https://doi.org/10.17226/24656
序号	18
标题	**An Evidence Framework for Genetic Testing**
年度	2017
页数	148
DOI	https://doi.org/10.17226/24632
序号	19
标题	**Human Genome Editing：Science，Ethics，and Governance**
年度	2017
页数	328
DOI	https://doi.org/10.17226/24623
序号	20
标题	**Preparing for Future Products of Biotechnology**
年度	2017
页数	230
DOI	https://doi.org/10.17226/24605
序号	21
标题	**Deriving Drug Discovery Value from Large-Scale Genetic Bioresources：Proceedings of a Workshop**
年度	2016
页数	114
DOI	https://doi.org/10.17226/23601
序号	22
标题	**Gene Drives on the Horizon：Advancing Science，Navigating Uncertainty，and Aligning Research with Public Values**
年度	2016
页数	230

续表

DOI	https://doi.org/10.17226/23405
序号	23
标题	**Genetically Engineered Crops：Experiences and Prospects**
年度	2016
页数	606
DOI	https://doi.org/10.17226/23395
序号	24
标题	**Mitochondrial Replacement Techniques：Ethical，Social，and Policy Considerations**
年度	2016
页数	200
DOI	https://doi.org/10.17226/21871
序号	25
标题	**Biomarker Tests for Molecularly Targeted Therapies：Key to Unlocking Precision Medicine**
年度	2016
页数	292
DOI	https://doi.org/10.17226/21860
序号	26
标题	**Public Engagement on Genetically Modified Organisms：When Science and Citizens Connect：Workshop Summary**
年度	2015
页数	59
DOI	https://doi.org/10.17226/21750
序号	27
标题	**Genomics-Enabled Learning Health Care Systems：Gathering and Using Genomic Information to Improve Patient Care and Research：Workshop Summary**
年度	2015
页数	116
DOI	https://doi.org/10.17226/21707
序号	28

续表

标题	**Industrialization of Biology：A Roadmap to Accelerate the Advanced Manufacturing of Chemicals**
年度	2015
页数	167
DOI	https://doi.org/10.17226/19001
序号	29
标题	**Stem Cell Therapies：Opportunities for Ensuring the Quality and Safety of Clinical Offerings：Summary of a Joint Workshop by the Institute of Medicine，the National Academy of Sciences，and the International Society for Stem Cell Research**
年度	2014
页数	108
DOI	https://doi.org/10.17226/18746
序号	30
标题	**Science Needs for Microbial Forensics：Developing Initial International Research Priorities**
年度	2014
页数	252
DOI	https://doi.org/10.17226/18737
序号	31
标题	**Convergence：Facilitating Transdisciplinary Integration of Life Sciences，Physical Sciences，Engineering，and Beyond**
年度	2014
页数	152
DOI	https://doi.org/10.17226/18722
序号	32
标题	**Refining Processes for the Co-Development of Genome-Based Therapeutics and Companion Diagnostic Tests：Workshop Summary**
年度	2014
页数	102
DOI	https://doi.org/10.17226/18617
序号	33

续表

标题	**Technological Challenges in Antibiotic Discovery and Development：A Workshop Summary**
年度	2014
页数	48
DOI	https://doi.org/10.17226/18616
序号	34
标题	**Improving the Efficiency and Effectiveness of Genomic Science Translation：Workshop Summary**
年度	2014
页数	88
DOI	https://doi.org/10.17226/18549
序号	35
标题	**The Economics of Genomic Medicine：Workshop Summary**
年度	2013
页数	128
DOI	https://doi.org/10.17226/18276
序号	36
标题	**Genome-Based Diagnostics：Demonstrating Clinical Utility in Oncology：Workshop Summary**
年度	2013
页数	122
DOI	https://doi.org/10.17226/18275
序号	37
标题	**The Science and Applications of Microbial Genomics：Workshop Summary**
年度	2013
页数	428
DOI	https://doi.org/10.17226/18261
序号	38
标题	**Determining Core Capabilities in Chemical and Biological Defense Science and Technology**
年度	2012
页数	150
DOI	https://doi.org/10.17226/13516

续表

序号	39
标题	**Sustainable Development of Algal Biofuels in the United States**
年度	2012
页数	246
DOI	https://doi.org/10.17226/13437
序号	40
标题	**Genome-Based Therapeutics：Targeted Drug Discovery and Development：Workshop Summary**
年度	2012
页数	110
DOI	https://doi.org/10.17226/13436
序号	41
标题	**Genome-Based Diagnostics：Clarifying Pathways to Clinical Use：Workshop Summary**
年度	2012
页数	104
DOI	https://doi.org/10.17226/13359
序号	42
标题	**Positioning Synthetic Biology to Meet the Challenges of the 21st Century：Summary Report of a Six Academies Symposium Series**
年度	2013
页数	80
DOI	https://doi.org/10.17226/13316
序号	43
标题	**Research Frontiers in Bioinspired Energy：Molecular-Level Learning from Natural Systems：Report of a Workshop**
年度	2012
页数	82
DOI	https://doi.org/10.17226/13258
序号	44
标题	**The Science and Applications of Synthetic and Systems Biology：Workshop Summary**
年度	2011

续表

页数	570
DOI	https://doi.org/10.17226/13239
序号	45
标题	**Animal Models for Assessing Countermeasures to Bioterrorism Agents**
年度	2011
页数	152
DOI	https://doi.org/10.17226/13233
序号	46
标题	**Life Sciences and Related Fields：Trends Relevant to the Biological Weapons Convention**
年度	2011
页数	164
DOI	https://doi.org/10.17226/13130
序号	47
标题	**Trends in Science and Technology Relevant to the Biological and Toxin Weapons Convention：Summary of an International Workshop**
年度	2011
页数	56
DOI	https://doi.org/10.17226/13113
序号	48
标题	**Nanotechnology and Oncology：Workshop Summary**
年度	2011
页数	118
DOI	https://doi.org/10.17226/13037
序号	49
标题	**Establishing Precompetitive Collaborations to Stimulate Genomics-Driven Product Development：Workshop Summary**
年度	2011
页数	90
DOI	https://doi.org/10.17226/13015
序号	50

续表

标题	**Sex Differences and Implications for Translational Neuroscience Research: Workshop Summary**
年度	2011
页数	110
DOI	https://doi.org/10.17226/13004
序号	51
标题	**The Value of Genetic and Genomic Technologies: Workshop Summary**
年度	2010
页数	108
DOI	https://doi.org/10.17226/12947
序号	52
标题	**Synthetic Biology: Building on Nature's Inspiration: Interdisciplinary Research Team Summaries**
年度	2010
页数	120
DOI	https://doi.org/10.17226/12836
序号	53
标题	**Policy Issues in the Development of Personalized Medicine in Oncology: Workshop Summary**
年度	2010
页数	94
DOI	https://doi.org/10.17226/12779
序号	54
标题	**A New Biology for the 21st Century**
年度	2009
页数	112
DOI	https://doi.org/10.17226/12764
序号	55
标题	**Systems for Research and Evaluation for Translating Genome-Based Discoveries for Health: Workshop Summary**
年度	2009
页数	102
DOI	https://doi.org/10.17226/12691

续表

序号	56
标题	**Innovations in Service Delivery in the Age of Genomics：Workshop Summary**
年度	2009
页数	80
DOI	https://doi.org/10.17226/12601
序号	57
标题	**Opportunities in Neuroscience for Future Army Applications**
年度	2009
页数	136
DOI	https://doi.org/10.17226/12500
序号	58
标题	**From Molecules to Minds：Challenges for the 21st Century：Workshop Summary**
年度	2008
页数	90
DOI	https://doi.org/10.17226/12220
序号	59
标题	**Genetically Engineered Organisms，Wildlife，and Habitat：A Workshop Summary**
年度	2008
页数	84
DOI	https://doi.org/10.17226/12218
序号	60
标题	**Global Challenges and Directions for Agricultural Biotechnology：Workshop Report**
年度	2008
页数	74
DOI	https://doi.org/10.17226/12216
序号	61
标题	**Inspired by Biology：From Molecules to Materials to Machines**
年度	2008
页数	170

续表

DOI	https://doi.org/10.17226/12159
序号	62
标题	**Diffusion and Use of Genomic Innovations in Health and Medicine: Workshop Summary**
年度	2008
页数	116
DOI	https://doi.org/10.17226/12148
序号	63
标题	**Bioinspired Chemistry for Energy: A Workshop Summary to the Chemical Sciences Roundtable**
年度	2008
页数	68
DOI	https://doi.org/10.17226/12068
序号	64
标题	**Applications of Toxicogenomic Technologies to Predictive Toxicology and Risk Assessment**
年度	2007
页数	300
DOI	https://doi.org/10.17226/12037
序号	65
标题	**Cancer-Related Genetic Testing and Counseling: Workshop Proceedings**
年度	2007
页数	134
DOI	https://doi.org/10.17226/11971
序号	66
标题	**The New Science of Metagenomics: Revealing the Secrets of Our Microbial Planet**
年度	2007
页数	170
DOI	https://doi.org/10.17226/11902
序号	67

续表

标题	**Cancer Biomarkers：The Promises and Challenges of Improving Detection and Treatment**
年度	2007
页数	250
DOI	https://doi.org/10.17226/11892
序号	68
标题	**Developing Biomarker-Based Tools for Cancer Screening，Diagnosis，and Treatment：The State of the Science，Evaluation，Implementation，and Economics：Workshop Summary**
年度	2006
页数	112
DOI	https://doi.org/10.17226/11768
序号	69
标题	**Globalization，Biosecurity，and the Future of the Life Sciences**
年度	2006
页数	316
DOI	https://doi.org/10.17226/11567
序号	70
标题	**Reaping the Benefits of Genomic and Proteomic Research：Intellectual Property Rights，Innovation，and Public Health**
年度	2006
页数	188
DOI	https://doi.org/10.17226/11487
序号	71
标题	**An International Perspective on Advancing Technologies and Strategies for Managing Dual-Use Risks：Report of a Workshop**
年度	2005
页数	156
DOI	https://doi.org/10.17226/11301
序号	72
标题	**Seeking Security：Pathogens，Open Access，and Genome Databases**
年度	2004
页数	88

续表

DOI	https://doi.org/10.17226/11087
序号	73
标题	**The Proteus Effect：Stem Cells and Their Promise for Medicine**
年度	2004
页数	312
DOI	https://doi.org/10.17226/11003
序号	74
标题	**Biological Confinement of Genetically Engineered Organisms**
年度	2004
页数	276
DOI	https://doi.org/10.17226/10880
序号	75
标题	**Biotechnology Research in an Age of Terrorism**
年度	2004
页数	164
DOI	https://doi.org/10.17226/10827
序号	76
标题	**Large-Scale Biomedical Science：Exploring Strategies for Future Research**
年度	2003
页数	296
DOI	https://doi.org/10.17226/10718
序号	77
标题	**Sharing Publication-Related Data and Materials：Responsibilities of Authorship in the Life Sciences**
年度	2003
页数	120
DOI	https://doi.org/10.17226/10613
序号	78
标题	**Defining the Mandate of Proteomics in the Post-Genomics Era：Workshop Report**
年度	2002
页数	50

续表

DOI	https://doi.org/10.17226/10560
序号	79
标题	**Using Human Resource Data to Track Innovation：Summary of a Workshop**
年度	2002
页数	80
DOI	https://doi.org/10.17226/10475
序号	80
标题	**Animal Biotechnology：Science-Based Concerns**
年度	2002
页数	200
DOI	https://doi.org/10.17226/10418
序号	81
标题	**Marine Biotechnology in the Twenty-First Century：Problems，Promise，and Products**
年度	2002
页数	130
DOI	https://doi.org/10.17226/10340
序号	82
标题	**Scientific and Medical Aspects of Human Reproductive Cloning**
年度	2002
页数	294
DOI	https://doi.org/10.17226/10285
序号	83
标题	**Capitalizing on New Needs and New Opportunities：Government-Industry Partnerships in Biotechnology and Information Technologies**
年度	2001
页数	354
DOI	https://doi.org/10.17226/10281
序号	84
标题	**Stem Cells and the Future of Regenerative Medicine**
年度	2002
页数	112

续表

DOI	https://doi.org/10.17226/10195
序号	85
标题	**Opportunities in Biotechnology for Future Army Applications**
年度	2001
页数	117
DOI	https://doi.org/10.17226/10142
序号	86
标题	**Environmental Contamination，Biotechnology，and the Law：The Impact of Emerging Genomic Information：Summary of a Forum**
年度	2001
页数	44
DOI	https://doi.org/10.17226/10104
序号	87
标题	**Genetically Modified Pest-Protected Plants：Science and Regulation**
年度	2000
页数	288
DOI	https://doi.org/10.17226/9795
序号	88
标题	**Future Biotechnology Research on the International Space Station**
年度	2000
页数	88
DOI	https://doi.org/10.17226/9785
序号	89

Springer

标题	**Plant Biotechnology**
副标题	Experience and Future Prospects
作者	Agnès Ricroch[1]，Surinder Chopra[2]，Marcel Kuntz[3]
机构	1. AgroParisTech，Paris，France 2. Department of Plant Science，The Pennsylvania State University，University Park，State College，USA 3. Laboratory of Plant and Cellular Physiology，University Grenoble-Alpes，CNRS，INRAE and CEA，Grenoble，France
年度	2021
出版社	Springer，Cham
DOI	https://doi.org/10.1007/978-3-030-68345-0
页数	304
类别	Plant Pathology
序号	1
标题	**Multifaceted Protocols in Biotechnology，Volume 2**
作者	Azura Amid
机构	International Institute for Halal Research and Training，International Islamic University Malaysia，Kuala Lumpur，Malaysia
年度	2021
出版社	Springer，Cham
DOI	https://doi.org/10.1007/978-3-030-75579-9
页数	159
类别	Biomedicine/General
序号	2
标题	**Microbial Biotechnology in Crop Protection**
作者	Manoj Kaushal[1]，Ram Prasad[2]
机构	1. International Institute of Tropical Agriculture（IITA），Dar es Salaam，Tanzania 2. Department of Botany，School of Life Sciences，Mahatma Gandhi Central University，Motihari，India
年度	2021
出版社	Springer，Singapore
DOI	https://doi.org/10.1007/978-981-16-0049-4

续表

页数	449
类别	Plant Pathology
序号	3
标题	**Meta-Topolin：A Growth Regulator for Plant Biotechnology and Agriculture**
作者	Naseem Ahmad[1]，Miroslav Strnad[2]
机构	1. Department of Botany，Aligarh Muslim University，Aligarh，India 2. Laboratory of Growth Regulators，Institute of Experimental Botany of the Czech Academy of Sciences and Palacký University，Olomouc，Czech Republic
年度	2021
出版社	Springer，Singapore
DOI	https://doi.org/10.1007/978-981-15-9046-7
页数	339
类别	Plant Breeding/Biotechnology
序号	4
标题	**Innovations in Biotechnology for a Sustainable Future**
作者	Naga Raju Maddela[1]，Luz Cecilia García[2]
机构	1. Facultad de Ciencias de la Salud and Instituto de Investigación，Universidad Técnica de Manabí，Portoviejo，Ecuador 2. Instituto de Investigación and Facultad de Ingeniería Agronómica，Universidad Técnica de Manabí，Portoviejo，Ecuador
年度	2021
出版社	Springer，Cham
DOI	https://doi.org/10.1007/978-3-030-80108-3
页数	448
类别	Agriculture
序号	5
标题	**Environmental Microbiology and Biotechnology**
副标题	Volume 2：Bioenergy and Environmental Health
作者	Anoop Singh[1]，Shaili Srivastava[2]，Dheeraj Rathore[3]，Deepak Pant[4]

续表

机构	1. Department of Scientific & Industrial Research（DSIR），Ministry of Science and Technology，Government of India，New Delhi，India 2. Amity School of Earth and Environmental Sciences，Amity University Haryana，Gurugram，India 3. School of Environment and Sustainable Development，Central University of Gujarat，Gandhinagar，India 4. Separation and Conversion Technology，Flemish Institute for Technological Research（VITO），Mol，Belgium
年度	2021
出版社	Springer，Singapore
DOI	https://doi.org/10.1007/978-981-15-7493-1
页数	364
类别	Environmental Engineering/Biotechnology
序号	6
标题	**Environmental Biotechnology Volume 4**
系列标题	Environmental Chemistry for a Sustainable World
作者	K. M. Gothandam[1]，Ramachandran Srinivasan[2]，Shivendu Ranjan[3]，Nandita Dasgupta[4]，Eric Lichtfouse[5]
机构	1. School of Bio Sciences and Technology，Vellore Institute of Technology，Vellore，India 2. Department of Genetic Engineering，SRM Institute of Science and Technology，Kattankulathur，India 3. Faculty of Engineering and the Built Environment，University of Johannesburg，Johannesburg，South Africa 4. Department of Biotechnology，Institute of Engineering and Technology，Lucknow，India 5. Aix Marseille University，CNRS，IRD，INRA，Coll France，CEREGE，Aix en Provence，France
年度	2021
出版社	Springer，Cham
DOI	https://doi.org/10.1007/978-3-030-77795-1
页数	261
类别	Agriculture
序号	7
标题	**Environmental Biotechnology Vol. 3**
系列标题	Environmental Chemistry for a Sustainable World

续表

作者	K. M. Gothandam[1]，Shivendu Ranjan[2]，Nandita Dasgupta[3]，Eric Lichtfouse[4]
机构	1. School of Bio Sciences and Technology，Vellore Institute of Technology，Vellore，India 2. Faculty of Engineering and the Built Environment，University of Johannesburg，Johannesburg，South Africa 3. Department of Biotechnology，Institute of Engineering and Technology，Lucknow，India 4. CNRS，IRD，INRAE，Coll France，CEREGEAix-Marseille University，Aix-en-Provence，France
年度	2021
出版社	Springer，Cham
DOI	https://doi.org/10.1007/978-3-030-48973-1
页数	248
类别	Ecology
序号	8
标题	**Emerging Threats of Synthetic Biology and Biotechnology**
副标题	Addressing Security and Resilience Issues
系列标题	NATO Science for Peace and Security Series C：Environmental Security
作者	Benjamin D. Trump[1]，Marie-Valentine Florin[2]，Edward Perkins[3]，Igor Linkov[1]
机构	1. US Army Corps of Engineers，Concord，USA 2. International Risk Governance Center，EPFL，Lausanne，Switzerland 3. US Army Corp Engineers，Engineer Research and Development Center，Vicksburg，USA
年度	2021
出版社	Springer，Dordrecht
DOI	https://doi.org/10.1007/978-94-024-2086-9
页数	225
类别	Biomedical Engineering/Biotechnology
序号	9
标题	**Current Trends in Microbial Biotechnology for Sustainable Agriculture**
系列标题	Environmental and Microbial Biotechnology
作者	Ajar Nath Yadav[1]，Joginder Singh[2]，Chhatarpal Singh[3]，Neelam Yadav[4]

续表

机构	1. Department of Biotechnology，Dr. Khem Singh Gill Akal College of Agriculture Eternal University，Baru Sahib，Sirmour，India 2. Department of Microbiology，Lovely Professional University，Phagwara，India 3. Department of Environmental Microbiology，Babasaheb Ambedkar University，Lucknow，India 4. Veer Bahadur Singh Purvanchal University，Jaunpur，India
年度	2021
出版社	Springer，Singapore
DOI	https://doi.org/10.1007/978-981-15-6949-4
页数	572
类别	Agriculture
序号	10
标题	**Chloroplast Biotechnology**
副标题	Methods and Protocols
系列标题	Methods in Molecular Biology
作者	Pal Maliga
机构	Waksman Institute of Microbiology，Rutgers University，Piscataway，USA
年度	2021
出版社	Humana，New York，NY
DOI	https://doi.org/10.1007/978-1-0716-1472-3
页数	369
类别	Biotechnology
序号	11
标题	**Biotechnology of Anti-Diabetic Medicinal Plants**
作者	Saikat Gantait[1]，Sandeep Kumar Verma[2]，Amit Baran Sharangi[3]
机构	1. Crop Research Unit（Genetics and Plant Breeding），Bidhan Chandra Krishi Viswavidyalaya，Mohanpur，India 2. Institute of Biological Science，SAGE University，Indore，India 3. Plantation Spices Medicinal & Aromatic Crops，Bidhan Chandra Krishi Viswavidyalaya，Mohanpur，India
年度	2021
出版社	Springer，Singapore
DOI	https://doi.org/10.1007/978-981-16-3529-8
页数	469

续表

类别	Pharmacology/Toxicology
序号	12
标题	**Biotechnology for Sustainable Environment**
作者	Sanket J. Joshi[1]，Arvind Deshmukh[2]，Hemen Sarma[3]
机构	1. Oil & Gas Research Center，Sultan Qaboos University，Muscat，Oman 2. Department of Microbiology，Dr. Babasaheb Ambedkar Marathwada University，Aurangabad，India 3. Department of Botany，Nanda Nath Saikia College，Titabar，India
年度	2021
出版社	Springer，Singapore
DOI	https://doi.org/10.1007/978-981-16-1955-7
页数	415
类别	Ecology
序号	13
标题	**Advances in the Domain of Environmental Biotechnology**
副标题	Microbiological Developments in Industries，Wastewater Treatment and Agriculture
系列标题	Environmental and Microbial Biotechnology
作者	Naga Raju Maddela[1]，Luz C. García Cruzatty[2]，Sagnik Chakraborty[3]
机构	1. Facultad de Ciencias de la Salud y Instituto de Investigación，Universidad Técnica de Manabí，Portoviejo，Ecuador 2. Ingeniería Agronómica y Instituto de Investigación，Universidad Técnica de Manabí，Portoviejo，Ecuador 3. School of Environmental Science and Safety Engineering，Jiangsu University，Zhenjiang，China
年度	2021
出版社	Springer，Singapore
DOI	https://doi.org/10.1007/978-981-15-8999-7
页数	719
类别	Microbiology
序号	14
标题	**Utilising Biomass in Biotechnology**
副标题	A Circular Approach Discussing the Pretreatment of Biomass，Its Applications and Economic Considerations
系列标题	Green Energy and Technology

续表

作者	Helen Treichel[1], Gislaine Fongaro[2], Thamarys Scapini[1], Aline Frumi Camargo[1], Fábio Spitza Stefanski[1], Bruno Venturin[3]
机构	1. Laboratory of Microbiology and Bioprocess, Department of Environmental Science and Technology, Federal University of Fronteira Sul, Erechim, Brazil 2. Laboratory of Virology, Universidade Federal de Santa Catarina, Florianópolis, Brazil 3. Department of Agricultural Science, Agricultural Engineering Post-Graduate Program (UNIOESTE), Universidade Estadual do Oeste do Paraná, Cascavel, Brazil
年度	2020
出版社	Springer, Cham
DOI	https://doi.org/10.1007/978-3-030-22853-8
页数	93
类别	Renewable and Green Energy
序号	15
标题	**Sustainability and Life Cycle Assessment in Industrial Biotechnology**
系列标题	Advances in Biochemical Engineering/Biotechnology
作者	Magnus Fröhling[1], Michael Hiete[2]
机构	1. TUM Campus Straubing for Biotechnology and Sustainability, Technical University of Munich (TUM), Straubing, Germany 2. Department of Business Chemistry, Ulm University, Ulm, Germany
年度	2020
出版社	Springer, Cham
DOI	https://doi.org/10.1007/978-3-030-47066-1
页数	367
类别	Industrial Chemistry/Chemical Engineering
序号	16
标题	**Plant Cell and Tissue Culture—A Tool in Biotechnology**
副标题	Basics and Application
作者	Karl-Hermann Neumann[1], Ashwani Kumar[2], Jafargholi Imani[3]
机构	1. Hungen, Germany 2. Department of Botany, University of Rajasthan, Jaipur, India 3. Institute of Phytopathology, Justus-Liebig University Giessen, Giessen, Germany

续表

年度	2020
出版社	Springer，Cham
DOI	https://doi.org/10.1007/978-3-030-49098-0
页数	459
类别	Cell Culture
序号	17
标题	**Nanomaterials and Environmental Biotechnology**
系列标题	Nanotechnology in the Life Sciences
作者	Indu Bhushan[1]，Vivek Kumar Singh[2]，Durgesh Kumar Tripathi[3]
机构	1. School of Biotechnology，Shri Mata Vaishno Devi University，Katra，India 2. School of Physics，Shri Mata Vaishno Devi University，Katra，India 3. Amity Institute of Organic Agriculture，Amity University，Noida，India
年度	2020
出版社	Springer，Cham
DOI	https://doi.org/10.1007/978-3-030-34544-0
页数	434
类别	Biochemistry/General
序号	18
标题	**Microbial Biotechnology：Basic Research and Applications**
系列标题	Environmental and Microbial Biotechnology
作者	Joginder Singh[1]，Ashish Vyas[2]，Shanquan Wang[3]，Ram Prasad[4]
机构	1. Department of Microbiology，Lovely Professional University，Jalandhar，India 2. Department of Microbiology and Biochemistry，Lovely Professional University，Jalandhar，India 3. School of Civil and Environmental Engineering，Sun Yat-Sen University，Guangzhou，China 4. Department of Botany，Mahatma Gandhi Central University，Motihari，India
年度	2020
出版社	Springer，Singapore
DOI	https://doi.org/10.1007/978-981-15-2817-0
页数	370
类别	Microbial Genetics and Genomics
序号	19

续表

标题	Microbial Biotechnology Approaches to Monuments of Cultural Heritage
作者	Ajar Nath Yadav[1]，Ali Asghar Rastegari[2]，Vijai Kumar Gupta[3]，Neelam Yadav[4]
机构	1. Department of Biotechnology，Eternal University，Sirmour，India 2. Department of Molecular & Cell Biochemistry，Falavarjan Branch，Islamic Azad University，Isfahan，Iran 3. Department of Chemistry & Biotechnology，Tallinn University of Technology，Tallinn，Estonia 4. Gopi Nath P.G. College，Veer Bahadur Singh Purvanchal University，Ghazipur，India
年度	2020
出版社	Springer，Singapore
DOI	https://doi.org/10.1007/978-981-15-3401-0
页数	198
类别	Microbiology
序号	20
标题	Microalgae Biotechnology for Food，Health and High Value Products
作者	Md. Asraful Alam[1]，Jing-Liang Xu[1]，Zhongming Wang[2]
机构	1. School of Chemical Engineering，Zhengzhou University，Zhengzhou，China 2. Biomass Energy and R&D，Guangzhou Institute of Energy Conversation-Chinese Academy of Sciences，Guangzhou，China
年度	2020
出版社	Springer，Singapore
DOI	https://doi.org/10.1007/978-981-15-0169-2
页数	483
类别	Biomedical Engineering/Biotechnology
序号	21
标题	Grand Challenges in Fungal Biotechnology
系列标题	Grand Challenges in Biology and Biotechnology
作者	Helena Nevalainen
机构	Department of Molecular Sciences，Macquarie University，Sydney，Australia
年度	2020
出版社	Springer，Cham
DOI	https://doi.org/10.1007/978-3-030-29541-7
页数	535

续表

类别	Microbial Genetics and Genomics
序号	22
标题	**Genetics and Biotechnology**
系列标题	The Mycota
作者	J. Philipp Benz[1]，Kerstin Schipper[2]
机构	1. TUM School of Life Sciences Weihenstephan，Holzforschung München–Fungal Biotechnology in Wood Science，Technische Universität München，Freising，Germany 2. Institut für Mikrobiologie，Department Biologie，Heinrich-Heine-Universität Düsseldorf，Düsseldorf，Germany
年度	2020
出版社	Springer，Cham
DOI	https://doi.org/10.1007/978−3−030−49924−2
页数	452
类别	Mycology
序号	23
标题	**Fungi in Fuel Biotechnology**
系列标题	Fungal Biology
作者	Gholamreza Salehi Jouzani[1]，Meisam Tabatabaei[1]，Mortaza Aghbashlo[2]
机构	1. Microbial Biotechnology Department，Agricultural Biotechnology Research Institute of Iran（ABRII）Agricultural Research，Extension，and Education Organization（AREEO），Karaj，Iran 2. Department of Mechanical Engineering of Agricultural Machinery Faculty of Agriculture Engineering and Technology，College of Agriculture and Natural Resources University of Tehran，Karaj，Iran
年度	2020
出版社	Springer，Cham
DOI	https://doi.org/10.1007/978−3−030−44488−4
页数	233
类别	Mycology
序号	24
标题	**Fungal Biotechnology and Bioengineering**
系列标题	Fungal Biology

续表

作者	Abd El-Latif Hesham[1]，Ram Sanmukh Upadhyay[2]，Gauri Dutt Sharma[3]，Chakravarthula Manoharachary[4]，Vijai Kumar Gupta[5]
机构	1. Department of Genetics Faculty of Agriculture，Beni-Suef University，Beni-Suef，Egypt 2. Department of Botany，Banaras Hindu University，Varanasi，India 3. Atal Bihari Vajpayee Vishwavidyalaya，Bilaspur，India 4. Department of Botany，Osmania University，Hyderabad，India 5. AgroBioSciences and Chemical & Biochemical Sciences Department，University Mohammed VI Polytechnic（UM6P），Benguerir，Morocco
年度	2020
出版社	Springer，Cham
DOI	https://doi.org/10.1007/978-3-030-41870-0
页数	482
类别	Mycology
序号	25
标题	**Food and Agricultural Biotechnology in Ethical Perspective**
系列标题	The International Library of Environmental，Agricultural and Food Ethics
作者	Paul B. Thompson
机构	Department of Philosophy，Michigan State University，East Lansing，USA
年度	2020
出版社	Springer，Cham
DOI	https://doi.org/10.1007/978-3-030-61214-6
页数	404
类别	Agricultural Ethics
序号	26
标题	**Experimental Protocols in Biotechnology**
系列标题	Springer Protocols Handbooks
作者	Neelima Gupta[1]，Varsha Gupta[2]
机构	1. Chhatrapati Shahu Ji Maharaj University，Kanpur，India 2. Department of Biotechnology，Chhatrapati Shahu Ji Maharaj University，Kanpur，India
年度	2020
出版社	Humana，New York，NY
DOI	https://doi.org/10.1007/978-1-0716-0607-0

续表

页数	246
类别	Nucleic Acid Chemistry
序号	27
标题	**Environmental Microbiology and Biotechnology**
副标题	Volume 1：Biovalorization of Solid Wastes and Wastewater Treatment
作者	Anoop Singh[1]，Shaili Srivastava[2]，Dheeraj Rathore[3]，Deepak Pant[4]
机构	1. Department of Scientific and Industrial Research（DSIR），Ministry of Science and Technology Government of India，New Delhi，India 2. Amity School of Earth and Environmental Sciences，Amity University Haryana，Gurugram，India 3. School of Environment and Sustainable Development，Central University of Gujarat，Gandhinagar，India 4. Separation and Conversion Technology，Flemish Institute for Technological Research（VITO），Mol，Belgium
年度	2020
出版社	Springer，Singapore
DOI	https://doi.org/10.1007/978-981-15-6021-7
页数	371
类别	Microbiology
序号	28
标题	**Environmental Biotechnology Vol. 2**
系列标题	Environmental Chemistry for a Sustainable World
作者	K. M. Gothandam[1]，Shivendu Ranjan[2]，Nandita Dasgupta[3]，Eric Lichtfouse[4]
机构	1. School of Bio Sciences and Technology，Vellore Institute of Technology，Vellore，India 2. Faculty of Engineering and the Built Environment，University of Johannesburg，Johannesburg，South Africa 3. Department of Biotechnology，Institute of Engineering and Technology，Lucknow，India 4. Aix-Marseille University，CNRS，IRD，INRA，Coll France，CEREGE，Aix-en-Provence，France
年度	2020
出版社	Springer，Cham
DOI	https://doi.org/10.1007/978-3-030-38196-7
页数	251

续表

类别	Agriculture
序号	29
标题	**Environmental Biotechnology Vol. 1**
系列标题	Environmental Chemistry for a Sustainable World
作者	K. M. Gothandam[1]，Shivendu Ranjan[2]，Nandita Dasgupta[3]，Eric Lichtfouse[4]
机构	1. School of Bio Sciences and Technology，Vellore Institute of Technology，Vellore，India 2. Faculty of Engineering and the Built Environment，University of Johannesburg，Johannesburg，South Africa 3. Department of Biotechnology，Institute of Engineering and Technology，Lucknow，India 4. Aix-Marseille University，CNRS，IRD，INRA，Coll France，CEREGE，Aix-en-Provence，France
年度	2020
出版社	Springer，Cham
DOI	https://doi.org/10.1007/978-3-030-38192-9
页数	263
类别	Agriculture
序号	30
标题	**Electron-Based Bioscience and Biotechnology**
作者	Masaharu Ishii[1]，Satoshi Wakai[2]
机构	1. Department of Biotechnology，Graduate School of Agricultural and Life Sciences，The University of Tokyo，Bunkyo-ku，Tokyo，Japan 2. Institute for Extra-cutting-edge Science and Technology Avant-garde Research（X-star），Japan Agency for Marine-Earth Science and Technology（JAMSTEC），Yokosuka，Japan
年度	2020
出版社	Springer，Singapore
DOI	https://doi.org/10.1007/978-981-15-4763-8
页数	229
类别	Biomedical Engineering/Biotechnology
序号	31
标题	**Current Applications of Pharmaceutical Biotechnology**
系列标题	Advances in Biochemical Engineering/Biotechnology

续表

作者	Ana Catarina Silva[1,2], João Nuno Moreira[3], José Manuel Sousa Lobo[1], Hugo Almeida[1]
机构	1. UCIBIO, REQUIMTE, MEDTECH, Laboratory of Pharmaceutical Technology, Department of Drug Sciences, Faculty of Pharmacy, University of Porto, Porto, Portugal 2. FP-ENAS（UFP Energy, Environment and Health Research Unit）, CEBIMED（Biomedical Research Centre）, Faculty of Health Sciences, Fernando Pessoa University, Porto, Portugal 3. Center for Neurosciences and Cell Biology（CNC）and Faculty of Pharmacy（FFUC）, University of Coimbra, Coimbra, Portugal
年度	2020
出版社	Springer, Cham
DOI	https://doi.org/10.1007/978-3-030-40464-2
页数	400
类别	Biotechnology
序号	32
标题	**Coconut Biotechnology: Towards the Sustainability of the 'Tree of Life'**
作者	Steve Adkins[1], Mike Foale[1], Roland Bourdeix[2], Quang Nguyen[1], Julianne Biddle[1]
机构	1. School of Agriculture and Food Sciences, The University of Queensland, St Lucia, Australia 2. Biological Systems Department, Centre de coopération internationale en recherche agronomique pour le développement（CIRAD）, Montpellier, Australia
年度	2020
出版社	Springer, Cham
DOI	https://doi.org/10.1007/978-3-030-44988-9
页数	282
类别	Plant Anatomy/Development
序号	33
标题	**Biotechnology for Biofuels: A Sustainable Green Energy Solution**
作者	Nitish Kumar
机构	Department of Biotechnology, Central University of South Bihar, Gaya, India
年度	2020
出版社	Springer, Singapore

续表

DOI	https://doi.org/10.1007/978-981-15-3761-5
页数	288
类别	Agriculture
序号	34
标题	**Biotechnology Business-Concept to Delivery**
系列标题	EcoProduction
作者	Arpita Saxena
机构	SPAK megAcorp，Aurangabad，India
年度	2020
出版社	Springer，Cham
DOI	https://doi.org/10.1007/978-3-030-36130-3
页数	193
类别	Environmental Engineering/Biotechnology
序号	35
标题	**Biotechnology and Future Cities**
副标题	Towards Sustainability，Resilience and Living Urban Organisms
作者	Zaheer Allam
机构	Live+Smart Research Lab，School of Architecture & Built Environment，Deakin University，Geelong，Australia
年度	2020
出版社	Palgrave Macmillan，Cham
DOI	https://doi.org/10.1007/978-3-030-43815-9
页数	90
类别	Human Geography
序号	36
标题	**Bioremediation and Biotechnology，Vol 4**
副标题	Techniques for Noxious Substances Remediation
作者	Rouf Ahmad Bhat[1]，Khalid Rehman Hakeem[2]
机构	1. Sri Pratap College，Cluster University Srinagar，Srinagar，India 2. Department of Biological Sciences，King Abdulaziz University，Jeddah，Saudi Arabia
年度	2020

续表

出版社	Springer，Cham
DOI	https://doi.org/10.1007/978-3-030-48690-7
页数	340
类别	Conservation Biology/Ecology
序号	37
标题	**Bioremediation and Biotechnology，Vol 3**
副标题	Persistent and Recalcitrant Toxic Substances
作者	Rouf Ahmad Bhat[1]，Khalid Rehman Hakeem[2]，Najla Bint Saud Al-Saud[3]
机构	1. Department of Environmental Science，Cluster University，Sri Pratap College，Srinagar，India 2. Department of Biological Sciences，King Abdulaziz University，Dr Najla Bint Saud Al-Saud Center for Excellence Research in Biotechnology，King Abdulaziz University，Jeddah，Saudi Arabia 3. Director of the Princess Dr Najla Bint Saud Al-Saud Center for Excellence Research in Biotechnology，King Abdulaziz University，Jeddah，Saudi Arabia
年度	2020
出版社	Springer，Cham
DOI	https://doi.org/10.1007/978-3-030-46075-4
页数	360
类别	Conservation Biology/Ecology
序号	38
标题	**Bioremediation and Biotechnology，Vol 2**
副标题	Degradation of Pesticides and Heavy Metals
作者	Rouf Ahmad Bhat[1]，Khalid Rehman Hakeem[2]，Moonisa Aslam Dervash[1]
机构	1. Department of Environmental Science，Cluster University，Sri Pratap College，Srinagar，India 2. Department of Biological Sciences，King Abdulaziz University，Jeddah，Saudi Arabia
年度	2020
出版社	Springer，Cham
DOI	https://doi.org/10.1007/978-3-030-40333-1
页数	278
类别	Conservation Biology/Ecology
序号	39

续表

标题	**Bioremediation and Biotechnology**
副标题	Sustainable Approaches to Pollution Degradation
作者	Khalid Rehman Hakeem[1]，Rouf Ahmad Bhat[2]，Humaira Qadri[2]
机构	1. Department of Biological Sciences，King Abdulaziz University，Princess Dr. Najla Bint Saud Al-Saud，Center for Excellence Research in Biotechnology，King Abdulaziz University，Jeddah，Saudi Arabia 2. Department of Environmental Science，Cluster University，Sri Pratap College，Srinagar，India
年度	2020
出版社	Springer，Cham
DOI	https://doi.org/10.1007/978-3-030-35691-0
页数	327
类别	Microbial Ecology
序号	40
标题	**Aptamers in Biotechnology**
系列标题	Advances in Biochemical Engineering/Biotechnology
作者	Katharina Urmann[1]，Johanna-Gabriela Walter[2]
机构	1. Basel，Switzerland 2. University Hannover，Gottfried-Wilhelm Leibniz，Hannover，Germany
年度	2020
出版社	Springer，Cham
DOI	https://doi.org/10.1007/978-3-030-54061-6
页数	215
类别	Biotechnology
序号	41
标题	**Animal Cell Biotechnology**
副标题	Methods and Protocols
系列标题	Methods in Molecular Biology
作者	Ralf Pörtner
机构	Institute of Bioprocess and Biosystems Engineering，Hamburg University of Technology（TUHH），Hamburg，Germany
年度	2020
出版社	Humana，New York，NY

续表

DOI	https://doi.org/10.1007/978-1-0716-0191-4
页数	399
类别	Biotechnology
序号	42
标题	**Alkaliphiles in Biotechnology**
系列标题	Advances in Biochemical Engineering/Biotechnology
作者	Gashaw Mamo[1]，Bo Mattiasson[2]
机构	1. Billeberga，Indienz AB，Billeberga，Sweden 2. Department of Biotechnology，Lund University，Lund，Sweden
年度	2020
出版社	Springer，Cham
DOI	https://doi.org/10.1007/978-3-030-49736-1
页数	349
类别	Industrial Chemistry/Chemical Engineering
序号	43
标题	**Agricultural，Forestry and Bioindustry Biotechnology and Biodiscovery**
作者	Pablo A. Chong[1]，David J. Newman[2]，Douglas A. Steinmacher[3]
机构	1. ESPOL Polytechnic University，Escuela Superior Politécnica del Litoral ESPOL，Centro de Investigaciones Biotecnológicas del Ecuador（CIBE），ESPOL Polytechnic University，Escuela Superior Politécnica del Litoral，ESPOL Facultad de Ciencias de la Vida（FCV），Guayaquil，Ecuador 2. Newman Consulting LLC，Wayne，USA 3. Vivetech Agrociências，Vitroplan Agrociências，Eldorado，SP，Brazil，Marechal Cândido Rondon，Brazil
年度	2020
出版社	Springer，Cham
DOI	https://doi.org/10.1007/978-3-030-51358-0
页数	460
类别	Biodiversity
序号	44
标题	**Advances in Pharmaceutical Biotechnology**
副标题	Recent Progress and Future Applications
作者	Jayanta Kumar Patra[1]，Amritesh C. Shukla[2]，Gitishree Das[1]

续表

机构	1. Dongguk University，Goyang-si，Gyeonggi-do，ROK 2. Department of Botany，University of Lucknow，Lucknow，India
年度	2020
出版社	Springer，Singapore
DOI	https://doi.org/10.1007/978-981-15-2195-9
页数	478
类别	Pharmaceutical Sciences/Technology
序号	45
标题	**Advances in Agri-Food Biotechnology**
作者	Tilak Raj Sharma，Rupesh Deshmukh，Humira Sonah
机构	Department of Agriculture Biotechnology，National Agri-Food Biotechnology，Mohali，Punjab，India
年度	2020
出版社	Springer，Singapore
DOI	https://doi.org/10.1007/978-981-15-2874-3
页数	450
类别	Agriculture
序号	46
标题	**A Practical Guide to Environmental Biotechnology**
系列标题	Learning Materials in Biosciences
作者	Jayanta Kumar Patra[1]，Gitishree Das[1]，Swagat Kumar Das[2]，Hrudayanath Thatoi[3]
机构	1. Research Institute of Biotechnology & Medical Converged Science，Dongguk University，Goyang-si，ROK 2. Department of Biotechnology，College of Engineering and Technology，Biju Patnaik University of Technology，Odisha，India 3. Department of Biotechnology，North Orissa University，Odisha，India
年度	2020
出版社	Springer，Singapore
DOI	https://doi.org/10.1007/978-981-15-6252-5
页数	175
类别	Microbiology
序号	47

续表

标题	**Yeasts in Biotechnology and Human Health**
副标题	Physiological Genomic Approaches
系列标题	Progress in Molecular and Subcellular Biology
作者	Isabel Sá-Correia
机构	Institute for Bioengineering and Biosciences（iBB）and Department of Bioengineering，Instituto Superior Técnico，Universidade de Lisboa，Lisboa，Portugal
年度	2019
出版社	Springer，Cham
DOI	https://doi.org/10.1007/978−3−030−13035−0
页数	242
类别	Eukaryotic Microbiology
序号	48
标题	**Systems and Synthetic Biotechnology for Production of Nutraceuticals**
作者	Long Liu，Jian Chen
机构	School of Biotechnology，Jiangnan University，Wuxi，China
年度	2019
出版社	Springer，Singapore
DOI	https://doi.org/10.1007/978−981−15−0446−4
页数	208
类别	Food Science/Biological Techniques
序号	49
标题	**Regulation of Genome Editing in Plant Biotechnology**
副标题	A Comparative Analysis of Regulatory Frameworks of Selected Countries and the EU
作者	Hans-Georg Dederer，David Hamburger
机构	Faculty of Law，University of Passau，Passau，Germany
年度	2019
出版社	Springer，Cham
DOI	https://doi.org/10.1007/978−3−030−17119−3
页数	372
类别	Private International Law/International & Foreign Law/Comparative Law
序号	50

续表

标题	Recent Advancement in White Biotechnology Through Fungi
副标题	Volume 1：Diversity and Enzymes Perspectives
系列标题	Fungal Biology
作者	Ajar Nath Yadav[1]，Shashank Mishra[2]，Sangram Singh[3]，Arti Gupta[4]
机构	1. Department of Biotechnology，Akal College of Agriculture，Eternal University，Himachal Pradesh，India 2. QCQA Laboratory，Biotech Park，Lucknow，India 3. Department of Biochemistry，Dr. Ram Manohar Lohia Avadh University，Faizabad，India 4. Department of Biology，Sri Avadh Raj Singh Smarak Degree College，Gonda，India
年度	2019
出版社	Springer，Cham
DOI	https://doi.org/10.1007/978-3-030-10480-1
页数	571
类别	Mycology
序号	51
标题	**Recent Advancement in White Biotechnology Through Fungi**
副标题	Volume 2：Perspective for Value-Added Products and Environments
系列标题	Fungal Biology
作者	Ajar Nath Yadav[1]，Sangram Singh[2]，Shashank Mishra[3]，Arti Gupta[4]
机构	1. Department of Biotechnology，Akal College of Agriculture，Eternal University，Baru Sahib，Sirmour，India 2. Dr. Ram Manohar Lohia Avadh University，Faizabad，India 3. Biotechnology，Biotech Park，Lucknow，India 4. Department of Zoology，Dr. Ram Manohar Lohia Avadh University，Gonda，India
年度	2019
出版社	Springer，Cham
DOI	https://doi.org/10.1007/978-3-030-14846-1
页数	504
类别	Mycology
序号	52

续表

标题	Recent Advancement in White Biotechnology Through Fungi
副标题	Volume 3：Perspective for Sustainable Environments
系列标题	Fungal Biology
作者	Ajar Nath Yadav[1]，Sangram Singh[2]，Shashank Mishra[3]，Arti Gupta[4]
机构	1. Department of Biotechnology，Akal College of Agriculture，Eternal University，Baru Sahib，Sirmour，India 2. Dr. Ram Manohar Lohia Avadh University，Faizabad，India 3. Biotech Park，Lucknow，India 4. Department of Zoology，Dr. Ram Manohar Lohia Avadh University，Gonda，India
年度	2019
出版社	Springer，Cham
DOI	https://doi.org/10.1007/978-3-030-25506-0
页数	511
类别	Mycology
序号	53
标题	Posthuman Capital and Biotechnology in Contemporary Novels
系列标题	Palgrave Studies in Literature，Science and Medicine
作者	Justin Omar Johnston
机构	Stony Brook University，Stony Brook，USA
年度	2019
出版社	Palgrave Macmillan，Cham
DOI	https://doi.org/10.1007/978-3-030-26257-0
页数	187
类别	Fiction
序号	54
标题	Plant Biotechnology：Progress in Genomic Era
作者	S. M. Paul Khurana[1]，Rajarshi Kumar Gaur[2]
机构	1. Amity Institute of Biotechnology，Amity University，Gurgaon，India 2. Department of Biotechnology，Deen Dayal Upadhyaya Gorakhpur University，Gorakhpur，India
年度	2019
出版社	Springer，Singapore

续表

DOI	https://doi.org/10.1007/978-981-13-8499-8
页数	670
类别	Plant Breeding/Biotechnology
序号	55
标题	**Plant Biotechnology and Medicinal Plants**
副标题	Periwinkle，Milk Thistle and Foxglove
作者	Mohamed Ramadan Rady
机构	Department of Plant Biotechnology，National Research Centre，Giza，Egypt
年度	2019
出版社	Springer，Cham
DOI	https://doi.org/10.1007/978-3-030-22929-0
页数	202
类别	Plant Breeding/Biotechnology
序号	56
标题	**Pharmaceutical Biotechnology**
副标题	Fundamentals and Applications
作者	Daan J. A. Crommelin[1]，Robert D. Sindelar[2]，Bernd Meibohm[3]
机构	1. Utrecht University，Utrecht，The Netherlands 2. Faculty of Pharmaceutical Sciences and The Centre for Health Evaluation & Outcomes Sciences（CHEOS），The University of British Columbia（UBC），Vancouver，Canada 3. College of Pharmacy，University of Tennessee，Health Science Center，Memphis，USA
年度	2019
出版社	Springer，Cham
DOI	https://doi.org/10.1007/978-3-030-00710-2
页数	653
类别	Pharmaceutical Sciences/Technology
序号	57
标题	**Nanotechnology in Modern Animal Biotechnology**
副标题	Recent Trends and Future Perspectives
作者	Sanjay Singh[1]，Pawan Kumar Maurya[2]

续表

机构	1. Division of Biological and Life Sciences，Ahmedabad University，Ahmedabad，India 2. Biochemistry，Central University of Haryana，Mahendegarh，India
年度	2019
出版社	Springer，Singapore
DOI	https://doi.org/10.1007/978-981-13-6004-6
页数	254
类别	Biomedical Engineering/Biotechnology
序号	58
标题	**Nanoscience and Biotechnology for Environmental Applications**
系列标题	Environmental Chemistry for a Sustainable World
作者	K. M. Gothandam[1]，Shivendu Ranjan[2]，Nandita Dasgupta[3]，Eric Lichtfouse[4]
机构	1. School of Bio Sciences & Technology，Vellore Institute of Technology，Vellore，India 2. DST-Centre for Policy Research，Lucknow，India 3. Department of Biotechnology，Institute of Engineering and Technology Dr. A.P.J. Abdul Kalam Technical University，Lucknow，India 4. Aix-Marseille University，CEREGE，CNRS，IRD，INRA，Coll France，Aix-en-Provence，France
年度	2019
出版社	Springer，Cham
DOI	https://doi.org/10.1007/978-3-319-97922-9
页数	264
类别	Waste Management/Waste Technology
序号	59
标题	**Microalgae Biotechnology for Development of Biofuel and Wastewater Treatment**
作者	Md. Asraful Alam，Zhongming Wang
机构	Guangzhou Institute of Energy Conversion，Chinese Academy of Sciences，Guangzhou，China
年度	2019
出版社	Springer，Singapore
DOI	https://doi.org/10.1007/978-981-13-2264-8
页数	655

续表

类别	Biomedical Engineering/Biotechnology
序号	60
标题	**Insecurity and Emerging Biotechnology**
副标题	Governing Misuse Potential
作者	Brett Edwards
机构	Department of Politics，Languages and International Studies，University of Bath，Bath，UK
年度	2019
出版社	Palgrave Pivot，Cham
DOI	https://doi.org/10.1007/978-3-030-02188-7
页数	97
类别	International Security Studies
序号	61
标题	**Grand Challenges in Algae Biotechnology**
系列标题	Grand Challenges in Biology and Biotechnology
作者	Armin Hallmann[1]，Pabulo H. Rampelotto[2]
机构	1. Department of Cellular and Developmental Biology of Plants，University of Bielefeld，Bielefeld，Germany 2. Federal University of Rio Grande do Sul，Porto Alegre，Brazil
年度	2019
出版社	Springer，Cham
DOI	https://doi.org/10.1007/978-3-030-25233-5
页数	591
类别	Microbial Genetics and Genomics
序号	62
标题	**Essentials of Marine Biotechnology**
作者	Se-Kwon Kim
机构	Department of Marine Life Science，College of Ocean Science and Technology，Korea Maritime and Ocean University，Busan，ROK
年度	2019
出版社	Springer，Cham
DOI	https://doi.org/10.1007/978-3-030-20944-5
页数	477

续表

类别	Biotechnology
序号	63
标题	**Environmental Biotechnology：For Sustainable Future**
作者	Ranbir Chander Sobti[1]，Naveen Kumar Arora[2]，Richa Kothari[3]
机构	1. Babasaheb Bhimrao Ambedkar University，Lucknow，India 2. Department of Environmental Science，Babasaheb Bhimrao Ambedkar University，Lucknow，India 3. Department of Environmental Sciences，Central University of Jammu，Jammu and Kashmir，India
年度	2019
出版社	Springer，Singapore
DOI	https://doi.org/10.1007/978−981−10−7284−0
页数	401
类别	Environmental Engineering/Biotechnology
序号	64
标题	**Environmental Biotechnology for Soil and Wastewater Implications on Ecosystems**
作者	Rita Kundu[1]，Rajiv Narula[2]，Rajashree Paul[3]，Susmita Mukherjee[4]
机构	1. Department of Botany，University of Calcutta，Kolkata，India 2. State University of New York，Albany，USA 3. Department of Computer Science，University of Engineering & Management，Kolkata，India 4. Department of Biotechnology，University of Engineering & Management，Kolkata，India
年度	2019
出版社	Springer，Singapore
DOI	https://doi.org/10.1007/978−981−13−6846−2
页数	115
类别	Freshwater & Marine Ecology
序号	65
标题	**Biotechnology Products in Everyday Life**
系列标题	EcoProduction
作者	Menka Khoobchandani[1]，Arpita Saxena[2]

续表

机构	1. Department of Radiology，University of Missouri，Columbia，USA 2. AAPT Foundation，Aurangabad，India
年度	2019
出版社	Springer，Cham
DOI	https://doi.org/10.1007/978-3-319-92399-4
页数	250
类别	Environmental Engineering/Biotechnology
序号	66
标题	**Application of Ionic Liquids in Biotechnology**
系列标题	Advances in Biochemical Engineering/Biotechnology
作者	Toshiyuki Itoh[1]，Yoon-Mo Koo[2]
机构	1. Center for Research on Green Sustainable Chemistry，Graduate School of Engineering，Tottori University，Tottori，Japan 2. Department of Biological Engineering，College of Engineering，Inha University，Incheon，ROK
年度	2019
出版社	Springer，Cham
DOI	https://doi.org/10.1007/978-3-030-23081-4
页数	336
类别	Biotechnology
序号	67
标题	**Advances in Plant & Microbial Biotechnology**
作者	Rita Kundu[1]，Rajiv Narula[2]
机构	1. Department of Botany，University of Calcutta，Kolkata，India 2. State University of New York，Albany，USA
年度	2019
出版社	Springer，Singapore
DOI	https://doi.org/10.1007/978-981-13-6321-4
页数	134
类别	Plant Breeding/Biotechnology
序号	68
标题	**Advances in Animal Biotechnology**
作者	Birbal Singh[1]，Gorakh Mal[1]，Sanjeev K. Gautam[2]，Manishi Mukesh[3]

续表

机构	1. ICAR-Indian Veterinary Research Institute，Regional Station，Palampur，India 2. Department of Biotechnology，Kurukshetra University，Kurukshetra，India 3. Department of Animal Biotechnology，ICAR-National Bureau of Animal Genetic Resources，Karnal，India
年度	2019
出版社	Springer，Cham
DOI	https://doi.org/10.1007/978-3-030-21309-1
页数	562
类别	Animal Genetics and Genomics
序号	69
标题	**A Practical Guide to Pharmacological Biotechnology**
系列标题	Learning Materials in Biosciences
作者	Jayanta Kumar Patra[1]，Swagat Kumar Das[2]，Gitishree Das[3]，Hrudayanath Thatoi[4]
机构	1. Research Institute of Biotechnology & Medical Converged Science，Dongguk University，Goyang-si，Gyeonggi-do，ROK 2. Department of Biotechnology，College of Engineering and Technology，Biju Patnaik University of Technology，Odisha，India 3. Dongguk University，Goyang-si，Gyeonggi-do，ROK 4. Department of Biotechnology，North Orissa University，Odisha，India
年度	2019
出版社	Springer，Singapore
DOI	https://doi.org/10.1007/978-981-13-6355-9
页数	142
类别	Laboratory Medicine
序号	70
标题	**Trends in Insect Molecular Biology and Biotechnology**
作者	Dhiraj Kumar，Chengliang Gong
机构	School of Biology and Basic Medical Sciences，Soochow University，Suzhou，China
年度	2018
出版社	Springer，Cham
DOI	https://doi.org/10.1007/978-3-319-61343-7
页数	378

续表

类别	Entomology
序号	71
标题	**Sustainable Biotechnology- Enzymatic Resources of Renewable Energy**
作者	Om V. Singh[1]，Anuj K. Chandel[2]
机构	1. Division of Biological and Health Science，University of Pittsburgh，Bradford，USA 2. Department of Biotechnology，University of São Paulo，Lorena，Brazil
年度	2018
出版社	Springer，Cham
DOI	https://doi.org/10.1007/978−3−319−95480−6
页数	476
类别	Microbiology
序号	72
标题	**Nanochemistry，Biotechnology，Nanomaterials，and Their Applications**
副标题	Selected Proceedings of the 5th International Conference Nanotechnology and Nanomaterials（NANO2017），August 23−26，2017，Chernivtsi，Ukraine
系列标题	Springer Proceedings in Physics
作者	Olena Fesenko，Leonid Yatsenko
机构	National Academy of Sciences of Ukraine，Institute of Physics，Kyiv，Ukraine
年度	2018
出版社	Springer，Cham
DOI	https://doi.org/10.1007/978−3−319−92567−7
页数	525
类别	Nanoscale Science and Technology
序号	73
标题	**Multifaceted Protocol in Biotechnology**
作者	Azura Amid[1]，Sarina Sulaiman[2]，Dzun Noraini Jimat[2]，Nor Fadhillah Mohamed Azmin[2]
机构	1. International Institute for Halal Research and Training（INHART），International Islamic University Malaysia，Kuala Lumpur，Malaysia 2. Department of Biotechnology Engineering，Kulliyyah of Engineering，International Islamic University Malaysia，Kuala Lumpur，Malaysia
年度	2018

续表

出版社	Springer，Singapore
DOI	https://doi.org/10.1007/978-981-13-2257-0
页数	244
类别	Protein Science
序号	74
标题	**Microbial Biotechnology**
副标题	Volume 2. Application in Food and Pharmacology
作者	Jayanta Kumar Patra，Gitishree Das，Han-Seung Shin
机构	Dongguk University，Goyang-si，ROK
年度	2018
出版社	Springer，Singapore
DOI	https://doi.org/10.1007/978-981-10-7140-9
页数	537
类别	Biomedical Engineering/Biotechnology
序号	75
标题	**Grand Challenges in Marine Biotechnology**
系列标题	Grand Challenges in Biology and Biotechnology
作者	Pabulo H. Rampelotto[1]，Antonio Trincone[2]
机构	1. Federal University of Rio Grande do Sul，Porto Alegre，Rio Grande do Sul，Brazil 2. Istituto di Chimica Biomolecolare，Consiglio Nazionale delle Ricerche，Pozzuoli，Naples，Italy
年度	2018
出版社	Springer，Cham
DOI	https://doi.org/10.1007/978-3-319-69075-9
页数	616
类别	Microbial Genetics and Genomics
序号	76
标题	**Biotechnology of Natural Products**
作者	Wilfried Schwab[1]，Bernd Markus Lange[2]，Matthias Wüst[3]

续表

机构	1. Biotechnology of Natural Products，Technische Universität München，Freising，Germany 2. Institute of Biological Chemistry and M.J. Murdock Metabolomics Laboratory，Washington State University，Pullman，USA 3. Bioanalytics，Institute of Nutritional and Food Sciences（IEL），University of Bonn，Bonn，Germany
年度	2018
出版社	Springer，Cham
DOI	https://doi.org/10.1007/978-3-319-67903-7
页数	316
类别	Food Science
序号	77
标题	**Biotechnology for Pulp and Paper Processing**
作者	Pratima Bajpai
机构	Pulp and Paper Consultant，Kanpur，India
年度	2018
出版社	Springer，Singapore
DOI	https://doi.org/10.1007/978-981-10-7853-8
页数	588
类别	Biotechnology
序号	78
标题	**Animal Biotechnology 2**
副标题	Emerging Breeding Technologies
作者	Heiner Niemann[1]，Christine Wrenzycki[2]
机构	1. Institute of Farm Animal Genetics，Friedrich-Loeffler-Institut（FLI），Mariensee，Germany 2. Faculty of Veterinary Medicine，Justus-Liebig-University Giessen，Giessen，Germany
年度	2018
出版社	Springer，Cham
DOI	https://doi.org/10.1007/978-3-319-92348-2
页数	303
类别	Biomedical Engineering/Biotechnology
序号	79

续表

标题	**Animal Biotechnology 1**
副标题	Reproductive Biotechnologies
作者	Heiner Niemann[1]，Christine Wrenzycki[2]
机构	1. Institute of Farm Animal Genetics，Friedrich-Loeffler-Institut（FLI），Mariensee，Germany 2. Faculty of Veterinary Medicine，Justus-Liebig-University Giessen，Giessen，Germany
年度	2018
出版社	Springer，Cham
DOI	https://doi.org/10.1007/978−3−319−92327−7
页数	304
类别	Biomedical Engineering/Biotechnology
序号	80
标题	**Advances in Applied Biotechnology**
副标题	Proceedings of the 3rd International Conference on Applied Biotechnology（ICAB2016），November 25−27，2016，Tianjin，China
系列标题	Lecture Notes in Electrical Engineering
作者	Hao Liu[1]，Cunjiang Song[2]，Arthur Ram[3]
机构	1. College of Biotechnology，Tianjin University of Science and Technology，Tianjin，China 2. College of Life Sciences，Nankai University，Tianjin，China 3. Institute of Biology Leiden，Leiden University，Leiden，The Netherlands
年度	2018
出版社	Springer，Singapore
DOI	https://doi.org/10.1007/978−981−10−4801−2
页数	865
类别	Biotechnology
序号	81
标题	**Advances in Animal Biotechnology and Its Applications**
作者	Suresh Kumar Gahlawat，Joginder Singh Duhan，Raj Kumar Salar，Priyanka Siwach，Suresh Kumar，Pawan Kaur
机构	Department of Biotechnology，Chaudhary Devi Lal University，Sirsa，India
年度	2018
出版社	Springer，Singapore

续表

DOI	https://doi.org/10.1007/978-981-10-4702-2
页数	401
类别	Biomedical Engineering/Biotechnology
序号	82
标题	**Women in Sustainable Agriculture and Food Biotechnology**
副标题	Key Advances and Perspectives on Emerging
系列标题	Women in Engineering and Science
作者	Laura S. Privalle
机构	Bayer CropScience，Morrisville，USA
年度	2017
出版社	Springer，Cham
DOI	https://doi.org/10.1007/978-3-319-52201-2
页数	153
类别	Environmental Engineering/Biotechnology
序号	83
标题	**Wheat Biotechnology**
副标题	Methods and Protocols
系列标题	Methods in Molecular Biology
作者	Prem L. Bhalla，Mohan B. Singh
机构	Plant Molecular Biology and Biotechnology Laboratory，School of Agriculture and Food，Faculty of Veterinary and Agricultural Sciences，The University of Melbourne，Parkville，Australia
年度	2017
出版社	Humana Press，New York，NY
DOI	https://doi.org/10.1007/978-1-4939-7337-8
页数	309
类别	Plant Sciences
序号	84
标题	**The Lychee Biotechnology**
作者	Manoj Kumar，Vivek Kumar，Ram Prasad，Ajit Varma
机构	Amity Institute of Microbial Technology，Amity University，Noida，India
年度	2017
出版社	Springer，Singapore

续表

DOI	https://doi.org/10.1007/978-981-10-3644-6
页数	448
类别	Plant Breeding/Biotechnology
序号	85
标题	**Sugarcane Biotechnology：Challenges and Prospects**
作者	Chakravarthi Mohan
机构	Department of Genetics and Evolution，Molecular Biology Laboratory，Federal University of São Carlos，São Carlos，Brazil
年度	2017
出版社	Springer，Cham
DOI	https://doi.org/10.1007/978-3-319-58946-6
页数	176
类别	Plant Breeding/Biotechnology
序号	86
标题	**Salvia Biotechnology**
作者	Vasil Georgiev[1]，Atanas Pavlov[2]
机构	1. Laboratory of Applied Biotechnology，The Stephan Angeloff Institute of Microbiology-BAS，Plovdiv，Bulgaria 2. Department of Analytical Chemistry，University of Food Technologies，Plovdiv，Bulgaria
年度	2017
出版社	Springer，Cham
DOI	https://doi.org/10.1007/978-3-319-73900-7
页数	427
类别	Biomedical Engineering/Biotechnology
序号	87
标题	**Rhizobium Biology and Biotechnology**
系列标题	Soil Biology
作者	Alexander P. Hansen[1]，Devendra K. Choudhary[2]，Pawan Kumar Agrawal[3]，Ajit Varma[2]
机构	1. Sankt Augustin，NRW，Germany 2. Amity Institute of Microbial Technology，Amity University Uttar Pradesh，Noida，India 3. National Agricultural Science Fund，Indian Council of Agricultural Research，New Delhi，India

续表

年度	2017
出版社	Springer，Cham
DOI	https://doi.org/10.1007/978-3-319-64982-5
页数	339
类别	Agriculture
序号	88
标题	**Psychrophiles：From Biodiversity to Biotechnology**
作者	Rosa Margesin
机构	Institute of Microbiology，University of Innsbruck，Innsbruck，Austria
年度	2017
出版社	Springer，Cham
DOI	https://doi.org/10.1007/978-3-319-57057-0
页数	685
类别	Microbial Ecology
序号	89
标题	**Prospects and Challenges in Algal Biotechnology**
作者	Bhumi Nath Tripathi[1]，Dhananjay Kumar[2]
机构	1. Indira Gandhi National Tribal University，Amarkantak，India 2. Department of Botany，School of Life Sciences，H.N.B. Garhwal University，Srinagar-Garhwal，India
年度	2017
出版社	Springer，Singapore
DOI	https://doi.org/10.1007/978-981-10-1950-0
页数	326
类别	Microbiology
序号	90
标题	**Principles and Applications of Environmental Biotechnology for a Sustainable Future**
系列标题	Applied Environmental Science and Engineering for a Sustainable Future
作者	Ram Lakhan Singh
机构	Department of Biochemistry，Dr. Ram Manohar Lohia Avadh University，Faizabad，India
年度	2017

续表

出版社	Springer，Singapore
DOI	https://doi.org/10.1007/978−981−10−1866−4
页数	487
类别	Environmental Management
序号	91
标题	**Plant Biotechnology：Recent Advancements and Developments**
作者	Suresh Kumar Gahlawat，Raj Kumar Salar，Priyanka Siwach，Joginder Singh Duhan，Suresh Kumar，Pawan Kaur
机构	Department of Biotechnology，Chaudhary Devi Lal University，Sirsa，India
年度	2017
出版社	Springer，Singapore
DOI	https://doi.org/10.1007/978−981−10−4732−9
页数	390
类别	Plant Breeding/Biotechnology
序号	92
标题	**Plant Biotechnology：Principles and Applications**
作者	Malik Zainul Abdin[1]，Usha Kiran[2]，Kamaluddin[3]，Athar Ali[2]
机构	1. Department of Biotechnology，Jamia Hamdard，New Delhi，India 2. CTPD，Department of Biotechnology，Jamia Hamdard，New Delhi，India 3. Division of Genetics & Plant Breeding，Faculty of Agriculture，SKUAST of Kashmir，New Delhi，India
年度	2017
出版社	Springer，Singapore
DOI	https://doi.org/10.1007/978−981−10−2961−5
页数	392
类别	Plant Breeding/Biotechnology
序号	93
标题	**Microbial Biotechnology**
副标题	Volume 1：Applications in Agriculture and Environment
作者	Jayanta Kumar Patra[1]，Chethala N. Vishnuprasad[2]，Gitishree Das[1]
机构	1. Dongguk University，Goyang-si，Gyeonggi-do，ROK 2. TransDisciplinary University，Bangalore，India
年度	2017

续表

出版社	Springer，Singapore
DOI	https://doi.org/10.1007/978-981-10-6847-8
页数	479
类别	Biomedical Engineering/Biotechnology
序号	94
标题	**Handbook of Industrial Chemistry and Biotechnology**
作者	James A. Kent[1]，Tilak V. Bommaraju[2]，Scott D. Barnicki[3]
机构	1. Jupiter，USA 2. Grand Island，USA 3. Kingsport，USA
年度	2017
出版社	Springer，Cham
DOI	https://doi.org/10.1007/978-3-319-52287-6
页数	2225
类别	Industrial Chemistry/Chemical Engineering
序号	95
标题	**Governance of Biotechnology in Post-Soviet Russia**
系列标题	Global Issues
作者	Tatyana Novossiolova
机构	Faculty of Social Sciences，University of Bradford，Bradford，UK
年度	2017
出版社	Palgrave Macmillan，Cham
DOI	https://doi.org/10.1007/978-3-319-51004-0
页数	326
类别	Russian and Post-Soviet Politics
序号	96
标题	**Endophytes：Biology and Biotechnology**
副标题	Volume 1
系列标题	Sustainable Development and Biodiversity
作者	Dinesh K. Maheshwari
机构	Department of Botany & Microbiology，Gurukul Kangri University，Haridwar，India
年度	2017

续表

出版社	Springer，Cham
DOI	https://doi.org/10.1007/978-3-319-66541-2
页数	341
类别	Plant Biochemistry
序号	97
标题	**Date Palm Biotechnology Protocols Volume Ⅱ**
副标题	Germplasm Conservation and Molecular Breeding
系列标题	Methods in Molecular Biology
作者	Jameel M. Al-Khayri[1]，S. Mohan Jain[2]，Dennis V. Johnson[3]
机构	1. Department of Agricultural Biotechnology，King Faisal University，Al-Hassa，Saudi Arabia 2. Agricultural Sciences，University of Helsinki，Helsinki，Finland 3. Cincinnati，USA
年度	2017
出版社	Humana Press，New York，NY
DOI	https://doi.org/10.1007/978-1-4939-7159-6
页数	408
类别	Plant Sciences
序号	98
标题	**Date Palm Biotechnology Protocols Volume Ⅰ**
副标题	Tissue Culture Applications
系列标题	Methods in Molecular Biology
作者	Jameel M. Al-Khayri[1]，S. Mohan，Jain[2]，Dennis V. ohnson[3]
机构	1. Department of Agricultural Biotechnology，King Faisal University，Al-Hassa，Saudi Arabia 2. Agricultural Sciences，University of Helsinki，Helsinki，Finland 3. Cincinnati，USA
年度	2017
出版社	Humana Press，New York，NY
DOI	https://doi.org/10.1007/978-1-4939-7156-5
页数	353
类别	Plant Sciences
序号	99

续表

标题	**Construction Biotechnology**
副标题	Biogeochemistry，Microbiology and Biotechnology of Construction Materials and Processes
系列标题	Green Energy and Technology
作者	Volodymyr Ivanov[1]，Viktor Stabnikov[2]
机构	1. Nanyang Technological University，Singapore 2. National University of Food Technologies，Kiev，Ukraine
年度	2017
出版社	Springer，Singapore
DOI	https://doi.org/10.1007/978-981-10-1445-1
页数	317
类别	Building Construction and Design
序号	100
标题	**Chlamydomonas：Biotechnology and Biomedicine**
系列标题	Microbiology Monographs
作者	Michael Hippler
机构	Institute of Plant Biology and Biotechnology，University of Münster，Münster，Germany
年度	2017
出版社	Springer，Cham
DOI	https://doi.org/10.1007/978-3-319-66360-9
页数	217
类别	Eukaryotic Microbiology
序号	101
标题	***Cannabis sativa* L.—Botany and Biotechnology**
作者	Suman Chandra[1]，Hemant Lata[2]，Mahmoud A. ElSohly[2]
机构	1. University of Mississippi，Oxford，USA 2. School of Pharmacy，University of Mississippi School of Pharmacy，Oxford，USA
年度	2017
出版社	Springer，Cham
DOI	https://doi.org/10.1007/978-3-319-54564-6
页数	474

续表

类别	Plant Sciences
序号	102
标题	**Blue Biotechnology**
副标题	From Gene to Bioactive Product
系列标题	Progress in Molecular and Subcellular Biology
作者	Werner E. G. Müller，Heinz C.，Schröder，Xiaohong Wang
机构	ERC Advanced Investigator Group，Institute for Physiological Chemistry，University Medical Center of the Johannes Gutenberg-University Mainz，Mainz，Germany
年度	2017
出版社	Springer，Cham
DOI	https://doi.org/10.1007/978-3-319-51284-6
页数	314
类别	Animal Biochemistry
序号	103
标题	**Biotechnology Regulation and Trade**
系列标题	Natural Resource Management and Policy
作者	Stuart J. Smyth，William A. Kerr，Peter W. B. Phillips
机构	University of Saskatchewan，Saskatoon，Canada
年度	2017
出版社	Springer，Cham
DOI	https://doi.org/10.1007/978-3-319-53295-0
页数	275
类别	Public Policy
序号	104
标题	**Biotechnology of Yeasts and Filamentous Fungi**
作者	Andriy A. Sibirny
机构	Institute of Cell Biology，National Academy of Sciences of Ukraine，Lviv，Ukraine
年度	2017
出版社	Springer，Cham
DOI	https://doi.org/10.1007/978-3-319-58829-2
页数	412

续表

类别	Microbial Genetics and Genomics
序号	105
标题	**Biotechnology in Space**
系列标题	SpringerBriefs in Space Life Sciences
作者	Günter Ruyters[1]，Christian Betzel[2]，Daniela Grimm[3]
机构	1. Former German Aerospace Center，Rheinbreitbach，Germany 2. Institute of Biochemistry and Molecular Biology，University of Hamburg，Hamburg，Germany 3. Institute of Biomedicine，Aarhus University，Aarhus C，Denmark
年度	2017
出版社	Springer，Cham
DOI	https://doi.org/10.1007/978-3-319-64054-9
页数	109
类别	Aerospace Technology and Astronautics
序号	106
标题	**Biotechnology in Cartoons**
作者	Reinhard Renneberg[1]，Viola Berkling[2]
机构	1. Department of Chemistry，Hong Kong University of Science and Technology，Kowloon，Hong Kong，China 2. Oschersleben，Germany
年度	2017
出版社	Springer，Cham
DOI	https://doi.org/10.1007/978-3-319-33422-6
页数	166
类别	Biomedical Engineering/Biotechnology
序号	107
标题	**Biotechnology and Production of Anti-Cancer Compounds**
作者	Sonia Malik
机构	Graduate Program in Health Sciences Biological and Health Sciences Center，Federal University of Maranhao，Sao Luis，MA，Brazil
年度	2017
出版社	Springer，Cham
DOI	https://doi.org/10.1007/978-3-319-53880-8
页数	328

续表

类别	Plant Breeding/Biotechnology
序号	108
标题	**Biotechnology and Conservation of Cultural Heritage**
作者	Franco Palla，Giovanna Barresi
机构	Laboratory of Biology and Biotechnologies for Cultural Heritage，University of Palermo-Department of Biological Chemical and Pharmaceutical Sciences and Technologies，Palermo，Italy
年度	2017
出版社	Springer，Cham
DOI	https://doi.org/10.1007/978-3-319-46168-7
页数	100
类别	Microbiology
序号	109
标题	**Bioresources and Bioprocess in Biotechnology**
副标题	Volume 1：Status and Strategies for Exploration
作者	Sabu Abdulhameed[1]，N. S. Pradeep[2]，Shiburaj Sugathan[2]
机构	1. Inter University Centre for Bioscience，Department of Biotechnology and Microbiology，Kannur University，Kannur，India 2. Division of Microbiology，Jawaharlal Nehru Tropical Botanic Garden and Research Institute，Thiruvananthapuram，India
年度	2017
出版社	Springer，Singapore
DOI	https://doi.org/10.1007/978-981-10-3573-9
页数	443
类别	Plant Breeding/Biotechnology
序号	110
标题	**Bioresources and Bioprocess in Biotechnology**
副标题	Volume 2：Exploring Potential Biomolecules
作者	Shiburaj Sugathan[1]，N. S. Pradeep[1]，Sabu Abdulhameed[2]
机构	1. Microbiology Division，Jawaharlal Nehru Tropical Botanic Garden，Thiruvananthapuram，India 2. Inter University Centre for Bioscience，Department of Biotechnology and Microbiology，School of Life Sciences，Kannur University，Kannur，India
年度	2017

续表

出版社	Springer，Singapore
DOI	https://doi.org/10.1007/978-981-10-4284-3
页数	438
类别	Plant Breeding/Biotechnology
序号	111
标题	**Biology and Biotechnology of Actinobacteria**
作者	Joachim Wink[1]，Fatemeh Mohammadipanah[2]，Javad Hamedi[2]
机构	1. Microbial Strain Collection；Helmholtz-Centre for Infection Research，Braunschweig，Germany 2. College of Science，University of Tehran，Tehran，Iran
年度	2017
出版社	Springer，Cham
DOI	https://doi.org/10.1007/978-3-319-60339-1
页数	395
类别	Bacteriology
序号	112
标题	**Basic and Applied Aspects of Biotechnology**
作者	Varsha Gupta[1]，Manjistha Sengupta[2]，Jaya Prakash[3]，Baishnab Charan Tripathy[4]
机构	1. Institute of Biosciences and Biotechnology，Chhatrapati Shahu Ji Maharaj University，Kanpur，India 2. George Washington University，Washington DC，USA 3. Orthopaedics Unit，Community Health Centre，Kanpur，India 4. School of Life sciences，Jawaharlal Nehru University，New Delhi，India
年度	2017
出版社	Springer，Singapore
DOI	https://doi.org/10.1007/978-981-10-0875-7
页数	527
类别	Environmental Engineering/Biotechnology
序号	113
标题	**Applications of Radiation Chemistry in the Fields of Industry，Biotechnology and Environment**
系列标题	Topics in Current Chemistry Collections（TCCC）
作者	Margherita Venturi[1]，Mila D'Angelantonio[2]

续表

机构	1. University of Bologna，Bologna，Italy 2. ISOF-CNR，Bologna，Italy
年度	2017
出版社	Springer，Cham
DOI	https://doi.org/10.1007/978-3-319-54145-7
页数	297
类别	Nuclear Chemistry
序号	114
标题	**Applications of Biotechnology for Sustainable Development**
作者	Kunal Mukhopadhyay，Ashish Sachan，Manish Kumar
机构	Department of Bio-Engineering，Birla Institute of Technology，Mesra，Ranchi，India
年度	2017
出版社	Springer，Singapore
DOI	https://doi.org/10.1007/978-981-10-5538-6
页数	208
类别	Biomedical Engineering/Biotechnology
序号	115
标题	**Advances in Environmental Biotechnology**
作者	Raman Kumar[1]，Anil Kumar Sharma[1]，Sarabjeet Singh Ahluwalia[2]
机构	1. Department of Biotechnology，Maharishi Markandeshwar University，Ambala，India 2. Department of Biotechnology，General Shivdev Singh Diwan Gurbachan Singh Khalsa College，Patiala，India
年度	2017
出版社	Springer，Singapore
DOI	https://doi.org/10.1007/978-981-10-4041-2
页数	288
类别	Environmental Health
序号	116
标题	**Subalternity vs. Hegemony，Cuba's Outstanding Achievements in Science and Biotechnology，1959—2014**
系列标题	SpringerBriefs in History of Science and Technology
作者	Angelo Baracca[1]，Rosella Franconi[2]

续表

机构	1. Department of Physics and Astronomy，University of Florence，Sesto Fiorentino，Italy 2. Department of Sustainability，ENEA，Italian National Agency for New Technologies，Energy and Sustainable Economic Development，Casaccia Research Centre，Rome，Italy
年度	2016
出版社	Springer，Cham
DOI	https://doi.org/10.1007/978-3-319-40609-1
页数	103
类别	Pharmaceutical Sciences/Technology
序号	117
标题	**Nonclinical Statistics for Pharmaceutical and Biotechnology Industries**
系列标题	Statistics for Biology and Health
作者	Lanju Zhang
机构	Nonclinical Statistics，Abbvie Inc，North Chicago，USA
年度	2016
出版社	Springer，Cham
DOI	https://doi.org/10.1007/978-3-319-23558-5
页数	698
类别	Statistics for Life Sciences/Medicine/Health Sciences
序号	118
标题	**Microalgae Biotechnology**
系列标题	Advances in Biochemical Engineering/Biotechnology
作者	Clemens Posten[1]，Steven Feng Chen[2]
机构	1. Institute for Biotechnology and Food Technology Biotechnology Ⅲ，Karlsruhe，Germany 2. Institute for Food & Bioresource Engineering，College of Engineering，Peking University，Beijing，China
年度	2016
出版社	Springer，Cham
DOI	https://doi.org/10.1007/978-3-319-23808-1
页数	188
类别	Biotechnology
序号	119

续表

标题	Introduction of Biotechnology in India's Agriculture
副标题	Impact，Performance and Economics
作者	Vasant P. Gandhi[1]，Dinesh Jain[2]
机构	1. Centre for Management in Agriculture，Indian Institute of Management Ahmedabad（IIMA），Ahmedabad，India 2. Entrepreneurship Development Institute of India，Ahmedabad，India
年度	2016
出版社	Springer，Singapore
DOI	https://doi.org/10.1007/978-981-10-1091-0
页数	272
类别	Agricultural Economics
序号	120
标题	Fungal Applications in Sustainable Environmental Biotechnology
系列标题	Fungal Biology
作者	Diane Purchase
机构	Faculty of Science and Technology，Department of Natural Sciences，Middlesex University，London，UK
年度	2016
出版社	Springer，Cham
DOI	https://doi.org/10.1007/978-3-319-42852-9
页数	405
类别	Mycology
序号	121
标题	Functional Genomics and Biotechnology in Solanaceae and Cucurbitaceae Crops
系列标题	Biotechnology in Agriculture and Forestry
作者	Hiroshi Ezura[1]，Tohru Ariizumi[1]，Jordi Garcia-Mas[2]，Jocelyn Rose[3]
机构	1. University of Tsukuba Faculty of Life and Environmental Sc.，Tsukuba，Japan 2. IRTA，Center for Research in Agricultural Genomics CSIC-IRTA-UAB-UB，Barcelona，Spain 3. Cornell University，Plant Biology Section，School of Integrated Plant Science，Ithaca，USA
年度	2016
出版社	Springer，Berlin，Heidelberg

续表

DOI	https://doi.org/10.1007/978-3-662-48535-4
页数	165
类别	Plant Breeding/Biotechnology
序号	122
标题	**Biotechnology of Plant Secondary Metabolism**
副标题	Methods and Protocols
系列标题	Methods in Molecular Biology
作者	Arthur Germano Fett-Neto
机构	Federal University of Rio Grande do Sul，Porto Alegre，Brazil
年度	2016
出版社	Humana Press，New York，NY
DOI	https://doi.org/10.1007/978-1-4939-3393-8
页数	180
类别	Plant Sciences
序号	123
标题	**Biotechnology of Extremophiles**
副标题	Advances and Challenges
系列标题	Grand Challenges in Biology and Biotechnology
作者	Pabulo H Rampelotto
机构	Federal University of Rio Grande do Sul，Porto Alegre，Saint Barthélemy
年度	2016
出版社	Springer，Cham
DOI	https://doi.org/10.1007/978-3-319-13521-2
页数	720
类别	Microbial Genetics and Genomics
序号	124
标题	**Biotechnology and Biochemical Engineering**
副标题	Select Proceedings of ICACE 2015
作者	Prasanna B. D.[1]，Sathyanarayana N. Gummadi[2]，Praveen V. Vadlani[3]

续表

机构	1. Department of Chemical Engineering，National Institute of Tech Karnataka，Mangalore，India 2. Bhupat and Jyoti Mehta School of Bioscie，Indian Institute of Technology Madras，Chennai，India 3. Department of Chemical Engineering，Kansas State University，Manhattan，USA
年度	2016
出版社	Springer，Singapore
DOI	https://doi.org/10.1007/978-981-10-1920-3
页数	239
类别	Biochemical Engineering
序号	125
标题	**Bioluminescence：Fundamentals and Applications in Biotechnology - Volume 3**
系列标题	Advances in Biochemical Engineering/Biotechnology
作者	Gérald Thouand[1]，Robert Marks[2]
机构	1. UMR CNRS 6144，Universite de Nantes，Nantes，France 2. Ben-Gurion University of the Negev，Department of Biotechnology Engineering，Beer-Sheba，Israel
年度	2016
出版社	Springer，Cham
DOI	https://doi.org/10.1007/978-3-319-27407-2
页数	203
类别	Applied Microbiology
序号	126
标题	**Biology and Biotechnology of Patagonian Microorganisms**
作者	Nelda Lila Olivera[1]，Diego Libkind[2]，Edgardo Donati[3]
机构	1. Patagonian Institute for the Study of Continental Ecosystems（IPEEC-CENPAT），National Scientific and Technical Research Council（CONICET），Puerto Madryn，Argentina 2. Andean-Patagonian Institute for Biological and Geoenvironmental Technologies（IPATEC）CONICET，National University of Comahue，Bariloche，Argentina 3. Industrial Fermentation Research and Development Center（CINDEFI），CONICET-UNLP，School of Science National University of La Plata，La Plata，Argentina
年度	2016

续表

出版社	Springer，Cham
DOI	https://doi.org/10.1007/978-3-319-42801-7
页数	360
类别	Plant Breeding/Biotechnology
序号	127
标题	**Anaerobes in Biotechnology**
系列标题	Advances in Biochemical Engineering/Biotechnology
作者	Rajni Hatti-Kaul，Gashaw Mamo，Bo Mattiasson
机构	Biotechnology，Department of Chemistry Center for Chemistry & Chemical Engineering，Lund University，Lund，Sweden
年度	2016
出版社	Springer，Cham
DOI	https://doi.org/10.1007/978-3-319-45651-5
页数	472
类别	Applied Microbiology
序号	128
标题	**Algae Biotechnology**
副标题	Products and Processes
系列标题	Green Energy and Technology
作者	Faizal Bux[1]，Yusuf Chisti[2]
机构	1. Institute for Water and Wastewater Technology，Durban University of Technology，Durban，South Africa 2. Massey University，Palmerston North，New Zealand
年度	2016
出版社	Springer，Cham
DOI	https://doi.org/10.1007/978-3-319-12334-9
页数	344
类别	Renewable and Green Energy
序号	129
标题	**The Role of Biotechnology in Improvement of Livestock**
副标题	Animal Health and Biotechnology
作者	Muhammad Abubakar[1]，Ali Saeed[2]，Oguz Kul[3]

续表

机构	1. National Veterinary Laboratory，Islamabad，Pakistan 2. Institute of Molecular Biology and Biotechnology，Bahauddin Zakariya University，Multan，Pakistan 3. Veterinary Faculty，Kirikkale University，Yahsihan，Turkey
年度	2015
出版社	Springer，Berlin，Heidelberg
DOI	https://doi.org/10.1007/978-3-662-46789-3
页数	147
类别	Animal Genetics and Genomics
序号	130
标题	**The Gentianaceae-Volume 2：Biotechnology and Applications**
作者	Jan J. Rybczyński[1]，Michael R. Davey[2]，Anna Mikuła[1]
机构	1. Botanical Garden-Center for Biological Diversity Conservation，Polish Academy of Sciences，Warsaw，Poland 2. Plant and Crop Sciences Division，University of Nottingham School of Biosciences，Loughborough，UK
年度	2015
出版社	Springer，Berlin，Heidelberg
DOI	https://doi.org/10.1007/978-3-642-54102-5
页数	452
类别	Plant Breeding/Biotechnology
序号	131
标题	**Springer Handbook of Marine Biotechnology**
系列标题	Springer Handbooks
作者	Se-Kwon Kim
机构	Department of Marine-Bio. Convergence Science Specialized Graduate School Science & Technology Convergence Marine Bioprocess Research Center，Pukyong National University，Busan，ROK
年度	2015
出版社	Springer，Berlin，Heidelberg
DOI	https://doi.org/10.1007/978-3-642-53971-8
页数	1512
类别	Biotechnology
序号	132

续表

标题	**Plant Biology and Biotechnology**
副标题	Volume II：Plant Genomics and Biotechnology
作者	Bir Bahadur[1]，Manchikatla Venkat Rajam[2]，Leela Sahijram[3]，K. V. Krishnamurthy[4]
机构	1. Sri Biotech Laboratories India Limited，Hyderabad，Telangana，India 2. Department of Genetics，University of Delhi，New Delhi，India 3. Division of Biotechnology，Indian Institute of Horticultural Research（IIHR），Bangalore，India 4. Center for Pharmaceutics，Pharmacognosy and Pharmacology，School of Life Sciences，Institute of Trans-Disciplinary Health Science and Technology（IHST），Bangalore，India
年度	2015
出版社	Springer，New Delhi
DOI	https://doi.org/10.1007/978−81−322−2283−5
页数	768
类别	Plant Genetics and Genomics
序号	133
标题	**Plant Biology and Biotechnology**
副标题	Volume I：Plant Diversity，Organization，Function and Improvement
作者	Bir Bahadur[1]，Manchikatla Venkat Rajam[2]，Leela Sahijram[3]，K. V. Krishnamurthy[4]
机构	1. Sri Biotech Laboratories India Limited，Hyderabad，Telangana，India 2. Department of Genetics，University of Delhi，New Delhi，India 3. Division of Biotechnology，Indian Institute of Horticultural Research（IIHR），Bangalore，India 4. Center for Pharmaceutics，Pharmacognosy and Pharmacology，School of Life Sciences，Institute of Trans-Disciplinary Health Science and Technology（IHST），Bangalore，India
年度	2015
出版社	Springer，New Delhi
DOI	https://doi.org/10.1007/978−81−322−2286−6
页数	827
类别	Plant Genetics and Genomics
序号	134

续表

标题	**Molecularly Imprinted Polymers in Biotechnology**
系列标题	Advances in Biochemical Engineering/Biotechnology
作者	Bo Mattiasson[1]，Lei Ye[2]
机构	1. Department of Biotechnology，Lund University，Lund，Sweden 2. Department of Pure and Applied Biochemistry，Lund University，Lund，Sweden
年度	2015
出版社	Springer，Cham
DOI	https://doi.org/10.1007/978-3-319-20729-2
页数	231
类别	Biotechnology
序号	135
标题	**Microbial Biotechnology—A Laboratory Manual for Bacterial Systems**
作者	Surajit Das，Hirak Ranjan Dash
机构	Department of Life Science，National Institute of Technology，Rourkela，India
年度	2015
出版社	Springer，New Delhi
DOI	https://doi.org/10.1007/978-81-322-2095-4
页数	239
类别	Microbial Ecology
序号	136
标题	**Environmental Microbial Biotechnology**
系列标题	Soil Biology
作者	Lala Behari Sukla[1]，Nilotpala Pradhan[1]，Sandeep Panda[1]，Barada Kanta Mishra[2]
机构	1. Bioresources Engineering Department，CSIR-Institute of Minerals and Materials Technology，Bhubaneswar，India 2. Mineral Processing Department，CSIR-Institute of Minerals and Materials Technology，Bhubaneswar，India
年度	2015
出版社	Springer，Cham
DOI	https://doi.org/10.1007/978-3-319-19018-1
页数	338
类别	Microbiology
序号	137

续表

标题	**Biotechnology of Isoprenoids**
系列标题	Advances in Biochemical Engineering/Biotechnology
作者	Jens Schrader[1]，Jörg Bohlmann[2]
机构	1. Bioverfahrenstechnik，DECHEMA-Forschungsinstitut，Frankfurt am Main，Germany 2. Michael Smith Laboratories，University of British Columbia，Vancouver，Canada
年度	2015
出版社	Springer，Cham
DOI	https://doi.org/10.1007/978-3-319-20107-8
页数	475
类别	Biotechnology
序号	138
标题	**Biotechnology and Intellectual Property Rights**
副标题	Legal and Social Implications
作者	Kshitij Kumar Singh
机构	Amity Law School，Noida，India
年度	2015
出版社	Springer，New Delhi
DOI	https://doi.org/10.1007/978-81-322-2059-6
页数	254
类别	IT Law/Media Law/Intellectual Property
序号	139
标题	**Biotechnology and Bioforensics**
副标题	New Trends
系列标题	SpringerBriefs in Applied Sciences and Technology
作者	Amit Kumar
机构	BioAxis DNA Research Centre（P）Limited，Hyderabad，India
年度	2015
出版社	Springer，Singapore
DOI	https://doi.org/10.1007/978-981-287-050-6
页数	86

续表

类别	Biotechnology
序号	140
标题	**Applied Environmental Biotechnology：Present Scenario and Future Trends**
作者	Garima Kaushik
机构	Department of Environmental Science，School of Earth science，Central University of Rajasthan，Kishangarh，Ajmer，India
年度	2015
出版社	Springer，New Delhi
DOI	https://doi.org/10.1007/978-81-322-2123-4
页数	167
类别	Environmental Engineering/Biotechnology
序号	141
标题	**Advances in Plant Breeding Strategies：Breeding，Biotechnology and Molecular Tools**
作者	Jameel M. Al-Khayri[1]，Shri Mohan Jain[2]，Dennis V. Johnson[3]
机构	1. Department of Agricultural Biotechnology，King Faisal University，Al-Hassa，Saudi Arabia 2. University of Helsinki，Finland 3. Cincinnati，USA
年度	2015
出版社	Springer，Cham
DOI	https://doi.org/10.1007/978-3-319-22521-0
页数	656
类别	Agriculture
序号	142
标题	**Advances in Applied Biotechnology**
副标题	Proceedings of the 2nd International Conference on Applied Biotechnology（ICAB 2014）-Volume Ⅰ
系列标题	Lecture Notes in Electrical Engineering
作者	Tong-Cun Zhang[1]，Motowo Nakajima[2]
机构	1. Tianjin University of Science and Technology，Tianjin，China 2. SBI ALApromo，Tokyo，Japan
年度	2015

续表

出版社	Springer，Berlin，Heidelberg
DOI	https://doi.org/10.1007/978−3−662−45657−6
页数	634
类别	Biotechnology
序号	143
标题	**Advances in Applied Biotechnology**
副标题	Proceedings of the 2nd International Conference on Applied Biotechnology（ICAB 2014）-Volume Ⅱ
系列标题	Lecture Notes in Electrical Engineering
作者	Tong-Cun Zhang[1]，Motowo Nakajima[2]
机构	1. Tianjin University of Science and Technology，Tianjin，China 2. SBI ALApromo，Tokyo，Japan
年度	2015
出版社	Springer，Berlin，Heidelberg
DOI	https://doi.org/10.1007/978−3−662−46318−5
页数	656
类别	Biotechnology
序号	144
标题	**Thermophilic Carboxydotrophs and Their Applications in Biotechnology**
系列标题	SpringerBriefs in Microbiology
作者	Sonia M. Tiquia-Arashiro
机构	Department of Natural Sciences，University of Michigan，Dearborn，USA
年度	2014
出版社	Springer，Cham
DOI	https://doi.org/10.1007/978−3−319−11873−4
页数	131
类别	Microbiology
序号	145
标题	**Socio-Economic Considerations in Biotechnology Regulation**
系列标题	Natural Resource Management and Policy
作者	Karinne Ludlow[1]，Stuart J. Smyth[2]，José Falck-Zepeda[3]

续表

机构	1. Faculty of Law，Monash University，VIC，Australia 2. University of Saskatchewan，Saskatoon，Canada 3. International Food Policy Research Inst.，Washington，DC，USA
年度	2014
出版社	Springer，New York，NY
DOI	https://doi.org/10.1007/978-1-4614-9440-9
页数	313
类别	Agricultural Economics
序号	146
标题	**Silicon Nano-Biotechnology**
系列标题	SpringerBriefs in Molecular Science
作者	Yao He，Yuanyuan Su
机构	Institute of Functional Nano & Soft Materials（FUNSOM），Soochow University，Suzhou，China
年度	2014
出版社	Springer，Berlin，Heidelberg
DOI	https://doi.org/10.1007/978-3-642-54668-6
页数	109
类别	Nanotechnology
序号	147
标题	**Proceedings of the 2012 International Conference on Applied Biotechnology（ICAB 2012）**
副标题	Volume 1
系列标题	Lecture Notes in Electrical Engineering
作者	Tong-Cun Zhang[1]，Pingkai Ouyang[2]，Samuel Kaplan[3]，Bill Skarnes[4]
机构	1. College of Bioengineering，Tianjin University of Science and Technology，Tianjin，China 2. Nanjing University of Technology，Nanjing，China 3. Department of Microbiology & Molecular Genetics，University of Texas Houston Medical School，Texas，USA 4. Wellcome Trust Sanger Institute，Cambridge，UK
年度	2014
出版社	Springer，Berlin，Heidelberg

续表

DOI	https://doi.org/10.1007/978-3-642-37916-1
页数	645
类别	Biotechnology
序号	148
标题	**Proceedings of the 2012 International Conference on Applied Biotechnology （ICAB 2012）**
副标题	Volume 2
系列标题	Lecture Notes in Electrical Engineering
作者	Tong-Cun Zhang[1]，Pingkai Ouyang[2]，Samuel Kaplan[3]，Bill Skarnes[4]
机构	1. College of Bioengineering，Tianjin University of Science and Technology，Tianjin，China 2. Nanjing University of Technology，Nanjing，China 3. Department of Microbiology & Molecular Genetics，University of Texas- Houston Medical School，Texas，USA 4. Wellcome Trust Sanger Institute，Cambridge，UK
年度	2014
出版社	Springer，Berlin，Heidelberg
DOI	https://doi.org/10.1007/978-3-642-37922-2
页数	628
类别	Biotechnology
序号	149
标题	**Proceedings of the 2012 International Conference on Applied Biotechnology （ICAB 2012）**
副标题	Volume 3
系列标题	Lecture Notes in Electrical Engineering
作者	Tong-Cun Zhang[1]，Pingkai Ouyang[2]，Samuel Kaplan[3]，Bill Skarnes[4]
机构	1. College of Bioengineering，Tianjin University of Science and Technology，Tianjin，China 2. Nanjing University of Technology，Nanjing，China 3. Department of Microbiology & Molecular Genetics，University of Texas- Houston Medical School，Texas，USA 4. Wellcome Trust Sanger Institute，Cambridge，UK
年度	2014
出版社	Springer，Berlin，Heidelberg

续表

DOI	https://doi.org/10.1007/978-3-642-37925-3
页数	604
类别	Biotechnology
序号	150
标题	**Plant Biotechnology for Health**
副标题	From Secondary Metabolites to Molecular Farming
作者	Maria Alejandra Alvarez
机构	CONICET/School of Pharmacy and Biochemistry，Universidad Maimónides，Buenos Aires，Argentina
年度	2014
出版社	Springer，Cham
DOI	https://doi.org/10.1007/978-3-319-05771-2
页数	161
类别	Biotechnology
序号	151
标题	**Plant Biotechnology**
副标题	Experience and Future Prospects
作者	Agnès Ricroch[1]，Surinder Chopra[2]，Shelby J. Fleischer[3]
机构	1. AgroParisTech，Paris，France 2. Department of Plant Science，The Pennsylvania State University，University Park，State College，USA 3. Department of Entomology，The Pennsylvania State University，University Park，State College，USA
年度	2014
出版社	Springer，Cham
DOI	https://doi.org/10.1007/978-3-319-06892-3
页数	291
类别	Agriculture
序号	152
标题	**Microbial Diversity and Biotechnology in Food Security**
作者	R. N. Kharwar[1]，R. S. Upadhyay[1]，N. K. Dubey[1]，Richa Raghuwanshi[2]
机构	1. Department of Botany，Banaras Hindu University Centre of Advances Studies in Botany，Varanasi，India 2. Department of Botany，Banaras Hindu University，Varanasi，India

续表

年度	2014
出版社	Springer，New Delhi
DOI	https://doi.org/10.1007/978-81-322-1801-2
页数	610
类别	Agriculture
序号	153
标题	**Human Nature in an Age of Biotechnology**
副标题	The Case for Mediated Posthumanism
系列标题	Philosophy of Engineering and Technology
作者	Tamar Sharon
机构	Philosophy，Maastricht University，Maastricht，The Netherlands
年度	2014
出版社	Springer，Dordrecht
DOI	https://doi.org/10.1007/978-94-007-7554-1
页数	241
类别	Philosophy of Technology
序号	154
标题	**Chloroplast Biotechnology**
副标题	Methods and Protocols
系列标题	Methods in Molecular Biology
作者	Pal Maliga
机构	Rutgers University，Waksman Institute of Microbiology，Piscataway，USA
年度	2014
出版社	Humana Press，Totowa，NJ
DOI	https://doi.org/10.1007/978-1-62703-995-6
页数	452
类别	Plant Sciences
序号	155
标题	**Breeding and Biotechnology of Tea and Its Wild Species**
作者	Tapan Kumar Mondal
机构	Division of Genomic Resources，National Bureau of Plant Genetic Resources，Delhi，India

续表

年度	2014
出版社	Springer，New Delhi
DOI	https://doi.org/10.1007/978−81−322−1704−6
页数	167
类别	Plant Sciences
序号	156
标题	**Biotechnology of Silk**
系列标题	Biologically-Inspired Systems
作者	Tetsuo Asakura[1]，Thomas Miller[2]
机构	1. Biotechnology，Tokyo University of Agriculture and Technology，Koganei，Japan 2. Entomology，University California-Riverside，Riverside，USA
年度	2014
出版社	Springer，Dordrecht
DOI	https://doi.org/10.1007/978−94−007−7119−2
页数	272
类别	Entomology
序号	157
标题	**Biotechnology of Lignocellulose**
副标题	Theory and Practice
作者	Hongzhang Chen
机构	Institute of Process Engineering，CAS，Beijing，China
年度	2014
出版社	Springer，Dordrecht
DOI	https://doi.org/10.1007/978−94−007−6898−7
页数	510
类别	Renewable and Green Energy
序号	158
标题	**Biotechnology of Food and Feed Additives**
系列标题	Advances in Biochemical Engineering/Biotechnology
作者	Holger Zorn[1]，Peter Czermak[2]

续表

机构	1. Justus Liebig University Giessen Institute of Food Chemistry and Food Biotechnology，Giessen，Germany 2. University of Applied Sciences Mittelhessen. Bioprocess. Engineering. & Pharmaceutical. Technology，Giessen，Germany
年度	2014
出版社	Springer，Berlin，Heidelberg
DOI	https://doi.org/10.1007/978-3-662-43761-2
页数	301
类别	Chemistry/Food Science
序号	159
标题	**Biotechnology in Africa**
副标题	Emergence，Initiatives and Future
系列标题	Science Policy Reports
作者	Florence Wambugu，Daniel Kamanga
机构	Africa Harvest Biotech Foundation，Nairobi，Kenya
年度	2014
出版社	Springer，Cham
DOI	https://doi.org/10.1007/978-3-319-04001-1
页数	291
类别	Biotechnology
序号	160
标题	**Biotechnology and Biodiversity**
系列标题	Sustainable Development and Biodiversity
作者	M. R. Ahuja[1]，K. G. Ramawat[2]
机构	1. Formerly Forestry Consultant Zobel Forestry Associates，New Paltz，USA 2. Botany Department，M.L. Sukhadia University，Udaipur，India
年度	2014
出版社	Springer，Cham
DOI	https://doi.org/10.1007/978-3-319-09381-9
页数	340
类别	Biodiversity
序号	161

续表

标题	**Bioluminescence：Fundamentals and Applications in Biotechnology-Volume 2**
系列标题	Advances in Biochemical Engineering/Biotechnology
作者	Gérald Thouand[1]，Robert Marks[2]
机构	1. University of Nantes，UMR CNRS 6144，Nantes，France 2. Department for Biotechnology Engineering，Ben Gurion University of the Negev，Beersheba，Israel
年度	2014
出版社	Springer，Berlin，Heidelberg
DOI	https://doi.org/10.1007/978-3-662-43619-6
页数	224
类别	Applied Microbiology
序号	162
标题	**Bioluminescence：Fundamentals and Applications in Biotechnology-Volume 1**
系列标题	Advances in Biochemical Engineering/Biotechnology
作者	Gérald Thouand[1]，Robert Marks[2]
机构	1. Adjoint expertise R&D DRRT，Université de Nantes，UMR CNRS 6144，Deputy Dean For Research and Technology，La Roche sur Yon-France，France 2. National Institute for Biotechnology in Ben Gurion University，Beersheba，Israel
年度	2014
出版社	Springer，Berlin，Heidelberg
DOI	https://doi.org/10.1007/978-3-662-43385-0
页数	206
类别	Applied Microbiology
序号	163
标题	***Artemisia annua*— Pharmacology and Biotechnology**
作者	Tariq Aftab[1]，Jorge F. S. Ferreira[2]，M. Masroor A. Khan[3]，M. Naeem[3]
机构	1. Department of Physiology and Cell Biology，Leibniz Institute of Plant Genetics and Crop Plant Research（IPK），Gatersleben，Germany 2. US Salinity Laboratory，United States Department of Agriculture Agriculture Research Service，Riverside，USA 3. Botany Department，Aligarh Muslim University，Aligarh，India
年度	2014
出版社	Springer，Berlin，Heidelberg

续表

DOI	https://doi.org/10.1007/978-3-642-41027-7
页数	292
类别	Plant Breeding/Biotechnology
序号	164
标题	**Applications of Biotechnology in Oncology**
作者	Kewal K. Jain
机构	Jain PharmaBiotech，Basel，Switzerland
年度	2014
出版社	Humana Press，New York，NY
DOI	https://doi.org/10.1007/978-1-4614-9245-0
页数	855
类别	Biotechnology
序号	165
标题	**Animal Cell Biotechnology**
副标题	Methods and Protocols
系列标题	Methods in Molecular Biology
作者	Ralf Pörtner
机构	Bioprozess-und Biosystemtechnik，Technische Universität Hamburg-Harburg，Hamburg，Germany
年度	2014
出版社	Humana Press，Totowa，NJ
DOI	https://doi.org/10.1007/978-1-62703-733-4
页数	498
类别	Biotechnology
序号	166
标题	**Advances in Biotechnology**
作者	Indu Ravi[1]，Mamta Baunthiyal[2]，Jyoti Saxena[3]
机构	1. Regional Centre，Indira Gandhi National Open University，Mansarovar，Jaipur，India 2. Biotechnology，Govind Ballabh Pant Engineering College，Ghurdauri，Pauri，India 3. Biochemical Engineering，Bipin Tripathi Kumaon Institute of Technology，Dwarahat，India

续表

年度	2014
出版社	Springer，New Delhi
DOI	https://doi.org/10.1007/978-81-322-1554-7
页数	259
类别	Life Sciences
序号	167
标题	**Yellow Biotechnology Ⅱ**
副标题	Insect Biotechnology in Plant Protection and Industry
系列标题	Advances in Biochemical Engineering/Biotechnology
作者	Andreas Vilcinskas
机构	Bioresources Project Group，Fraunhofer Institute for Molecular Biology，Giessen，Germany
年度	2013
出版社	Springer，Berlin，Heidelberg
DOI	https://doi.org/10.1007/978-3-642-39902-2
页数	209
类别	Biotechnology
序号	168
标题	**Yellow Biotechnology Ⅰ**
副标题	Insect Biotechnologie in Drug Discovery and Preclinical Research
系列标题	Advances in Biochemical Engineering/Biotechnology
作者	Andreas Vilcinskas
机构	Fraunhofer Institute for Molecular Biology. IME Project Group "Bioresources"，Giessen，Germany
年度	2013
出版社	Springer，Berlin，Heidelberg
DOI	https://doi.org/10.1007/978-3-642-39863-6
页数	198
类别	Biotechnology
序号	169
标题	**Thermophilic Microbes in Environmental and Industrial Biotechnology**
副标题	Biotechnology of Thermophiles
作者	Tulasi Satyanarayana[1]，Jennifer Littlechild[2]，Yutaka Kawarabayasi[3]

续表

机构	1. Department of Microbiology，University of Delhi South Campus，New Delhi，India 2. School of Chemistry and Biological Scien，Exeter University，Exeter，UK 3. Functional Genomics of Extremophiles，Kyushu University，Fukuoka，Japan
年度	2013
出版社	Springer，Dordrecht
DOI	https://doi.org/10.1007/978-94-007-5899-5
页数	954
类别	Biomedicine，general
序号	170
标题	**Recent Trends in Biotechnology and Therapeutic Applications of Medicinal Plants**
作者	Mohd. Shahid[1]，Anwar Shahzad[2]，Abida Malik[3]，Aastha Sahai[2]
机构	1. Arabian Gulf University，Department Of Medical Microbiology，College of Medicine & Medical Sciences，Manama，Bahrain 2. Department of Botany，Aligarh Muslim University，Aligarh，India 3. Department of Microbiology，Aligarh Muslim University，Aligarh，India
年度	2013
出版社	Springer，Dordrecht
DOI	https://doi.org/10.1007/978-94-007-6603-7
页数	357
类别	Biotechnology
序号	171
标题	**Pharmaceutical Biotechnology**
副标题	Fundamentals and Applications
作者	Daan J. A. Crommelin[1]，Robert D. Sindelar[2]，Bernd Meibohm[3]
机构	1. Department of Pharmaceutical Sciences，Utrecht University，Utrecht，The Netherlands 2. Department of Pharmaceutical Sciences and Department of Medicine，The University of British Columbia，Vancouver，Canada 3. Department of Pharmaceutical Sciences，University of Tennessee Health Science Center，College of Pharmacy，Memphis，USA
年度	2013
出版社	Springer，New York，NY
DOI	https://doi.org/10.1007/978-1-4614-6486-0

续表

页数	544
类别	Pharmaceutical Sciences/Technology
序号	172
标题	**Handbook on Sourdough Biotechnology**
作者	Marco Gobbetti[1]，Michael Gänzle[2]
机构	1. Department of Soil，Plant and Food Science，University of Bari Aldo Moro，Bari，Italy 2. University of Alberta，Edmonton，Canada
年度	2013
出版社	Springer，Boston，MA
DOI	https://doi.org/10.1007/978-1-4614-5425-0
页数	298
类别	Food Science
序号	173
标题	**Future Trends in Biotechnology**
系列标题	Advances in Biochemical Engineering/Biotechnology
作者	Jian-Jiang Zhong
机构	School of Life Sciences & Biotechnology，Shanghai Jiao Tong University，Shanghai，China
年度	2013
出版社	Springer，Berlin，Heidelberg
DOI	https://doi.org/10.1007/978-3-642-36508-9
页数	172
类别	Biotechnology
序号	174
标题	**Biotechnology：Prospects and Applications**
作者	R. K. Salar，S. K. Gahlawat，P. Siwach，J. S. Duhan
机构	Department of Biotechnology，Chaudhary Devi Lal University，Sirsa，India
年度	2013
出版社	Springer，New Delhi
DOI	https://doi.org/10.1007/978-81-322-1683-4
页数	315
类别	Life Sciences/General

续表

序号	175
标题	**Biotechnology of Neglected and Underutilized Crops**
作者	Shri Mohan Jain[1], S. Dutta Gupta[2]
机构	1. Department of Agricultural, University of Helsinki, Helsinki, Finland 2. Department of Agricultural & Food Engineering, Indian Institute of Technology, Kharagpur, India
年度	2013
出版社	Springer, Dordrecht
DOI	https://doi.org/10.1007/978-94-007-5500-0
页数	459
类别	Life Sciences/General
序号	176
标题	**Biotechnology of Hairy Root Systems**
系列标题	Advances in Biochemical Engineering/Biotechnology
作者	Pauline M. Doran
机构	Faculty of Life and Social Science, Swinburne University of Technology, Hawthorn, Melbourne, VIC, Australia
年度	2013
出版社	Springer, Berlin, Heidelberg
DOI	https://doi.org/10.1007/978-3-642-39019-7
页数	159
类别	Vaccine
序号	177
标题	**Biotechnology of Crucifers**
作者	Surinder Kumar Gupta
机构	Science and Technology, Division of Plant Breeding and Genetics, S.K. University of Agricultural, Chatha, India
年度	2013
出版社	Springer, New York, NY
DOI	https://doi.org/10.1007/978-1-4614-7795-2
页数	241
类别	Plant Breeding/Biotechnology
序号	178

续表

标题	Biotechnology for Medicinal Plants
副标题	Micropropagation and Improvement
作者	Suman Chandra[1]，Hemant Lata[1]，Ajit Varma[2]
机构	1. National Center for Natural Product Research，University of Mississippi，Oxford，USA 2. Amity Institute of Microbial Sciences，Amity University Uttar Pradesh，Noida，India
年度	2013
出版社	Springer，Berlin，Heidelberg
DOI	https://doi.org/10.1007/978-3-642-29974-2
页数	464
类别	Plant Physiology
序号	179
标题	Biotechnology for Environmental Management and Resource Recovery
作者	Ramesh Chander Kuhad[1]，Ajay Singh[2]
机构	1. Department of Microbiology，University of Delhi，South Campus，New Delhi，India 2. Lystek International Incorporation，Cambridge，Canada
年度	2013
出版社	Springer，India
DOI	https://doi.org/10.1007/978-81-322-0876-1
页数	313
类别	Biotechnology
序号	180
标题	Applications of Biotechnology in Neurology
作者	Kewal K. Jain
机构	Jain PharmaBiotech，Basel，Switzerland
年度	2013
出版社	Humana Press，Totowa，NJ
DOI	https://doi.org/10.1007/978-1-62703-272-8
页数	638
类别	Neurosciences

续表

序号	181
标题	**Advances in Enzyme Biotechnology**
作者	Pratyoosh Shukla[1], Brett I. Pletschke[2]
机构	1. Department of Microbiology, Maharshi Dayanand University, Rohtak, India 2. Department of Biochemistry, Rhodes University, Grahamstown, South Africa
年度	2013
出版社	Springer, New Delhi
DOI	https://doi.org/10.1007/978-81-322-1094-8
页数	175
类别	Enzymology
序号	182
标题	**The Biotechnology Debate**
副标题	Democracy in the Face of Intractable Disagreement
系列标题	Library of Ethics and Applied Philosophy
作者	Bernice Bovenkerk
机构	Philosophy, Ethics Institute, Utrecht, Netherlands
年度	2012
出版社	Springer, Dordrecht
DOI	https://doi.org/10.1007/978-94-007-2691-8
页数	336
类别	Ethics
序号	183
标题	**Regulation of Agricultural Biotechnology: The United States and Canada**
作者	Chris A. Wozniak[1], Alan McHughen[2]
机构	1. Office of Pesticide Programs, Biopesticides & Pollution, US Environmental Protection Agency, Washington, USA 2. Department of Botany & Plant Sciences, University of California, Riverside, USA
年度	2012
出版社	Springer, Dordrecht
DOI	https://doi.org/10.1007/978-94-007-2156-2
页数	396

续表

类别	Zoology
序号	184
标题	**Red Beet Biotechnology**
副标题	Food and Pharmaceutical Applications
作者	Bhagyalakshmi Neelwarne
机构	Plant Cell Biotechnology Department，Central Food Technological Research Institute，Mysore，India
年度	2012
出版社	Springer，Boston，MA
DOI	https://doi.org/10.1007/978-1-4614-3458-0
页数	435
类别	Food Science
序号	185
标题	**Nano-Biotechnology for Biomedical and Diagnostic Research**
系列标题	Advances in Experimental Medicine and Biology
作者	Eran Zahavy，Arie Ordentlich，Shmuel Yitzhaki，Avigdor Shafferman
机构	Israel Institute for Biological Research，Ness-Ziona，Israel
年度	2012
出版社	Springer，Dordrecht
DOI	https://doi.org/10.1007/978-94-007-2555-3
页数	182
类别	Biological Microscopy
序号	186
标题	**Microorganisms in Sustainable Agriculture and Biotechnology**
作者	T. Satyanarayana[1]，Bhavdish Narain Johri[2]，Anil Prakash[2]
机构	1. Fac. Inter-Disciplinary &Applied Sciences，University of Delhi，New Delhi，India 2. Department of Biotechnology and Bioinfor，Barkatullah University，Bhopal，India
年度	2012
出版社	Springer，Dordrecht
DOI	https://doi.org/10.1007/978-94-007-2214-9
页数	829

续表

类别	Microbiology
序号	187
标题	**How to Commercialise Research in Biotechnology?**
副标题	Effectiveness of the Innovation Process and of Technology Transfer in the Biotechnology Sector
作者	Oliver Uecke
机构	Dresden，Germany
年度	2012
出版社	Gabler Verlag
DOI	https://doi.org/10.1007/978-3-8349-4134-3
页数	323
类别	Entrepreneurship
序号	188
标题	**Handbook of Industrial Chemistry and Biotechnology**
作者	James A. Kent
机构	Jupiter，USA
年度	2012
出版社	Springer，Boston，MA
DOI	https://doi.org/10.1007/978-1-4614-4259-2
页数	1562
类别	Industrial Chemistry/Chemical Engineering
序号	189
标题	**Exploring Central and Eastern Europe's Biotechnology Landscape**
系列标题	The International Library of Ethics，Law and Technology
作者	Peter T. Robbins[1]，Farah Huzair[2]
机构	1. The Open University，Development Policy and Practice Group，ESRC Innogen Centre，Milton Keynes，UK 2. Development Policy and Practice，The Open University，Milton Keynes，UK
年度	2012
出版社	Springer，Dordrecht
DOI	https://doi.org/10.1007/978-90-481-9784-2
页数	228
类别	Ethics

续表

序号	190
标题	**Biotechnology in China Ⅲ：Biofuels and Bioenergy**
系列标题	Advances in Biochemical Engineering Biotechnology
作者	Feng-Wu Bai[1]，Chen-Guang Liu[2]，He Huang[3]，George T. Tsao[4]
机构	1. Department of Bioscience & Bioengineering，Dalian University of Technology，Dalian，China 2. School of Life Science and Biotechnology，Dalian University of Technology，Dalian，China 3. State Key Lab of Mat.-Or. Chem. Eng.，Nanjing University，Nanjing，China 4. Lab. of Renewable Resources Engineering，Purdue University，West Lafayette，USA
年度	2012
出版社	Springer，Berlin，Heidelberg
DOI	https://doi.org/10.1007/978-3-642-28478-6
页数	228
类别	Biotechnology
序号	191
标题	**Biotechnology for Pulp and Paper Processing**
作者	Pratima Bajpai
机构	Thapar Research & Development Center Col，Patiala，India
年度	2012
出版社	Springer，Boston，MA
DOI	https://doi.org/10.1007/978-1-4614-1409-4
页数	414
类别	Industrial Chemistry/Chemical Engineering
序号	192
标题	**Bacillus thuringiensis Biotechnology**
作者	Estibaliz Sansinenea
机构	Autónoma de Puebla，Facultad de Ciencias Químicas，Benemérita Universidad，Puebla，Mexico
年度	2012
出版社	Springer，Dordrecht
DOI	https://doi.org/10.1007/978-94-007-3021-2

续表

页数	392
类别	Biotechnology
序号	193
标题	**Modern Biotechnology**
副标题	Panacea or New Pandora's Box?
作者	J. Tramper，Yang Zhu
机构	Wageningen University，Wageningen，Netherlands
年度	2011
出版社	Wageningen Academic Publishers
DOI	https://doi.org/10.3920/978-90-8686-725-7
页数	284
类别	Life Sciences，general
序号	194
标题	**Insect Biotechnology**
系列标题	Biologically-Inspired Systems
作者	Andreas Vilcinskas
机构	Institute of Phytopathology and Applied，University of Giessen，Giessen，Germany
年度	2011
出版社	Springer，Dordrecht
DOI	https://doi.org/10.1007/978-90-481-9641-8
页数	268
类别	Entomology
序号	195
标题	**Diversity and Biotechnology of Ectomycorrhizae**
系列标题	Soil Biology
作者	Mahendra Rai[1]，Ajit Varma[2]
机构	1. Department of Biotechnology，SGB Amravati University，Amravati，India 2. Amity Institute of Microbial Sciences，Amity University Uttar Pradesh，Noida，India
年度	2011
出版社	Springer，Berlin，Heidelberg
DOI	https://doi.org/10.1007/978-3-642-15196-5

续表

页数	459
类别	Agriculture
序号	196
标题	**Date Palm Biotechnology**
作者	Shri Mohan Jain[1]，Jameel M. Al-Khayri[2]，Dennis V. Johnson[3]
机构	1. Department of Applied Biology，University of Helsinki，Helsinki，Finland 2. Department of Agricultural Biotechnology，King Faisal University，Al-Hassa，Saudi Arabia 3. Cincinnati，USA
年度	2011
出版社	Springer，Dordrecht
DOI	https://doi.org/10.1007/978-94-007-1318-5
页数	743
类别	Agriculture
序号	197
标题	**Biotechnology in Surgery**
系列标题	Updates in Surgery
作者	Alfonso Barbarisi
机构	Department of Anesthesiological，Surgical and Emergency Sciences，Second University of Naples，Naples，Italy
年度	2011
出版社	Springer，Milano
DOI	https://doi.org/10.1007/978-88-470-1658-3
页数	194
类别	Surgery
序号	198
标题	**Applications of Biotechnology in Cardiovascular Therapeutics**
作者	Kewal K. Jain
机构	Jain PharmaBiotech，Basel，Switzerland
年度	2011
出版社	Humana Press
DOI	https://doi.org/10.1007/978-1-61779-240-3
页数	350

续表

类别	Biotechnology
序号	199
标题	**Alternative Farming Systems，Biotechnology，Drought Stress and Ecological Fertilisation**
系列标题	Sustainable Agriculture Reviews
作者	Eric Lichtfouse
机构	INRA-CMSE-PME，Dijon，France
年度	2011
出版社	Springer，Dordrecht
DOI	https://doi.org/10.1007/978-94-007-0186-1
页数	354
类别	Agriculture
序号	200
标题	**Sustainable Biotechnology**
副标题	Sources of Renewable Energy
作者	Om V. Singh[1]，Steven P. Harvey[2]
机构	1. Bradford，USA 2. Edgewood Chemical Biological Center，US Army Medical Research，Aberdeen Proving Ground，USA
年度	2010
出版社	Springer，Dordrecht
DOI	https://doi.org/10.1007/978-90-481-3295-9
页数	323
类别	Biomedicine
序号	201
标题	**Protein Hydrolysates in Biotechnology**
作者	Vijai K. Pasupuleti[1]，Arnold L. Demain[2]
机构	1. SAI International，Inc.，Geneva，USA 2. Charles A. Dana Resarch Institute，Scientists Emeriti（RISE），Drew University，Madison，USA
年度	2010
出版社	Springer，Dordrecht
DOI	https://doi.org/10.1007/978-1-4020-6674-0

续表

页数	229
类别	Biotechnology
序号	202
标题	**Plant Biotechnology for Sustainable Production of Energy and Co-products**
系列标题	Biotechnology in Agriculture and Forestry
作者	Peter N. Mascia[1]，Jürgen Scheffran[2]，Jack M. Widholm[3]
机构	1. Ceres，Inc.，Thousand Oaks，USA 2. ZMAW，Institute for Geography，University of Hamburg，Hamburg，Germany 3. Department of Crop Sciences，University of Illinois，Urbana，USA
年度	2010
出版社	Springer，Berlin，Heidelberg
DOI	https://doi.org/10.1007/978-3-642-13440-1
页数	458
类别	Sustainable Development
序号	203
标题	**Nano/Micro Biotechnology**
系列标题	Advances in Biochemical Engineering / Biotechnology
作者	Isao Endo[1]，Teruyuki Nagamune[2]
机构	1. Saitama Industrial Technology Center，Kawaguchi-shi，Saitama，Japan 2. School of Engineering，Department of Bioengineering，University of Tokyo，Tokyo，Japan
年度	2010
出版社	Springer，Berlin，Heidelberg
DOI	https://doi.org/10.1007/978-3-642-14947-4
页数	272
类别	Biotechnology
序号	204
标题	**Microengineering in Biotechnology**
系列标题	Methods in Molecular Biology
作者	Michael P. Hughes，Kai F. Hoettges
机构	Centre for Biomedical Engineering，University of Surrey，Guilford，UK
年度	2010
出版社	Humana Press，Totowa，NJ

续表

DOI	https://doi.org/10.1007/978-1-60327-106-6
页数	252
类别	Biotechnology
序号	205
标题	**Environmental Biotechnology**
系列标题	Handbook of Environmental Engineering
作者	Lawrence K. Wang[1]，Volodymyr Ivanov[2]，Joo-Hwa Tay[2]
机构	1. Latham，USA 2. School of Civil & Environmental Engineering，Nanyang Technological University，Singapore，Singapore
年度	2010
出版社	Humana Press，Totowa，NJ
DOI	https://doi.org/10.1007/978-1-60327-140-0
页数	975
类别	Environmental Science and Engineering
序号	206
标题	**Biotechnology in China Ⅱ**
副标题	Chemicals，Energy and Environment
系列标题	Advances in Biochemical Engineering / Biotechnology
作者	G. T. Tsao[1]，Pingkai Ouyang[2]，Jian Chen[3]
机构	1. A.A. Potter Engineering Center，Lab. Renewable Resources Engineering，Purdue University，West Lafayette，USA 2. College of Life Science & Pharmaceutical Engineering，Nanjing University of Technology，Nanjing，China 3. School of Biotechnology，Jiangnan University，Wuxi，China
年度	2010
出版社	Springer，Berlin，Heidelberg
DOI	https://doi.org/10.1007/978-3-642-14995-5
页数	266
类别	Biotechnology
序号	207
标题	**Biotechnology and Public Engagement in Europe**
作者	Janus Hansen

续表

机构	Copenhagen Business School，Denmark
年度	2010
出版社	Palgrave Macmillan，London
DOI	https://doi.org/10.1057/9780230277502
页数	248
类别	Public Policy
序号	208
标题	**Yeast Biotechnology：Diversity and Applications**
作者	T. Satyanarayana[1]，Gotthard Kunze[2]
机构	1. Department of Microbiology，University of Delhi，India 2. Institute of Plant Genetics and Crop Plant Research，Leibniz Institute，Gatersleben，Germany
年度	2009
出版社	Springer，Dordrecht
DOI	https://doi.org/10.1007/978-1-4020-8292-4
页数	744
类别	Biotechnology
序号	209
标题	**Venture Capital and the European Biotechnology Industry**
作者	William Bains
机构	Cambridge University，UK
年度	2009
出版社	Palgrave Macmillan，London
DOI	https://doi.org/10.1057/9780230227262
页数	220
类别	Small Business
序号	210
标题	**Systems Biology and Biotechnology of *Escherichia coli***
作者	Sang Yup Lee
机构	Department of Chemical and Biomolecular Engineering，Korea Advanced Institute of Science and Technology（KAIST），Yuseong-gu，ROK
年度	2009

续表

出版社	Springer，Dordrecht
DOI	https://doi.org/10.1007/978-1-4020-9394-4
页数	462
类别	Biochemistry
序号	211
标题	**Recent Advances in Plant Biotechnology**
作者	Ara Kirakosyan，Peter B. Kaufman
机构	University of Michigan，Ann Arbor，USA
年度	2009
出版社	Springer，Boston，MA
DOI	https://doi.org/10.1007/978-1-4419-0194-1
页数	405
类别	Plant Genetics and Genomics
序号	212
标题	**Rabbit Biotechnology**
作者	Louis-Marie Houdebine[1]，Jianglin Fan[2]
机构	1. Institute of Research in Agronomy，Jouy en Josas，France 2. Department of Molecular Pathology，Interdisciplinary Graduate，School of Medicine and Engineering，University of Yamanashi，Yamanashi，Japan
年度	2009
出版社	Springer，Dordrecht
DOI	https://doi.org/10.1007/978-90-481-2227-1
页数	136
类别	Biomedicine/General
序号	213
标题	**Plant Cell and Tissue Culture—A Tool in Biotechnology**
副标题	Basics and Application
系列标题	Principles and Practice
作者	Jafargholi Imani，Ashwani Kumar，Karl-Hermann Neumann
年度	2009
出版社	Springer，Berlin，Heidelberg
DOI	https://doi.org/10.1007/978-3-540-93883-5

续表

页数	333
类别	Cell Biology
序号	214
标题	**Pharmaceutical Biotechnology**
系列标题	Advances in Experimental Medicine and Biology
作者	Carlos A. Guzmán[1]，Giora Z. Feuerstein[2]
机构	1. Department of Vaccinology and Applied Microbiology，HZI-Helmholtz Centre for Infection Research，Braunschweig，Germany 2. Wyeth Research，Collegeville，USA
年度	2009
出版社	Springer，New York，NY
DOI	https://doi.org/10.1007/978-1-4419-1132-2
页数	276
类别	Pharmaceutical Sciences/Technology
序号	215
标题	**Optical Sensor Systems in Biotechnology**
系列标题	Advances in Biochemical Engineering/Biotechnology
作者	Govind Rao
机构	Center for Advanced Sensor Technology and Department of Chemical and Biochemical Engineering，University of Maryland Baltimore County，Baltimore，USA
年度	2009
出版社	Springer，Berlin，Heidelberg
DOI	https://doi.org/10.1007/978-3-642-03470-1
页数	162
类别	Biotechnology
序号	216
标题	**Grapevine Molecular Physiology & Biotechnology**
作者	Kalliopi A. Roubelakis-Angelakis
机构	Department of Biology，University of Crete，Greece
年度	2009
出版社	Springer，Dordrecht
DOI	https://doi.org/10.1007/978-90-481-2305-6

续表

页数	610
类别	Biomedicine
序号	217
标题	**Biotechnology in China I**
副标题	From Bioreaction to Bioseparation and Bioremediation
系列标题	Advances in Biochemical Engineering / Biotechnology
作者	Jian-Jiang Zhong[1]，Feng-Wu Bai[2]，Wei Zhang[3]
机构	1. College of Life Science & Biotechnology，Shanghai Jiao Tong University，Shanghai，China 2. Department of Bioscience & Bioengineering，Dalian University of Technology，Dalian，China 3. Dalian Institute of Chemical Physics，Chinese Academy of Sciences，Dalian，China
年度	2009
出版社	Springer，Berlin，Heidelberg
DOI	https://doi.org/10.1007/978-3-540-88415-6
页数	322
类别	Biotechnology
序号	218
标题	**Biotechnology for Agro-Industrial Residues Utilisation**
副标题	Utilisation of Agrò-Residues
作者	Poonam Singh nee' Nigam[1]，Ashok Pandey[2]
机构	1. Faculty of Life & Health Sciences，University of Ulster，Coleraine，Northern Ireland，UK 2. National Institute for Interdisciplinary Science & Technology CSIR，India
年度	2009
出版社	Springer，Dordrecht
DOI	https://doi.org/10.1007/978-1-4020-9942-7
页数	466
类别	Biomedicine/General
序号	219
标题	**Women in Biotechnology**
副标题	Creating Interfaces

续表

作者	Francesca Molfino[1]，Flavia Zucco[2]
机构	1. Women and Science Association（Italy），Rome，Italy 2. Institute for Neurobiology and Molecular Medicine（INMM），The National Research Council（CNR），Rome，Italy
年度	2008
出版社	Springer，Dordrecht
DOI	https://doi.org/10.1007/978−1−4020−8611−3
页数	352
类别	Life Sciences/General
序号	220
标题	**The Plant Cytoskeleton：A Key Tool for Agro-Biotechnology**
系列标题	NATO Science for Peace and Security Series C：Environmental Security
作者	Yaroslav B. Blume[1]，W. Vance Baird[2]，Alla I. Yemets[3]，Diego Breviario[4]
机构	1. Institute of Food Biotechnology and Genomics，National Academy of Sciences of Ukraine，Kiev，Ukraine 2. Clemson University，Clemson，USA 3. Institute of Cell Biology and Genetic Engineering，National Academy of Sciences of Ukraine，Kiev，Ukraine 4. CNR，Milano，Italy
年度	2008
出版社	Springer，Dordrecht
DOI	https://doi.org/10.1007/978−1−4020−8843−8
页数	457
类别	Cell Biology
序号	221
标题	**Psychrophiles：From Biodiversity to Biotechnology**
作者	Rosa Margesin[1]，Franz Schinner[1]，Jean-Claude Marx[2]，Charles Gerday[2]
机构	1. Institute of Microbiology，University of Innsbruck，Innsbruck，Austria 2. Laboratory of Biochemistry，University of Liège，Liège，Belgium
年度	2008
出版社	Springer，Berlin，Heidelberg
DOI	https://doi.org/10.1007/978−3−540−74335−4
页数	462
类别	Biochemistry/General

续表

序号	222
标题	**Meat Biotechnology**
作者	Fidel Toldrá
机构	Department of Food Science，Instituto de Agroquímicay Tecnología de Alimentos（CSIC），Spain
年度	2008
出版社	Springer，New York，NY
DOI	https://doi.org/10.1007/978−0−387−79382−5
页数	500
类别	Food Science
序号	223
标题	**Food Biotechnology**
系列标题	Advances in Biochemical Engineering/Biotechnology
作者	Ulf Stahl，Ute E. B. Donalies，Elke Nevoigt
年度	2008
出版社	Springer，Berlin，Heidelberg
DOI	https://doi.org/10.1007/978−3−540−70536−9
页数	269
类别	Food Science
序号	224
标题	**Colloids for Nano-and Biotechnology**
系列标题	Progress in Colloid and Polymer Science
作者	Zoltán D. Hórvölgyi，Éva Kiss
年度	2008
出版社	Springer，Berlin，Heidelberg
DOI	https://doi.org/10.1007/978−3−540−85134−9
页数	234
类别	Polymer Sciences
序号	225
标题	**Career Development in Bioengineering and Biotechnology**
系列标题	Series in Biomedical Engineering
作者	Guruprasad Madhavan[1]，Barbara Oakley[2]，Luis Kun[3]

续表

机构	1. Thomas S. Watson School of Engineering &Applied Science，Binghamton University，Binghamton，USA 2. Department of Industrial & Systems Engineering，Oakland University，Rochester，USA 3. IRM College，National Defense University，Washington，USA
年度	2008
出版社	Springer，New York，NY
DOI	https://doi.org/10.1007/978-0-387-76495-5
页数	536
类别	Biomedical Engineering and Bioengineering
序号	226
标题	**Biotechnology for Fuels and Chemicals**
副标题	Proceedings of the Twenty-Ninth Symposium on Biotechnology for Fuels and Chemicals Held April 29–May 2，2007，in Denver，Colorado
系列标题	ABAB Symposium
作者	William S. Adney[1]，James D. McMillan[1]，Jonathan Mielenz[2]，K. Thomas Klasson[3]
机构	1. National Renewable Energy Laboratory，USA 2. Oak Ridge National Laboratory，USA 3. Southern Regional Research Center，USDA-ARS，USA
年度	2008
出版社	Humana Press
DOI	https://doi.org/10.1007/978-1-60327-526-2
页数	812
类别	Biotechnology
序号	227
标题	**Agrobacterium：From Biology to Biotechnology**
作者	Tzvi Tzfira[1]，Vitaly Citovsky[2]
机构	1. Department of Molecular，Cellular and Developmental Biology，University of Michigan，Ann Arbor，USA 2. Department of Biochemistry and Cell Biology，State University of New York，Stony Brook，USA
年度	2008
出版社	Springer，New York，NY

续表

DOI	https://doi.org/10.1007/978-0-387-72290-0
页数	750
类别	Plant Sciences
序号	228
标题	**Agricultural Biotechnology in China**
副标题	Origins and Prospects
作者	Valerie J. Karplus[1]，Xing Wang Deng[2]
机构	1. Technology and Policy Program，Massachusetts Institute of Technology，Cambridge 2. Department of Molecular，Cellular，and Developmental Biology，Yale University，New Haven
年度	2008
出版社	Springer，New York，NY
DOI	https://doi.org/10.1007/978-0-387-71139-3
页数	165
类别	Agriculture
序号	229
标题	**Advances in Mass Data Analysis of Images and Signals in Medicine，Biotechnology，Chemistry and Food Industry**
副标题	Third International Conference，MDA 2008 Leipzig，Germany，July 14，2008 Proceedings
系列标题	Lecture Notes in Computer Science
作者	Petra Perner，Ovidio Salvetti
年度	2008
出版社	Springer，Berlin，Heidelberg
DOI	https://doi.org/10.1007/978-3-540-70715-8
页数	173
类别	Life Sciences/General
序号	230
标题	**White Biotechnology**
系列标题	Advances in Biochemical Engineering/Biotechnology
作者	Roland Ulber，Dieter Sell
年度	2007

续表

出版社	Springer，Berlin，Heidelberg
DOI	https://doi.org/10.1007/978-3-540-45696-4
页数	301
类别	Biotechnology
序号	231
标题	**The Family，Medical Decision-Making，and Biotechnology**
副标题	Critical Reflections On Asian Moral Perspectives
系列标题	Philosophy and Medicine
作者	Shui Chuen Lee
机构	National Central University，Taiwan，China
年度	2007
出版社	Springer，Dordrecht
DOI	https://doi.org/10.1007/1-4020-5220-0
页数	220
类别	Biomedicine
序号	232
标题	**Kent and Riegel's Handbook of Industrial Chemistry and Biotechnology**
作者	James A. Kent
机构	University of Detroit Mercy
年度	2007
出版社	Springer，Boston，MA
DOI	https://doi.org/10.1007/978-0-387-27843-8
页数	1875
类别	Industrial Chemistry/Chemical Engineering
序号	233
标题	**Food Biotechnology in Ethical Perspective**
系列标题	The International Library of Environmental，Agricultural and Food Ethics
作者	Paul B. Thompson
机构	Michigan State University，East Lansing，USA
年度	2007
出版社	Springer，Dordrecht
DOI	https://doi.org/10.1007/1-4020-5791-1

续表

页数	342
类别	Food Science
序号	234
标题	**CMOS Biotechnology**
系列标题	Series on Integrated Circuits and Systems
作者	Hakho Lee[1]，Robert M. Westervelt[2]，Donhee Ham[3]
机构	1. Center for Molecular Imaging Research，Harvard Medical School，Charlestown，USA 2. School of Engineering and Applied Sciences，Department of Physics，Harvard University，Cambridge，USA 3. School of Engineering and Applied Sciences，Harvard University，Cambridge，USA
年度	2007
出版社	Springer，Boston，MA
DOI	https://doi.org/10.1007/978-0-387-68913-5
页数	385
类别	Biotechnology
序号	235
标题	**Biotechnology，Security and the Search for Limits**
副标题	An Inquiry into Research and Methods
系列标题	New Security Challenges Series
作者	Brian Rappert
机构	University of Exeter，UK
年度	2007
出版社	Palgrave Macmillan，London
DOI	https://doi.org/10.1057/9780230223158
页数	198
类别	International Relations
序号	236
标题	**Biotechnology Policy Across National Boundaries**
副标题	The Science-Industrial Complex
作者	Darrell M. West
机构	Taubman Center for Public Policy，Brown University

续表

年度	2007
出版社	Palgrave Macmillan，New York
DOI	https://doi.org/10.1057/9780230605688
页数	192
类别	International Relations
序号	237
标题	**Biotechnology and Sustainable Agriculture 2006 and Beyond**
副标题	Proceedings of the 11th IAPTC&B Congress，August 13−18，2006 Beijing，China
作者	Zhihong Xu[1]，Jiayang Li[2]，Yongbiao Xue[2]，Weicai Yang[2]
机构	1. Peking University，China 2. Chinese Academy of Sciences，China
年度	2007
出版社	Springer，Dordrecht
DOI	https://doi.org/10.1007/978−1−4020−6635−1
页数	498
类别	Plant Sciences
序号	238
标题	**Animal Cell Biotechnology**
副标题	Methods and Protocols
系列标题	Methods in Biotechnology
作者	Ralf Pörtner
机构	Institute for Bioprocess and Biochemical Engineering，Hamburg University of Technology，Hamburg，Germany
年度	2007
出版社	Humana Press
DOI	https://doi.org/10.1007/978−1−59745−399−8
页数	512
类别	Biotechnology
序号	239
标题	**Advances in Mass Data Analysis of Signals and Images in Medicine，Biotechnology and Chemistry**
副标题	International Conferences MDA 2006/2007，Leipzig，Germany，July 18，2007. Selected Papers

续表

系列标题	Lecture Notes in Computer Science
作者	Petra Perner，Ovidio Salvetti
年度	2007
出版社	Springer，Berlin，Heidelberg
DOI	https://doi.org/10.1007/978-3-540-76300-0
页数	183
类别	Artificial Intelligence
序号	240
标题	**Twenty-Seventh Symposium on Biotechnology for Fuels and Chemicals**
系列标题	ABAB Symposium
作者	James D. McMillan[1]，William S. Adney[1]，Jonathan R. Mielenz[2]，K. Thomas Klasson[3]
机构	1. National Renewable Energy Laboratory，USA 2. Oak Ridge National Laboratory，USA 3. Southern Regional Research Center，USDA-ARS，USA
年度	2006
出版社	Humana Press
DOI	https://doi.org/10.1007/978-1-59745-268-7
页数	1098
类别	Biotechnology
序号	241
标题	**The Evolution of Biotechnology**
副标题	From Natufians to Nanotechnology
作者	Martina Newell-McGloughlin，Edward Re
机构	UC System-wide Biotechnology Research & Education Program Plant Pathology，University of California
年度	2006
出版社	Springer，Dordrecht
DOI	https://doi.org/10.1007/1-4020-5149-2
页数	262
类别	Biotechnology
序号	242

续表

标题	Regulating Agricultural Biotechnology：Economics and Policy
系列标题	Natural Resource Management and Policy
作者	Richard E. Just[1]，Julian M. Alston[2]，David Zilberman[3]
机构	1. University of Maryland，USA 2. University of California，Davis 3. University of California，Berkeley
年度	2006
出版社	Springer，Boston，MA
DOI	https://doi.org/10.1007/978-0-387-36953-2
页数	732
类别	Agriculture
序号	243
标题	Introduction to Ion Beam Biotechnology
作者	Yu Zengliang
机构	Key Laboratory of Ion Beam Bioengineering of Chinese Academy of Sciences，Institute of Plasma Physics，Chinese Academy of Sciences，Hefei，China
年度	2006
出版社	Springer，Boston，MA
DOI	https://doi.org/10.1007/b135662
页数	287
类别	Biotechnology
序号	244
标题	Twenty-Sixth Symposium on Biotechnology for Fuels and Chemicals
系列标题	ABAB Symposium
作者	Brian H. Davison[1]，Barbara R. Evans[1]，Mark Finkelstein[2]，James D. McMillan[2]
机构	1. Oak Ridge National Laboratory，USA 2. National Renewable Energy Laboratory，USA
年度	2005
出版社	Humana Press
DOI	https://doi.org/10.1007/978-1-59259-991-2
页数	1166
类别	Microbiology

续表

序号	245
标题	**The Christian Religion and Biotechnology**
副标题	A Search for Principled Decision-Making
系列标题	International Library of Ethics，Law，and the New Medicine
作者	George P. Smith
机构	The Catholic University of America，Washington，D.C.，USA
年度	2005
出版社	Springer，Dordrecht
DOI	https://doi.org/10.1007/1-4020-3148-3
页数	254
类别	Ethics
序号	246
标题	**Technology Transfer in Biotechnology**
副标题	From Lab to Industry to Production
系列标题	Advances in Biochemical Engineering
作者	Udo Kragl
年度	2005
出版社	Springer，Berlin，Heidelberg
DOI	https://doi.org/10.1007/b14094
页数	340
类别	Biochemical Engineering
序号	247
标题	**Plant Biotechnology and Molecular Markers**
作者	P. S. Srivastava[1]，Alka Narula[1]，Sheela Srivastava[2]
机构	1. Faculty of Science，Centre for Biotechnology，New Delhi，India 2. Department of Genetics，University of Delhi South Campus，New Delhi，India
年度	2005
出版社	Springer，Dordrecht
DOI	https://doi.org/10.1007/1-4020-3213-7
页数	400
类别	Biotechnology

续表

序号	248
标题	**Marine Biotechnology Ⅱ**
系列标题	Advances in Biochemical Engineering/Biotechnology
作者	Yves Le Gal，Roland Ulber
年度	2005
出版社	Springer，Berlin，Heidelberg
DOI	https://doi.org/10.1007/b135820
页数	262
类别	Biotechnology
序号	249
标题	**Marine Biotechnology Ⅰ**
系列标题	Advances in Biochemical Engineering/Biotechnology
作者	Yves Le Gal，Roland Ulber
年度	2005
出版社	Springer，Berlin，Heidelberg
DOI	https://doi.org/10.1007/b135780
页数	288
类别	Biotechnology
序号	250
标题	**Biotechnology for the Future**
系列标题	Advances in Biochemical Engineering/Biotechnology
作者	J. Nielsen
年度	2005
出版社	Springer，Berlin，Heidelberg
DOI	https://doi.org/10.1007/b136409
页数	229
类别	Biotechnology
序号	251
标题	**Biotechnology for Odor and Air Pollution Control**
作者	Zarook Shareefdeen[1]，Ajay Singh[2,3]

续表

机构	1. Research and Development，BIOREM Technologies Inc.，Guelph，Canada 2. Petrozyme Technologies Inc.，Guelph，Canada 3. Department of Biology，University of Waterloo，Waterloo，Canada
年度	2005
出版社	Springer，Berlin，Heidelberg
DOI	https://doi.org/10.1007/b138434
页数	409
类别	Biotechnology
序号	252
标题	**Applications of Cell Immobilisation Biotechnology**
系列标题	Focus on Biotechnology
作者	Viktor Nedović[1]，Ronnie Willaert[2]
机构	1. University of Belgrade，Belgrade，Serbia and Montenegro 2. Free University of Brussels，Brussels，Belgium
年度	2005
出版社	Springer，Dordrecht
DOI	https://doi.org/10.1007/1-4020-3363-X
页数	573
类别	Biotechnology
序号	253
标题	**Agricultural Biodiversity and Biotechnology in Economic Development**
系列标题	Natural Resource Management and Policy
作者	Joseph Cooper，Leslie Marie Lipper，David Zilberman
年度	2005
出版社	Springer，Boston，MA
DOI	https://doi.org/10.1007/b107322
页数	499
类别	Agricultural Economics
序号	254
标题	**Proceedings of the Twenty-Fifth Symposium on Biotechnology for Fuels and Chemicals Held May 4−7，2003，in Breckenridge，CO**
系列标题	Biotechnology for Fuels and Chemicals
作者	Mark Finkelstein[1]，James D. McMillan[1]，Brian H. Davison[2]，Barbara Evans[2]

续表

机构	1. National Renewable Energy Laboratory，USA 2. Oak Ridge National Laboratory，USA
年度	2004
出版社	Humana Press，Totowa，NJ
DOI	https://doi.org/10.1007/978−1−59259−837−3
页数	1223
类别	Biochemistry/General
序号	255
标题	**Molecular Biology and Biotechnology of Plant Organelles**
副标题	Chloroplasts and Mitochondria
作者	Henry Daniell[1]，Christine Chase[2]
机构	1. Department of Microbiology and Molecular Biology，University of Central Florida，Orlando，USA 2. Horticultural Sciences Department，University of Florida，Gainesville，USA
年度	2004
出版社	Springer，Dordrecht
DOI	https://doi.org/10.1007/978−1−4020−3166−3
页数	659
类别	Plant Sciences
序号	256
标题	**Genetics and Biotechnology**
系列标题	The Mycota
作者	Ulrich Kück
机构	Fakultät für Biologie，Lehrstuhl für Allgemeine und Molekulare Botanik，Ruhr-Universität Bochum，Bochum，Germany
年度	2004
出版社	Springer，Berlin，Heidelberg
DOI	https://doi.org/10.1007/978−3−662−07426−8
页数	434
类别	Microbiology
序号	257

续表

标题	**Fundamentals of Cell Immobilisation Biotechnology**
系列标题	Focus on Biotechnology
作者	Viktor Nedović[1]，Ronnie Willaert[2]
机构	1. University of Belgrade，Belgrade，Serbia and Montenegro 2. Free University of Brussels，Brussels，Belgium
年度	2004
出版社	Springer，Dordrecht
DOI	https://doi.org/10.1007/978-94-017-1638-3
页数	555
类别	Biotechnology
序号	258
标题	**Advances in Fungal Biotechnology for Industry，Agriculture，and Medicine**
作者	Jan S. Tkacz[1]，Lene Lange[2]
机构	1. Department of Biologics Research，Merck Research Laboratories，Rahway，New Jersey 2. Department of Molecular Biotechnology Novozymes A/S，Bagsvaerd，Denmark
年度	2004
出版社	Springer，Boston，MA
DOI	https://doi.org/10.1007/978-1-4419-8859-1
页数	445
类别	Medical Microbiology
序号	259
标题	**Plant Biotechnology 2002 and Beyond**
副标题	Proceedings of the 10th IAPTC&B Congress June 23-28，2002 Orlando，Florida，USA
作者	Indra K. Vasil[1,2]
机构	1. University of Florida，USA 2. IAPTC&B，USA
年度	2003
出版社	Springer，Dordrecht
DOI	https://doi.org/10.1007/978-94-017-2679-5
页数	619
类别	Plant Sciences

续表

序号	260
标题	**Phytohormones in Plant Biotechnology and Agriculture**
副标题	Proceedings of the NATO-Russia Workshop held in Moscow，12–16 May，2002
作者	Ivana Macháčková[1]，Georgy A. Romanov[2]
机构	1. Institute of Experimental Botany of the Academy of Sciences of the Czech Republic，Prague，Czech Republic 2. Institute of Plant Physiology，Russian Academy of Sciences，Moscow，Russia
年度	2003
出版社	Springer，Dordrecht
DOI	https://doi.org/10.1007/978-94-017-2664-1
页数	265
类别	Plant Sciences
序号	261
标题	**Non-Conventional Yeasts in Genetics，Biochemistry and Biotechnology**
副标题	Practical Protocols
系列标题	Springer Lab Manuals
作者	Klaus Wolf[1]，Karin Breunig[2]，Gerold Barth[3]
机构	1. Institut für Biologie IV，RWTH Aachen，Aachen，Germany 2. Martin-Luther Universität，Institut für Genetik，Halle，Germany 3. Technische Universität Dresden，Institut für Mikrobiologie，Dresden，Germany
年度	2003
出版社	Springer，Berlin，Heidelberg
DOI	https://doi.org/10.1007/978-3-642-55758-3
页数	494
类别	Eukaryotic Microbiology
序号	262
标题	**New Horizons in Biotechnology**
作者	S. Roussos[1]，C. R. Soccol[2]，A. Pandey[3]，C. Augur[1]
机构	1. Laboratoire de Microbiologie IRD，IFR-BAIM，Université de Provence，Marseille，France 2. Laboratorio de Processos Biotecnologicos，Departamento Engenharia Quimica，Universidade Federal do Parana（UFPR），Curitiba，Brazil 3. Biotechnology Division，Regional Research Laboratories，CSIR，Trivandrum，India

续表

年度	2003
出版社	Springer，Dordrecht
DOI	https://doi.org/10.1007/978-94-017-0203-4
页数	450
类别	Biotechnology
序号	263
标题	**Modern Biotechnology in Postmodern Times?**
副标题	A Reflection on European Policies and Human Agency
作者	Lars Reuter
机构	Centre for Bioethics，University of Aarhus，Denmark
年度	2003
出版社	Springer，Dordrecht
DOI	https://doi.org/10.1007/978-94-007-1015-3
页数	231
类别	Ethics
序号	264
标题	**Improvement Strategies of Leguminosae Biotechnology**
系列标题	Focus on Biotechnology
作者	Pawan K. Jaiwal，Rana P. Singh
机构	Department of Biosciences，M.D. University，Rohtak，India
年度	2003
出版社	Springer，Dordrecht
DOI	https://doi.org/10.1007/978-94-017-0109-9
页数	411
类别	Plant Sciences
序号	265
标题	**Entrepreneurship in Biotechnology**
副标题	Managing for Growth from Start-Up to Initial Public Offering
系列标题	Contributions to Management Science
作者	Martin Grossmann
机构	Novartis Pharma AG，Basel，Switzerland
年度	2003

续表

出版社	Physica，Heidelberg
DOI	https://doi.org/10.1007/978-3-642-57432-0
页数	323
类别	Biotechnology
序号	266
标题	**Biotechnology in India Ⅱ**
系列标题	Advances in Biochemical Engineering/Biotechnology
作者	Tarun K. Ghose[1]，Purnendu Ghosh[2]
机构	1. 281 SFS Apartments，New Delhi，India 2. Birla Institute of Scientific Research，Jaipur，India
年度	2003
出版社	Springer，Berlin，Heidelberg
DOI	https://doi.org/10.1007/3-540-36466-8
页数	304
类别	Biotechnology
序号	267
标题	**Biotechnology in India Ⅰ**
系列标题	Advances in Biochemical Engineering/Biotechnology
作者	Tarun K. Ghose[1]，Purnendu Ghosh[2]
机构	1. Hauz Khas New Delhi，India 2. Birla Institute of Scientific Research，Jaipur，India
年度	2003
出版社	Springer，Berlin，Heidelberg
DOI	https://doi.org/10.1007/3-540-36488-9
页数	293
类别	Biotechnology
序号	268
标题	**Biotechnology for the Environment：Wastewater Treatment and Modeling，Waste Gas Handling**
系列标题	Focus on Biotechnology
作者	Spiros N. Agathos[1]，Walter Reineke[2]
机构	1. Université Catholique de Louvain，Louvain-la-Neuve，Belgium 2. Bergische Universität，Wuppertal，Germany

续表

年度	2003
出版社	Springer，Dordrecht
DOI	https://doi.org/10.1007/978-94-017-0932-3
页数	277
类别	Sedimentology
序号	269
标题	**Biotechnology for Fuels and Chemicals**
副标题	The Twenty-Fourth Symposium
系列标题	Applied Biochemistry and Biotechnology
作者	Brian H. Davison[1]，James W. Lee[1]，Mark Finkelstein[2]，James D. McMillan[2]
机构	1. Oak Ridge National Laboratory，Oak Ridge，USA 2. National Renewable Energy Laboratory，Golden，USA
年度	2003
出版社	Humana Press，Totowa，NJ
DOI	https://doi.org/10.1007/978-1-4612-0057-4
页数	928
类别	Biochemistry
序号	270
标题	**Applied Genetics of Leguminosae Biotechnology**
系列标题	Focus on Biotechnology
作者	Pawan K. Jaiwal，Rana P. Singh
机构	Department of Biosciences，M.D. University，Rohtak，India
年度	2003
出版社	Springer，Dordrecht
DOI	https://doi.org/10.1007/978-94-017-0139-6
页数	330
类别	Plant Sciences
序号	271
标题	**Advances in High Pressure Bioscience and Biotechnology Ⅱ**
副标题	Proceedings of the 2nd International Conference on High Pressure Bioscience and Biotechnology，Dortmund，September 16–19，2002
作者	Roland Winter

续表

机构	Department of Chemistry，Physical Chemistry I，University of Dortmund，Dortmund，Germany
年度	2003
出版社	Springer，Berlin，Heidelberg
DOI	https://doi.org/10.1007/978-3-662-05613-4
页数	490
类别	Biotechnology
序号	272
标题	**Engineering and Manufacturing for Biotechnology**
系列标题	Focus on Biotechnology
作者	Marcel Hofman[1]，Philippe Thonart[2]
机构	1. Société de Chimie Industrielle，Centre for Veterinary and Agrochemical Research，Tervuren，Belgium 2. Faculté Univ. des Sciences Agronomiques Gembloux，Centre Wallon de Biologie Industrielle，Belgium
年度	2002
出版社	Springer，Dordrecht
DOI	https://doi.org/10.1007/0-306-46889-1
页数	490
类别	Biochemistry
序号	273
标题	**Computational Methods in Biophysics，Biomaterials，Biotechnology and Medical Systems**
副标题	Algorithm Development，Mathematical Analysis，and Diagnostics
作者	Cornelius T. Leondes
年度	2002
出版社	Springer，Boston，MA
DOI	https://doi.org/10.1007/0-306-48329-7
页数	1461
类别	Biomedical Engineering and Bioengineering
序号	274
标题	**Biotechnology in Animal Husbandry**
系列标题	Focus on Biotechnology

续表

作者	R. Renaville，A. Burny
机构	Gembloux Agricultural University，Gembloux，Belgium
年度	2002
出版社	Springer，Dordrecht
DOI	https://doi.org/10.1007/0-306-46887-5
页数	360
类别	Biotechnology
序号	275
标题	**Biotechnology for the Environment：Strategy and Fundamentals**
系列标题	Focus on Biotechnology
作者	Spiros N. Agathos[1]，Walter Reineke[2]
机构	1. Université Catholique de Louvain，Louvain-la-Neuve，Belgium 2. Bergische Universität，Wuppertal，Germany
年度	2002
出版社	Springer，Dordrecht
DOI	https://doi.org/10.1007/978-94-010-0357-5
页数	241
类别	Life Sciences/General
序号	276
标题	**Biotechnology for Fuels and Chemicals**
副标题	The Twenty-Third Symposium
系列标题	Applied Biochemistry and Biotechnology
作者	Mark Finkelstein[1]，James D. McMillan[1]，Brian H. Davison[2]
机构	1. National Renewable Energy Laboratory，USA 2. Oak Ridge National Laboratory，USA
年度	2002
出版社	Humana Press，Totowa，NJ
DOI	https://doi.org/10.1007/978-1-4612-0119-9
页数	1227
类别	Biotechnology
序号	277

续表

标题	Analytical Biotechnology
系列标题	Methods and Tools in Biosciences and Medicine
作者	Thomas G. M. Schalkhammer
机构	TUDELFT，Kluyver Lab. for Biotechnology，BC Delft，The Netherlands
年度	2002
出版社	Birkhäuser，Basel
DOI	https://doi.org/10.1007/978-3-0348-8101-2
页数	331
类别	Biotechnology
序号	278
标题	**Air Pollution and Plant Biotechnology**
副标题	Prospects for Phytomonitoring and Phytoremediation
作者	Kenji Omasa[1]，Hiharu Saji[2]，Shohab Youssefian[3]，Noriaki Kondo[1]
机构	1. The University of Tokyo，Bunkyo-ku，Tokyo，Japan 2. Molecular Ecotoxicology Section Environmental Biology Division，National Institute for Environmental Studies，Tsukuba，Ibaraki，Japan 3. Akita Prefectural University，Ohgata-mura，Akita，Japan
年度	2002
出版社	Springer，Tokyo
DOI	https://doi.org/10.1007/978-4-431-68388-9
页数	455
类别	Plant Sciences
序号	279
标题	**Twenty-Second Symposium on Biotechnology for Fuels and Chemicals**
系列标题	ABAB Symposium
作者	Brian H. Davison[1]，James McMillan[2]，Mark Finkelstein[2]
机构	1. Oak Ridge National Laboratory，USA 2. National Renewable Energy Laboratory，USA
年度	2001
出版社	Humana Press，Totowa，NJ
DOI	https://doi.org/10.1007/978-1-4612-0217-2
页数	797
类别	Biotechnology

续表

序号	280
标题	**The Role of Biotechnology in Countering BTW Agents**
系列标题	NATO Science Series
作者	Alexander Kelle[1]，Malcolm R. Dando[2]，Kathryn Nixdorff[3]
机构	1. Peace Research Institute Frankfurt，Frankfurt am Main，Germany 2. Department of Peace Studies，University of Bradford，Bradford，UK 3. Institute for Microbiology and Genetics，Technical University Darmstadt，Darmstadt，Germany
年度	2001
出版社	Springer，Dordrecht
DOI	https://doi.org/10.1007/978−94−010−0775−7
页数	336
类别	International Economics
序号	281
标题	**Molecular Biology & Biotechnology of the Grapevine**
作者	Kalliopi A. Roubelakis-Angelakis[1,2]
机构	1. Department of Biology，University of Crete，Heraklion，Greece 2. Federation of European Societies of Plant Physiology，Greece
年度	2001
出版社	Springer，Dordrecht
DOI	https://doi.org/10.1007/978−94−017−2308−4
页数	474
类别	Biotechnology
序号	282
标题	**CE in Biotechnology：Practical Applications for Protein and Peptide Analyses**
系列标题	Chromatographia CE Series
作者	Anthony B. Chen[1]，Wassim Nashabeh[1]，Timothy Wehr[2]
机构	1. Genentech Inc.，South San Francisco，USA 2. Bay Bioanalytical Laboratory，Richmond，USA
年度	2001
出版社	Vieweg+Teubner Verlag
DOI	https://doi.org/10.1007/978−3−322−83021−0
页数	102

续表

类别	Engineering/General
序号	283
标题	**Twenty-First Symposium on Biotechnology for Fuels and Chemicals**
副标题	Proceedings of the Twenty-First Symposium on Biotechnology for Fuels and Chemicals Held May 2–6，1999，in Fort Collins，Colorado
系列标题	Applied Biochemistry and Biotechnology
作者	Mark Finkelstein[1]，Brian H. Davison[2]
机构	1. National Renewable Energy Laboratory，USA 2. Oak Ridge National Laboratory，USA
年度	2000
出版社	Humana Press，Totowa，NJ
DOI	https://doi.org/10.1007/978-1-4612-1392-5
页数	1171
类别	Biotechnology
序号	284
标题	**The Economic and Social Dynamics of Biotechnology**
系列标题	Economics of Science，Technology and Innovation
作者	John De La Mothe[1]，Jorge Niosi[2]
机构	1. PRIME，Faculty of Administration，University of Ottawa，Canada 2. CIRANO，University of Quebec at Montreal，Canada
年度	2000
出版社	Springer，Boston，MA
DOI	https://doi.org/10.1007/978-1-4615-4323-7
页数	284
类别	Economic Growth
序号	285
标题	**Plant Biotechnology**
副标题	New Products and Applications
系列标题	Current in Microbiology and Immunology
作者	John Hammond[1]，Peter McGarvey[2]，Vidaldi Yusibov[3]

续表

机构	1. Florist and Nursery Crops Unit，USDA-ARS，USNA，Beltsville，USA 2. National Biomedical Research Foundation，Georgetown University Medical Center，USA 3. Biotechnology Foundation Labs.，Thomas Jefferson University，Philadelphia，USA
年度	2000
出版社	Springer，Berlin，Heidelberg
DOI	https://doi.org/10.1007/978-3-642-60234-4
页数	196
类别	Plant Sciences
序号	286
标题	**Physics and Chemistry Basis of Biotechnology**
系列标题	Focus on Biotechnology
作者	Marcel De Cuyper[1]，Jeff W. M. Bulte[2]
机构	1. Interdisciplinaire Research Center，Katholieke Universiteit Leuven，Kortrijk，Belgium 2. National Institutes of Health，Bethesda，USA
年度	2000
出版社	Springer，Dordrecht
DOI	https://doi.org/10.1007/0-306-46891-3
页数	334
类别	Biological and Medical Physics/Biophysics
序号	287
标题	**History of Modern Biotechnology Ⅱ**
系列标题	Advances in Biochemical Engineering/Biotechnology
作者	A. Fiechter
机构	Institute of Biotechnology，Eidgenössische Technische Hochschule Zürich，Zürich，Switzerland
年度	2000
出版社	Springer，Berlin，Heidelberg
DOI	https://doi.org/10.1007/3-540-44965-5
页数	176
类别	Biotechnology

续表

序号	288
标题	**History of Modern Biotechnology Ⅰ**
系列标题	Advances in Biochemical Engineering/Biotechnology
作者	A. Fiechter
机构	Institute of Biotechnology，Eidgenössische Technische Hochschule Zürich，Zürich，Switzerland
年度	2000
出版社	Springer，Berlin，Heidelberg
DOI	https://doi.org/10.1007/3-540-44964-7
页数	222
类别	Biochemical Engineering
序号	289
标题	**Coffee Biotechnology and Quality**
副标题	Proceedings of the 3rd International Seminar on Biotechnology in the Coffee Agro-Industry，Londrina，Brazil
作者	Tumoru Sera[1]，Carlos R. Soccol[2]，A. Pandey，Sevastianos Roussos[3]
机构	1. Coffee Research Program，Agronomic Institute of Parana State（IAPAR），Londrina，Brazil 2. Laboratorio de Processos Biotecnologicos，Departamento Engenharia Quimica，Universidade Federal do Parana（UFPR），Curitiba，Brazil 3. Laboratoire de Microbiologie IRD，IFR-BAIM，Universités de Provence，Marseille Cedex 9，France
年度	2000
出版社	Springer，Dordrecht
DOI	https://doi.org/10.1007/978-94-017-1068-8
页数	536
类别	Plant Sciences
序号	290
标题	**Agricultural Biotechnology in Developing Countries**
副标题	Towards Optimizing the Benefits for the Poor
作者	Matin Qaim[1]，Anatole F. Krattiger[2]，Joachim von Braun[1]
机构	1. Center for Development Research（ZEF），University of Bonn，Germany 2. International Service for the Acquisition of Agri-biotech Applications（ISAAA），Ithaca，USA

续表

年度	2000
出版社	Springer，Boston，MA
DOI	https://doi.org/10.1007/978-1-4757-3178-1
页数	434
类别	Agricultural Economics
序号	291

ScienceDirect

标题	Translational Biotechnology
副标题	A Journey from Laboratory to Clinics
作者	Yasha Hasija
机构	Department of Biotechnology，Delhi Technological University，Delhi，India
年度	2021
出版社	Academic Press
DOI	https://doi.org/10.1016/C2019-0-04477-9
序号	1
标题	Recent Advancement in Microbial Biotechnology
副标题	Agricultural and Industrial Approach
作者	Surajit De Mandal[1]，Ajit Kumar Passari[2]
机构	1. College of Agriculture，South China Agricultural University，Guangzhou，China 2. Departmento de Biología Molecular y Biotecnología，Instituto de Investigaciones Biomédicas，Universidad Nacional Autónoma de México（UNAM），Ciudad de México，México
年度	2021
出版社	Academic Press
DOI	https://doi.org/10.1016/C2019-0-04546-3
序号	2
标题	Paclitaxel：Sources，Chemistry，Anticancer Actions，and Current Biotechnology
作者	Mallappa Kumara Swamy，T. Pullaiah，Zhe-Sheng Chen
年度	2021
出版社	Academic Press
DOI	https://doi.org/10.1016/C2020-0-02897-5
序号	3
标题	New and Future Developments in Microbial Biotechnology and Bioengineering
副标题	Sustainable Agriculture：Microorganisms as Biostimulants
作者	Harikesh Singh，Anukool Vaishnav
年度	2021

续表

出版社	Elsevier
DOI	https://doi.org/10.1016/C2020-0-02062-1
序号	4
标题	**Nanobiotechnology**
副标题	Microbes and Plant Assisted Synthesis of Nanoparticles，Mechanisms and Applications
作者	Sougata Ghosh[1]，Thomas J. Webster[2]
机构	1. Department of Microbiology，School of Science，RK University，Rajkot，Gujarat，India；Department of Chemical Engineering，Northeastern University，Boston，USA 2. Department of Chemical Engineering，Northeastern University，Boston，USA
年度	2021
出版社	Elsevier
DOI	https://doi.org/10.1016/C2019-0-05231-4
序号	5
标题	**Lignocellulosic Biomass in Biotechnology**
作者	Pratima Bajpai
年度	2021
出版社	Elsevier
DOI	https://doi.org/10.1016/C2019-0-04439-1
序号	6
标题	**Cyanobacterial Lifestyle and Its Applications in Biotechnology**
作者	Prashant Singhm，Maria Fillat，Ajay Kumar
年度	2021
出版社	Academic Press
DOI	https://doi.org/10.1016/C2020-0-04449-X
序号	7
标题	**Current Developments in Biotechnology and Bioengineering**
副标题	Sustainable Food Waste Management：Resource Recovery and Treatment
作者	Jonathan Wong[1]，Guneet Kaur[2]，Mohammad Taherzadeh[3]，Ashok Pandey[4]，Katia Lasaridi[5]

续表

机构	1. Department of Biology，Institute of Bioresources and Agriculture，Hong Kong Baptist University，Hong Kong，China 2. Department of Biology，Hong Kong Baptist University，Hong Kong，China 3. Swedish Centre for Resource Recovery，University of Borås，Borås，Sweden 4. Centre for Innovation and Translational Research，CSIR-Indian Institute of Toxicology Research，Lucknow，India 5. School of Environment，Geography and Applied Economics，Harokopio University，Athens，Greece
年度	2021
出版社	Elsevier
DOI	https://doi.org/10.1016/C2018-0-04194-8
序号	8
标题	**Current Developments in Biotechnology and Bioengineering**
副标题	Strategic Perspectives in Solid Waste and Wastewater Management
作者	Sunil Kumar[1]，Rakesh Kumar[1]，Ashok Pandey[2]
机构	1. CSIR-National Environmental Engineering Research Institute，Nagpur，India 2. Centre for Innovation and Translational Research，CSIR-Indian Institute of Toxicology Research，Lucknow，India
年度	2021
出版社	Elsevier
DOI	https://doi.org/10.1016/C2019-0-02505-8
序号	9
标题	**CRISPR and RNAi Systems：Nanobiotechnology Approaches to Plant Breeding and Protection**
副标题	A Volume in Nanobiotechnology for Plant Protection
作者	Kamel A. Abd-Elsalam[1]，Ki-Taek Lim[2]
机构	1. Plant Pathology Research Institute，Agricultural Research Center（ARC），Giza，Egypt 2. Department of Biosystems Engineering，Kangwon National University，Gangwon-do，ROK
年度	2021
出版社	Elsevier
DOI	https://doi.org/10.1016/C2019-0-04460-3
序号	10

续表

标题	Biotechnology of Terpenoid Production from Microbial Cell Factories
作者	Pratima Gupta，Suresh Phulara
机构	Calculations for Molecular Biology and Biotechnology
年度	2021
出版社	Academic Press
DOI	https://doi.org/10.1016/C2019-0-00077-5
序号	11
标题	Biotechnology and Its Applications
副标题	Using Cells to Change the World
版本	Second Edition
作者	W. T. Godbey
机构	Tulane University，New Orleans，Louisiana
年度	2021
出版社	Academic Press
DOI	https://doi.org/10.1016/C2018-0-00161-9
序号	12
标题	Applications of Nanobiotechnology for Neglected Tropical Diseases
作者	Fabio Rocha Formiga[1]，Inamuddin[2]，Patrícia Severino[3]
机构	1. Aggeu Magalhães Institute，Oswaldo Cruz Foundation（FIOCRUZ）and University of Pernambuco（UPE），Recife，Pernambuco，Brazil 2. Department of Applied Chemistry，Zakir Husain College of Engineering and Technology，Faculty of Engineering and Technology，Aligarh Muslim University，Aligarh，India 3. Tiradentes University（UNIT），Aracaju，Brazil；Laboratory of Nanotechnology and Nanomedicine（LNMed），Aracaju，Brazil
年度	2021
出版社	Academic Press
DOI	https://doi.org/10.1016/C2019-0-01872-9
序号	13
标题	Advanced Methods in Molecular Biology and Biotechnology
副标题	A Practical Lab Manual
作者	Khalid Z. Masoodi[1]，Sameena Maqbool Lone[2]，Rovidha Saba Rasool[2]

续表

机构	1. Transcriptomics Laboratory，Division of Plant Biotechnology，Sher-e-Kashmir University of Agricultural Sciences and Technology of Kashmir，Srinagar，India 2. Division of Vegetable Science，Sher-e-Kashmir University of Agricultural Sciences and Technology of Kashmir，Shalimar，Srinagar，India
年度	2021
出版社	Academic Press
DOI	https://doi.org/10.1016/C2020-0-01818-9
序号	14
标题	**Transgenic Technology Based Value Addition in Plant Biotechnology**
作者	Usha Kiran[1]，Malik Zainul Abdin[1]，Kamaluddin[2]
机构	1. Centre for Transgenic Plant Development，Department of Biotechnology，School of Chemical and Life Sciences，Jamia Hamdard University，New Delhi，India；Bioinformatics Institute of India，Noida，India 2. Department of Genetics and Plant Breeding，Banda University of Agriculture and Technology，Banda，India
年度	2020
出版社	Academic Press
DOI	https://doi.org/10.1016/C2018-0-03864-5
序号	15
标题	**New and Future Developments in Microbial Biotechnology and Bioengineering**
副标题	Recent Advances in Application of Fungi and Fungal Metabolites：Biotechnological Interventions and Futuristic Approaches
作者	Joginder Singh，Praveen Gehlot
年度	2020
出版社	Elsevier
DOI	https://doi.org/10.1016/C2019-0-02161-9
序号	16
标题	**New and Future Developments in Microbial Biotechnology and Bioengineering**
副标题	Trends of Microbial Biotechnology for Sustainable Agriculture and Biomedicine Systems：Perspectives for Human Health
作者	Ali Asghar Rastegari[1]，Ajar Nath Yadav[2]，Neelam Yadav[3]

续表

机构	1. Department of Molecular and Cell Biochemistry，Falavarjan Branch，Islamic Azad University，Isfahan，Islamic Republic of Iran 2. Department of Biotechnology，Akal College of Agriculture，Eternal University，Baru Sahib，Himachal Pradesh，India 3. Veer Bahadur Singh Purvanchal University，Ghazipur，Uttar Pradesh，India
年度	2020
出版社	Elsevier
DOI	https://doi.org/10.1016/C2019-0-00642-5
序号	17
标题	**New and Future Developments in Microbial Biotechnology and Bioengineering**
副标题	Trends of Microbial Biotechnology for Sustainable Agriculture and Biomedicine Systems：Diversity and Functional Perspectives
作者	Ali Asghar Rastegari[1]，Ajar Nath Yadav[2]，Neelam Yadav[3]
机构	1. Department of Molecular and Cell Biochemistry，Falavarjan Branch，Islamic Azad University，Isfahan，Islamic Republic of Iran 2. Department of Biotechnology，Akal College of Agriculture，Eternal University，Baru Sahib，Himachal Pradesh，India 3. Veer Bahadur Singh Purvanchal University，Ghazipur，Uttar Pradesh，India
年度	2020
出版社	Elsevier
DOI	https://doi.org/10.1016/C2019-0-00967-3
序号	18
标题	**New and Future Developments in Microbial Biotechnology and Bioengineering**
副标题	Recent Developments in Trichoderma Research
作者	Vijai Kumar Gupta[1]，Susanne Zeilinger[2]，Harikesh Bahadur Singh[3]，Irina Druzhinina[4]
机构	1. Agrobiosciences and Chemical & Biochemical Sciences Department，University Mohammed VI Polytechnic（UM6P），Benguerir，Morocco 2. Department of Microbiology，University of Innsbruck，Innsbruck，Austria 3. Department of Mycology & Plant Pathology，Institute of Agricultural Sciences，Banaras Hindu University，Varanasi，India 4. Plant Nutrition Department，College of Resources and Environmental Sciences，Nanjing Agricultural University，Nanjing，China
年度	2020
出版社	Elsevier

续表

DOI	https://doi.org/10.1016/C2018-0-05438-9
序号	19
标题	**New and Future Developments in Microbial Biotechnology and Bioengineering**
副标题	Recent Advances in Application of Fungi and Fungal Metabolites：Environmental and Industrial Aspects
作者	Joginder Singh[1]，Praveen Gehlot[2]
机构	1. Department of Biotechnology，Lovely Professional University，Phagwara，Punjab，India 2. Department of Botany，Jai Narain Vyas University，Jodhpur，Rajasthan，India
年度	2020
出版社	Elsevier
DOI	https://doi.org/10.1016/C2019-0-02160-7
序号	20
标题	**New and Future Developments in Microbial Biotechnology and Bioengineering**
副标题	Recent Advances in Application of Fungi and Fungal Metabolites：Current Aspects
作者	Joginder Singh[1]，Praveen Gehlot[2]
机构	1. Department of Biotechnology，Lovely Professional University，Phagwara，Punjab，India 2. Department of Botany，Jai Narain Vyas University，Jodhpur，Rajasthan，India
年度	2020
出版社	Elsevier
DOI	https://doi.org/10.1016/C2019-0-02158-9
序号	21
标题	**New and Future Developments in Microbial Biotechnology and Bioengineering**
副标题	Recent Advances in Application of Fungi and Fungal Metabolites：Applications in Healthcare
作者	Joginder Singh[1]，Praveen Gehlot[2]
机构	1. Department of Biotechnology，Lovely Professional University，Phagwara，Punjab，India 2. Department of Botany，Jai Narain Vyas University，Jodhpur，Rajasthan，India
年度	2020

续表

出版社	Elsevier
DOI	https://doi.org/10.1016/C2019-0-02159-0
序号	22
标题	**New and Future Developments in Microbial Biotechnology and Bioengineering**
副标题	Phytomicrobiome for Sustainable Agriculture
作者	Jay Prakash Verma[1]，Catriona A. Macdonald[2]，Vijai Kumar Gupta[3]，Appa Rao Podile[4]
机构	1. Institute of Environment and Sustainable Development，Banaras Hindu University，Varanasi，Uttar Pradesh，India 2. Hawkesbury Institute for the Environment，Western Sydney University，Penrith，NSW，Australia 3. Agrobiosciences and Chemical & Biochemical Sciences Department，University Mohammed VI Polytechnic（UM6P），Hay Moulay Rachid，Benguerir，Morocco 4. University of Hyderabad，Hyderabad，Telangana，India
年度	2020
出版社	Elsevier
DOI	https://doi.org/10.1016/C2018-0-02313-0
序号	23
标题	**New and Future Developments in Microbial Biotechnology and Bioengineering**
副标题	Microbial Biomolecules：Properties，Relevance，and their Translational Applications
作者	Alexandre Gomes Rodrigues
机构	Institute for Animal Hygiene，Animal Welfare and Farm Animal Behaviour，University of Veterinary Medicine Hannover，Foundation，Hannover，Germany
年度	2020
出版社	Elsevier
DOI	https://doi.org/10.1016/C2018-0-00974-3
序号	24
标题	**New and Future Developments in Microbial Biotechnology and Bioengineering**
副标题	Microbial Biofilms：Current Research and Future Trends
作者	Mukesh Kumar Yadav[1]，Bhim Pratap Singh[2]
机构	1. Korea University College of Medicine，Seoul，ROK 2. Department of Biotechnology，Mizoram University，Aizawl，India
年度	2020

续表

出版社	Elsevier
DOI	https://doi.org/10.1016/C2018-0-01771-5
序号	25
标题	**New and Future Developments in Microbial Biotechnology and Bioengineering**
副标题	Microbes in Soil，Crop and Environmental Sustainability
作者	Jay Shankar Singh
机构	Department of Environmental Microbiology，School for Environmental Sciences，Babasaheb Bhimrao Ambedkar（Central）University，Lucknow，India
年度	2020
出版社	Elsevier
DOI	https://doi.org/10.1016/C2018-0-02294-X
序号	26
标题	**Microbial Biotechnology in Food and Health**
副标题	A Volume in Applied Biotechnology Reviews
作者	Ramesh C. Ray
机构	Centre for Food Biology and Environment Studies，Bhubaneswar，Odisha，India
年度	2020
出版社	Academic Press
DOI	https://doi.org/10.1016/C2018-0-05395-5
序号	27
标题	**Current Developments in Biotechnology and Bioengineering**
副标题	Sustainable Bioresources for the Emerging Bioeconomy
作者	Rupam Kataki[1]，Ashok Pandey[2]，Samir Kumar Khanal[3]，Deepak Pant[4]
机构	1. Department of Energy，Tezpur University，Tezpur，India 2. Centre of Innovation and Translational Research，CSIR-Indian Institute of Toxicology Research，Lucknow，India 3. Department of Molecular Biosciences and Bioengineering，University of Hawaii at Manoa，Honolulu，Hawaii，USA 4. Flemish Institute for Technological Research（VITO），Boeretang，Belgium
年度	2020
出版社	Elsevier
DOI	https://doi.org/10.1016/C2018-0-01914-3

续表

序号	28
标题	**Current Developments in Biotechnology and Bioengineering**
副标题	Resource Recovery from Wastes
作者	Sunita Varjani，Ashok Pandey，Edgard Gnansounou，Samir Kumar Khanal，Sindhu Raveendran
年度	2020
出版社	Elsevier
序号	29
标题	**Current Developments in Biotechnology and Bioengineering**
副标题	Environmental and Health Impact of Hospital Wastewater
作者	R. D. Tyagi[1]，Balasubramanian Sellamuthu[2]，Bhagyashree Tiwari[1]，Song Yan[1]，Patrick Drogui[1]，Xiaolei Zhang[3]，Ashok Pandey[4]
机构	1. Institut National de la Recherche Scientifique（INRS），Centre-Eau Terre Environnement（ETE），Université du Québec，Quebec，Canada 2. Centre de Recherche du CHUM，Montreal，Canada 3. Department of Civil and Environmental Engineering，Harbin Institute of Technology（Shenzhen），Shenzhen，China 4. Centre for Innovation and Translational Research，CSIR-Indian Institute of Toxicology Research，Lucknow，India
年度	2020
出版社	Elsevier
DOI	https://doi.org/10.1016/C2018-0-05534-6
序号	30
标题	**Current Developments in Biotechnology and Bioengineering**
副标题	Emerging Organic Micro-Pollutants
作者	Sunita Varjani[1]，Ashok Pandey[2]，R. D. Tyagi[3]，Huu Hao Ngo[4]，Christian Larroche[5]

续表

机构	1. Scientific Officer，Gujarat Pollution Control Board，Gandhinagar，India 2. Distinguished Scientist，Centre for Innovation and Translational Research，CSIR-Indian Institute of Toxicology Research，Lucknow，India 3. Institut National de la Recherche Scientifique—Eau Terre Environnement，Universite du Quebec，Quebec City，QC，Canada 4. Centre for Technology in Water and Wastewater，School of Civil and Environmental Engineering，University of Technology Sydney，Sydney，NSW，Australia 5. Polytech Clermont-Ferrand，University Clermont-Auvergne，Clermont-Ferrand，France
年度	2020
出版社	Elsevier
DOI	https://doi.org/10.1016/C2018-0-05579-6
序号	31
标题	**Current Developments in Biotechnology and Bioengineering**
副标题	Advanced Membrane Separation Processes for Sustainable Water and Wastewater Management -Anaerobic Membrane Bioreactor Processes and Technologies
作者	Huu Hao Ngo，Wenshan Guo，How Yong Ng，Giorgio Mannina，Ashok Pandey
年度	2020
出版社	Elsevier
DOI	https://doi.org/10.1016/C2019-0-00331-7
序号	32
标题	**Current Developments in Biotechnology and Bioengineering**
副标题	Advanced Membrane Separation Processes for Sustainable Water and Wastewater Management-Aerobic Membrane Bioreactor Processes and Technologies
作者	How Yong Ng，Tze Chiang Albert Ng，Huu Hao Ngo，Giorgio Mannina，Ashok Pandey
年度	2020
出版社	Elsevier
DOI	https://doi.org/10.1016/C2019-0-00256-7
序号	33
标题	**Current Developments in Biotechnology and Bioengineering**
副标题	Advanced Membrane Separation Processes for Sustainable Water and Wastewater Management-Case Studies and Sustainability Analysis

续表

作者	Giorgio Mannina，Ashok Pandey，Christian Larroche，How Yong Ng，Huu Hao Ngo
年度	2020
出版社	Elsevier
DOI	https://doi.org/10.1016/C2019-0-00455-4
序号	34
标题	**Centrifugal Separations in Biotechnology**
版本	2nd Edition
作者	Wallace Woon-Fong Leung
年度	2020
出版社	Elsevier
DOI	https://doi.org/10.1016/C2017-0-03265-2
序号	35
标题	**Camptothecin and Camptothecin Producing Plants**
副标题	Botany，Chemistry，Anticancer Activity and Biotechnology
作者	T. Pullaiah[1]，P. B. Raghavendra[2]，S. Karuppusamy[3]，V. Raveendran[4]，M. Anuradha[5]
机构	1. Department of Botany，Sri Krishnadevaraya University，Anantapur，India 2. School of Regenerative Medicine，Manipal University，Bangalore，India 3. Department of Botany，The Madura College，Madurai，India 4. Department of Cell Biology，King Faisal Specialist Hospital and Research Center，Riyadh，Kingdom of Saudi Arabia 5. Department of Biotechnology，Padmashree Institute of Management and Sciences，Bangalore，India
年度	2020
出版社	Academic Press
DOI	https://doi.org/10.1016/C2019-0-02185-1
序号	36
标题	**Biotechnology in the Chemical Industry**
副标题	Towards a Green and Sustainable Future
作者	Pratima Bajpai
机构	Consultant-Pulp and Paper，Kanpur，India
年度	2020
出版社	Elsevier

续表

DOI	https://doi.org/10.1016/C2018-0-03290-9
序号	37
标题	**Biotechnology Entrepreneurship**
副标题	Leading，Managing and Commercializing Innovative Technologies
版本	2nd Edition
作者	Craig Shimasaki
机构	CEO，BioSource Consulting Group and Moleculera Labs，Oklahoma City，USA
年度	2020
出版社	Academic Press
DOI	https://doi.org/10.1016/C2017-0-02971-3
序号	38
标题	**Animal Biotechnology**
副标题	Models in Discovery and Translation
版本	2nd Edition
作者	Ashish S. Verma[1]，Anchal Singh[2]
机构	1. Jadavpur University，Kolkata，India 2. Department of Biochemistry，Institute of Science，Banaras Hindu University，Varanasi，India
年度	2020
出版社	Academic Press
DOI	https://doi.org/10.1016/C2016-0-01620-0
序号	39
标题	**New and Future Developments in Microbial Biotechnology and Bioengineering**
副标题	Microbial Biotechnology in Agro-Environmental Sustainability
作者	Jay Shankar Singh[1]，D. P. Singh[2]
机构	1. Department of Environmental Microbiology，Babasaheb Bhimrao Ambedkar University，Lucknow，India 2. Department of Environmental Science，Babasaheb Bhimrao Ambedkar University，Lucknow，India
年度	2019
出版社	Elsevier
DOI	https://doi.org/10.1016/C2017-0-03932-0
序号	40

续表

标题	New and Future Developments in Microbial Biotechnology and Bioengineering
副标题	From Cellulose to Cellulase：Strategies to Improve Biofuel Production
作者	Neha Srivastava，Manish Srivastava，P. K. Mishra，P. W. Ramteke，Ram Lakhan Singh
机构	New and Future Developments in Microbial Biotechnology and Bioengineering
年度	2019
出版社	Elsevier
DOI	https://doi.org/10.1016/C2018-0-01234-7
序号	41
标题	Nanotechnology in Modern Animal Biotechnology
副标题	Concepts and Applications
作者	Pawan Kumar Maurya[1]，Sanjay Singh[2]
机构	1. Department of Biochemistry，Central University of Haryana，Mahendergarh，India 2. Division of Biological and Life Sciences，School of Arts and Sciences，Central Campus，Ahmedabad University，Ahmedabad，Gujarat，India
年度	2019
出版社	Elsevier
DOI	https://doi.org/10.1016/C2018-0-00381-3
序号	42
标题	New and Future Developments in Microbial Biotechnology and Bioengineering
副标题	Microbial Genes Biochemistry and Applications
作者	Harikesh Bahadur Singh[1]，Vijai Kumar Gupta[2]，Sudisha Jogaiah[3]
机构	1. Institute of Agricultural Sciences，Banaras Hindu University，Varanasi，India 2. Department of Chemistry and Biotechnology，ERA Chair of Green Chemistry，Tallinn University of Technology，Tallinn，Estonia 3. Department of Studies in Biotechnology and Microbiology，Karnatak University，Karnataka，India
年度	2019
出版社	Elsevier
DOI	https://doi.org/10.1016/C2014-0-00307-3
序号	43
标题	Enzymes in Food Biotechnology
副标题	Production，Applications，and Future Prospects

续表

作者	Mohammed Kuddus
机构	Enzymes
年度	2019
出版社	Academic Press
DOI	https://doi.org/10.1016/C2016-0-04555-2
序号	44
标题	**Current Developments in Biotechnology and Bioengineering**
副标题	Waste Treatment Processes for Energy Generation
作者	Sunil Kumar[1]，Rakesh Kumar[2]，Ashok Pandey[3]
机构	1. Solid and Hazardous Waste Management Division，CSIR—National Environmental Engineering Research Institute，Nagpur，India 2. CSIR—National Environmental Engineering Research Institute，Nagpur，India 3. Centre for Innovation and Translational Research，CSIR—Indian Institute of Toxicology Research，Lucknow，India
年度	2019
出版社	Elsevier
序号	45
标题	**Current Developments in Biotechnology and Bioengineering**
副标题	Synthetic Biology，Cell Engineering and Bioprocessing Technologies
作者	Sudhir P. Singh，Ashok Pandey，Guocheng Du，Sudesh Kumar
年度	2019
出版社	Elsevier
DOI	https://doi.org/10.1016/C2017-0-01925-0
序号	46
标题	**Applied Plant Biotechnology for Improving Resistance to Biotic Stress**
作者	Palmiro Poltronieri[1]，Yiguo Hong[2]
机构	1. Institute of Sciences of Food Production，National Research Council（ISPA-CNR），Lecce，Italy 2. College of Life and Environmental Sciences，Hangzhou Normal University，Hangzhou，China；School of Life Science，University of Warwick，Coventry，UK；School of Science and the Environment，University of Worcester，Worcester，UK
年度	2019
出版社	Academic Press

续表

DOI	https://doi.org/10.1016/C2017-0-03484-5
序号	47
标题	**Advances in Textile Biotechnology**
副标题	A Volume in The Textile Institute Book Series
版本	Second Edition
作者	Artur Cavaco-Paulo，Vincent A. Nierstrasz，Qiang Wang
机构	Algae Based Polymers，Blends，and Composites
年度	2019
出版社	Woodhead Publishing
序号	48
标题	**Viruses**
副标题	Molecular Biology，Host Interactions and Applications to Biotechnology
作者	Paula Tennant[1]，Gustavo Fermin[2]，Jerome E. Foster[3]
机构	1. The University of the West Indies，Mona，Jamaica 2. Universidad de Los Andes，Mérida，Venezuela 3. The University of the West Indies，St. Augustine，Trinidad
年度	2018
出版社	Academic Press
DOI	https://doi.org/10.1016/C2015-0-05650-7
序号	49
标题	**Peptide Applications in Biomedicine，Biotechnology and Bioengineering**
作者	Sotirios Koutsopoulos
年度	2018
出版社	Woodhead Publishing
DOI	https://doi.org/10.1016/C2015-0-02002-0
序号	50
标题	**New and Future Developments in Microbial Biotechnology and Bioengineering**
副标题	Microbial Secondary Metabolites Biochemistry and Applications
作者	Vijai Kumar Gupta[1]，Anita Pandey[2]
机构	1. ERA Chair of Green Chemistry，Department of Chemistry and Biotechnology，School of Science，Tallinn University of Technology，Tallinn，Estonia 2. Center for Environmental Assessment & Climate Change，G.B. Pant National Institute of Himalayan Environment & Sustainable Development，Kosi-Katarmal，Almora，Uttarakhand，India

续表

年度	2018
出版社	Elsevier
DOI	https://doi.org/10.1016/C2014-0-00306-1
序号	51
标题	**New and Future Developments in Microbial Biotechnology and Bioengineering**
副标题	Crop Improvement Through Microbial Biotechnology
作者	Ram Prasad[1]，Sarvajeet S. Gill[2]，Narendra Tuteja[3]
机构	1. Amity University，Noida，India 2. MD University，Rohtak，India 3. Amity University，Noida，India；ICGEB，New Delhi
年度	2018
出版社	Elsevier
DOI	https://doi.org/10.1016/C2016-0-04330-9
序号	52
标题	**New and Future Developments in Microbial Biotechnology and Bioengineering**
副标题	Actinobacteria：Diversity and Biotechnological Applications
作者	Bhim Pratap Singh[1]，Vijai Kumar Gupta[2]，Ajit Kumar Passari[1]
机构	1. Mizoram University，Aizawl，Mizoram，India 2. Tallinn University of Technology，Tallinn，Estonia
年度	2018
出版社	Elsevier
DOI	https://doi.org/10.1016/C2016-0-03789-0
序号	53
标题	**Current Developments in Biotechnology and Bioengineering**
副标题	Current Advances in Solid-State Fermentation
作者	Ashok Pandey，Christian Larroche，Carlos Ricardo Soccol
年度	2018
出版社	Elsevier
DOI	https://doi.org/10.1016/C2016-0-02261-1
序号	54
标题	**Biotechnology of Metals**
副标题	Principles，Recovery Methods，and Environmental Concerns
作者	K. A. Natarajan

续表

机构	Indian Institute of Science，Bangalore，India
年度	2018
出版社	Elsevier
DOI	https://doi.org/10.1016/C2015-0-00161-7
序号	55
标题	**Biotechnology for Sustainable Agriculture**
副标题	Emerging Approaches and Strategies
作者	Ram Lakhan Singh，Sukanta Mondal
年度	2018
出版社	Woodhead Publishing
DOI	https://doi.org/10.1016/C2016-0-03289-8
序号	56
标题	**Advances in Biotechnology for Food Industry**
副标题	A volume in Handbook of Food Bioengineering
作者	Alina Maria Holban，Alexandru Mihai Grumezescu
机构	Advances in Textile Biotechnology
年度	2018
出版社	Academic Press
序号	57
标题	**Algal Green Chemistry**
副标题	Recent Progress in Biotechnology
作者	Rajesh Prasad Rastogi[1]，Datta Madamwar[1]，Ashok Pandey[2]
机构	1. Sardar Patel University，Anand，Gujarat，India 2. Center of Innovative and Applied Bioprocessing，Mohali，Punjab，India
年度	2017
出版社	Elsevier
序号	58
标题	**New and Future Developments in Microbial Biotechnology and Bioengineering**
副标题	Penicillum System Properties and Applications
作者	Vijai Kumar Gupta[1]，Susana Rodriguez-Couto[2]
机构	1. Department of Chemistry and Biotechnology，ERA Chair of Green Chemistry，Tallinn University of Technology，Tallinn，Estonia 2. Ceit-IK4，Donostia-San Sebastian，Spain IKERBASQUE，Bilbao，Spain

续表

年度	2017
出版社	Elsevier
DOI	https://doi.org/10.1016/C2014-0-00305-X
序号	59
标题	**Introduction to Petroleum Biotechnology**
作者	James G. Speight[1]，Nour Shafik El-Gendy[2]
机构	1. Laramie，Wyoming，USA 2. Egyptian Petroleum Research Institute，Nasr City，Cairo，Egypt
年度	2017
出版社	Gulf Professional Publishing
DOI	https://doi.org/10.1016/C2015-0-02007-X
序号	60
标题	**Fundamentals of Biologicals Regulation**
副标题	Vaccines and Biotechnology Medicines
作者	Rebecca Sheets
机构	Principal Consultant and Subject Matter Expert，Grimalkin Partners，Silver Spring，MD；Catholic University of America，Washington，DC，USA
年度	2017
出版社	Academic Press
DOI	https://doi.org/10.1016/C2015-0-02183-9
序号	61
标题	**Bacterial Nanocellulose**
副标题	From Biotechnology to Bio-Economy
作者	Miguel Gama[1]，Fernando Dourado[1]，Stanislaw Bielecki[2]
机构	1. Minho University，Biological Engineering Department Campus de Gualtar，Braga，Portugal 2. Lodz University of Technology，Institute of Technical Biochemistry Lodz，Poland
年度	2017
出版社	Elsevier
DOI	https://doi.org/10.1016/C2013-0-16061-8
序号	62

续表

标题	Current Developments in Biotechnology and Bioengineering
副标题	Solid Waste Management
作者	Jonathan W. C. Wong，Rajeshwar D. Tyagi，Ashok Pandey
年度	2017
出版社	Elsevier
序号	63
标题	Current Developments in Biotechnology and Bioengineering
副标题	Production，Isolation and Purification of Industrial Products
作者	Ashok Pandey，Sangeeta Negi，Carlos Ricardo Soccol
年度	2017
出版社	Elsevier
序号	64
标题	Current Developments in Biotechnology and Bioengineering
副标题	Human and Animal Health Applications
作者	Vanete Thomaz-Soccol，Ashok Pandey，Rodrigo R. Resende
年度	2017
出版社	Elsevier
序号	65
标题	Current Developments in Biotechnology and Bioengineering
副标题	Functional Genomics and Metabolic Engineering
作者	Paramasamy Gunasekaran，Santosh Noronha，Ashok Pandey
年度	2017
出版社	Elsevier
序号	66
标题	Current Developments in Biotechnology and Bioengineering
副标题	Foundations of Biotechnology and Bioengineering
作者	Ashok Pandey，José António Couto Teixeira
年度	2017
出版社	Elsevier
序号	67
标题	Current Developments in Biotechnology and Bioengineering
副标题	Food and Beverages Industry

续表

作者	Ashok Pandey，Maria Ángeles Sanromán，Guocheng Du，Carlos Ricardo Soccol，Claude-Gilles Dussap
年度	2017
出版社	Elsevier
序号	68
标题	**Current Developments in Biotechnology and Bioengineering**
副标题	Crop Modification，Nutrition，and Food Production
作者	Suresh Kumar Dubey，Ashok Pandey，Rajender Singh Sangwan
机构	Banaras Hindu university Varanasi，India
年度	2017
出版社	Elsevier
DOI	https://doi.org/10.1016/C2014-0-04873-3
序号	69
标题	**Current Developments in Biotechnology and Bioengineering**
副标题	Bioprocesses，Bioreactors and Controls
作者	Christian Larroche，Maria Ángeles Sanromán，Guocheng Du，Ashok Pandey
年度	2017
出版社	Elsevier
DOI	https://doi.org/10.1016/C2014-0-04871-X
序号	70
标题	**Current Developments in Biotechnology and Bioengineering**
副标题	Biological Treatment of Industrial Effluents
作者	Duu-Jong Lee，Veeriah Jegatheesan，Hao Huu Ngo，Patrick C. Hallenbeck，Ashok Pandey
年度	2017
出版社	Elsevier
DOI	https://doi.org/10.1016/C2014-0-04857-5
序号	71
标题	**Algae Based Polymers，Blends，and Composites**
副标题	Chemistry，Biotechnology and Materials Science
作者	Khalid Mahmood Zia，Mohammad Zuber，Muhammad Ali
年度	2017

续表

出版社	Elsevier
序号	72
标题	**Biotechnology of Microbial Enzymes**
副标题	Production，Biocatalysis and Industrial Applications
作者	Goutam Brahmachari
机构	Laboratory of Natural Products & Organic Synthesis，Department of Chemistry，Visva-Bharati（A Central University），Santiniketan，West Bengal，India
年度	2017
出版社	Academic Press
DOI	https://doi.org/10.1016/C2015-0-00048-X
序号	73
标题	**An Introduction to Ethical，Safety and Intellectual Property Rights Issues in Biotechnology**
作者	Padma Nambisan
机构	Cochin University of Science & Technology，Cochin，Kerala，India
年度	2017
出版社	Academic Press
序号	74
标题	**Silicon Carbide Biotechnology**
副标题	A Biocompatible Semiconductor for Advanced Biomedical Devices and Applications
版本	2nd Edition
作者	Stephen E. Saddow
机构	Department of Electrical Engineering，University of South Florida，Tampa，USA
年度	2016
出版社	Elsevier
DOI	https://doi.org/10.1016/C2014-0-03629-5
序号	75
标题	**New and Future Developments in Microbial Biotechnology and Bioengineering**
副标题	Microbial Cellulase System Properties and Applications
作者	Vijai Kumar Gupta
机构	MGBG，Discipline of Biochemistry，School of Natural Sciences，National University of Ireland，Galway，Ireland

续表

年度	2016
出版社	Elsevier
DOI	https://doi.org/10.1016/C2014-0-00092-5
序号	76
标题	**New and Future Developments in Microbial Biotechnology and Bioengineering**
副标题	Aspergillus System Properties and Applications
作者	Vijai Kumar Gupta
机构	New and Future Developments in Microbial Biotechnology and Bioengineering
年度	2016
出版社	Elsevier
DOI	https://doi.org/10.1016/C2014-0-00304-8
序号	77
标题	**Mushroom Biotechnology**
副标题	Developments and Applications
作者	Marian Petre
机构	University of Pitesti，Faculty of Sciences，Romania
年度	2016
出版社	Academic Press
DOI	https://doi.org/10.1016/C2014-0-03106-1
序号	78
标题	**Calculations for Molecular Biology and Biotechnology**
版本	3rd Edition
作者	Frank H. Stephenson
年度	2016
出版社	Academic Press
序号	79
标题	**Biotechnology for Biofuel Production and Optimization**
作者	Carrie A. Eckert，Cong T. Trinh
年度	2016
出版社	Elsevier
DOI	https://doi.org/10.1016/C2013-0-16084-9
序号	80

续表

标题	**Biotechnology for Beginners**
版本	2nd Edition
作者	Reinhard Renneberg，Viola Berkling，Vanya Loroch
年度	2016
出版社	Academic Press
DOI	https://doi.org/10.1016/C2011-0-05230-4
序号	81
标题	**Modern Applications of Plant Biotechnology in Pharmaceutical Sciences**
作者	Saurabh Bhatia[1]，Kiran Sharma[2]，Randhir Dahiya[3]，Tanmoy Bera[4]
机构	1. PDM College of Pharmacy，Bahadurgarh，Haryana，India 2. Department of Pharmaceutical Sciences，Jamia Hamdard，New Delhi，India 3. Department of Pharmacology，Maharishi Markandeshwar College of Pharmacy，Mullana，Ambala，Haryana，India 4. Department of Pharmaceutical Technology，Jadavpur University，Kolkata，West Bengal，India
年度	2015
出版社	Academic Press
DOI	https://doi.org/10.1016/C2014-0-02123-5
序号	82
标题	**Industrial Biorefineries & White Biotechnology**
作者	Ashok Pandey，Rainer Höfer，Mohammad Taherzadeh，K. Madhavan Nampoothiri，Christian Larroche
年度	2015
出版社	Elsevier
DOI	https://doi.org/10.1016/C2013-0-19082-4
序号	83
标题	**Handbook of Marine Microalgae**
副标题	Biotechnology Advances
作者	Se-Kwon Kim
机构	Pukyong National University，Busan，ROK
年度	2015
出版社	Academic Press
DOI	https://doi.org/10.1016/C2013-0-19117-9

续表

序号	84
标题	**Environmental Biotechnology**
副标题	A Biosystems Approach
版本	2nd Edition
作者	Daniel A. Vallero
机构	Pratt School of Engineering，Duke University，North Carolina，USA
年度	2015
出版社	Academic Press
DOI	https://doi.org/10.1016/C2012-0-06127-3
序号	85
标题	**Biochemical Engineering and Biotechnology**
版本	2nd Edition
作者	Ghasem D. Najafpour
机构	Biotechnology Research Lab.，Faculty of Chemical Engineering，Noshirvani University of Technology，Babol，Iran
年度	2015
出版社	Elsevier Science
DOI	https://doi.org/10.1016/C2013-0-09819-2
序号	86
标题	**Applied Plant Genomics and Biotechnology**
作者	Palmiro Poltronieri，Yiguo Hong
机构	Bacterial Nanocellulose
年度	2015
出版社	Woodhead Publishing
DOI	https://doi.org/10.1016/C2014-0-02129-6
序号	87
标题	**An Introduction to Biotechnology**
副标题	The Science，Technology and Medical Applications
作者	W. T. Godbey
机构	Tulane University，New Orleans，Louisiana
年度	2015
出版社	Academic Press

续表

DOI	https://doi.org/10.1016/C2013-0-18161-5
序号	88
标题	**Biotechnology Entrepreneurship**
副标题	Starting，Managing，and Leading Biotech Companies
作者	Craig Shimasaki
机构	Moleculera Labs and BioSource Consulting Group，Oklahoma City，Oklahoma
年度	2014
出版社	Academic Press
DOI	https://doi.org/10.1016/C2012-0-02297-1
序号	89
标题	**Biotechnology and Plant Breeding**
副标题	Applications and Approaches for Developing Improved Cultivars
作者	Aluizio Borem，Roberto Fritsche-Neto
年度	2014
出版社	Academic Press
DOI	https://doi.org/10.1016/C2013-0-06808-9
序号	90
标题	**Biotechnology and Biology of Trichoderma**
作者	Vijai K. Gupta，Monika Schmoll，Alfredo Herrera-Estrella，R. S. Upadhyay，Irina Druzhinina，Maria G. Tuohy
年度	2014
出版社	Elsevier
DOI	https://doi.org/10.1016/C2012-0-00434-6
序号	91
标题	**Animal Biotechnology**
副标题	Models in Discovery and Translation
作者	Ashish S. Verma Anchal Singh
机构	Amity Institute of Biotechnology，Amity University Uttar Pradesh，NOIDA（UP），India
年度	2014
出版社	Academic Press
DOI	https://doi.org/10.1016/C2011-0-05210-9

续表

序号	92
标题	**From Plant Genomics to Plant Biotechnology**
副标题	A volume in Woodhead Publishing Series in Biomedicine
作者	Palmiro Poltronieri，Natalija Burbulis，Corrado Fogher
年度	2013
出版社	Woodhead Publishing
序号	93
标题	**Contract Research and Manufacturing Services（CRAMS）in India**
副标题	The Business，Legal，Regulatory and Tax Environment in the Pharmaceutical and Biotechnology Sectors
作者	Milind Antani，Gowree Gokhale
年度	2012
出版社	Woodhead Publishing
序号	94
标题	**Silicon Carbide Biotechnology**
副标题	A Biocompatible Semiconductor for Advanced Biomedical Devices and Applications
作者	Stephen E. Saddow
年度	2012
出版社	Elsevier Science
DOI	https://doi.org/10.1016/C2010-0-67866-7
序号	95
标题	**Plant Biotechnology and Agriculture**
副标题	Prospects for the 21st Century
作者	Arie Altman[1]，Paul Michael Hasegawa[2]
机构	1. Robert H. Smith Institute of Plant Sciences and Genetics in Agriculture，Hebrew University of Jerusalem，Rehovot，Israel 2. Bruno C. Moser Distinguished Horticulture and Landscape Architecture Department，Purdue University，West Lafayette，Indiana，USA
年度	2012
出版社	Academic Press
DOI	https://doi.org/10.1016/C2009-0-61282-4
序号	96

续表

标题	**Membrane Processes in Biotechnology and Pharmaceutics**
作者	Catherine Charcosset
年度	2012
出版社	Elsevier
DOI	https://doi.org/10.1016/C2011-0-04261-8
序号	97
标题	**Matlab® in Bioscience and Biotechnology**
副标题	A Volume in Woodhead Publishing Series in Biomedicine
作者	Leonid Burstein
年度	2011
出版社	Woodhead Publishing
序号	98
标题	**Calculations for Molecular Biology and Biotechnology**
副标题	A Guide to Mathematics in the Laboratory
版本	2nd Edition
作者	Frank H. Stephenson
年度	2011
出版社	Academic Press
DOI	https://doi.org/10.1016/C2009-0-01985-0
序号	99
标题	**Environmental Biotechnology**
副标题	A Biosystems Approach
作者	Daniel A. Vallero
机构	Pratt School of Engineering，Duke University，North Carolina，USA
年度	2010
出版社	Academic Press
DOI	https://doi.org/10.1016/C2009-0-01984-9
序号	100
标题	**Advances in Textile Biotechnology**
副标题	A Volume in Woodhead Publishing Series in Textiles
作者	V. A. Nierstrasz，A. Cavaco-Paulo，Related publications
年度	2010

续表

出版社	Woodhead Publishing
序号	101
标题	**What Can Nanotechnology Learn from Biotechnology? A Scientific Exploration of the Mind/Brain Interface**
副标题	A Volume in Food Science and Technology
作者	Kenneth David[1], Paul B. Thompson[2]
机构	1. Department of Anthropology, Michigan State University 2. Departments of Philosophy, Agricultural Economics, and Community, Agriculture, Recreation and Resource Studies, Michigan State University
年度	2008
出版社	Academic Press
DOI	https://doi.org/10.1016/B978-0-12-373990-2.X0001-5
序号	102
标题	**Potato Biology and Biotechnology**
副标题	Advances and Perspectives
作者	Dick Vreugdenhil[1], John Bradshaw, Christiane Gebhardt, Francine Govers, Donald K. L. Mackerron, Mark A. Taylor, Heather A. Ross
机构	1. Laboratory of Plant Physiology, Wageningen University and Research Centre, Wageningen, The Netherlands
年度	2007
出版社	Elsevier Science
DOI	https://doi.org/10.1016/B978-0-444-51018-1.X5040-4
序号	103
标题	**Centrifugal Separations in Biotechnology**
作者	Wallace Woon-Fong Leung
年度	2007
出版社	Academic Press
DOI	https://doi.org/10.1016/B978-1-85617-477-0.X5000-9
序号	104
标题	**Enzymes**
副标题	Biochemistry, Biotechnology, Clinical Chemistry
版本	2nd Edition
作者	Trevor Palmer, Philip L. Bonner

续表

机构	Nottingham Trent University
年度	2007
出版社	Woodhead Publishing
序号	105
标题	**Biochemical Engineering and Biotechnology**
作者	Ghasem D. Najafpour
机构	Noshirvani Institute of Technology，University of Mazandaran，Babol，Iran
年度	2007
出版社	Elsevier Science
DOI	https://doi.org/10.1016/B978-0-444-52845-2.X5000-9
序号	106
标题	**Academia to Biotechnology**
副标题	Career Changes at Any Stage
作者	Jeffrey M. Gimble
机构	Advanced Methods in Molecular Biology and Biotechnology
年度	2005
出版社	Academic Press
DOI	https://doi.org/10.1016/B978-0-12-284151-4.X5000-3
序号	107
标题	**Biotechnology and Safety Assessment**
版本	3rd Edition
作者	John A. Thomas[1]，Roy L. Fuchs[2]
机构	1. University of Texas Health Science Center San Antonio，Texas，USA 2. Monsanto Company St. Louis，Missouri，USA
年度	2003
出版社	Academic Press
DOI	https://doi.org/10.1016/B978-0-12-688721-1.X5000-4
序号	108
标题	**Calculations for Molecular Biology and Biotechnology**
副标题	A Guide to Mathematics in the Laboratory
作者	Frank H. Stephenson
机构	Applied Biosystems

续表

年度	2003
出版社	Academic Press
DOI	https://doi.org/10.1016/B978-0-12-665751-7.X5041-0
序号	109
标题	**Fruit and Vegetable Biotechnology**
副标题	A Volume in Woodhead Publishing Series in Food Science，Technology and Nutrition
作者	Victoriano Valpuesta
年度	2002
出版社	Woodhead Publishing
序号	110
标题	**Reproductive Biotechnology in Finfish Aquaculture**
作者	Cheng-Sheng Lee[1]，Edward M. Donaldson[2]
机构	1. The Oceanic Institute，Waimanalo，USA 2. Department of Fisheries and Oceans，West Vancouver Laboratory，Canada
年度	2001
出版社	Elsevier Science
DOI	https://doi.org/10.1016/C2009-0-00540-6
序号	111
标题	**Cereal Biotechnology**
副标题	A Volume in Woodhead Publishing Series in Food Science，Technology and Nutrition
作者	Peter C. Morris，James H. Bryce
机构	Contract Research and Manufacturing Services（CRAMS），India
年度	2000
出版社	Woodhead Publishing
序号	112

Wiley

标题	Cyanobacteria Biotechnology
作者	Jens Nielsen，Sang Lee，Gregory Stephanopoulos，Paul Hudson
机构	School of Engineering Sciences in Chemistry，Biotechnology，and Health，Royal Institute of Technology（KTH），Stockholm，Sweden
出版时间	2021
Print ISBN	9783527347148
Online ISBN	9783527824908
DOI	10.1002/9783527824908
序号	1
标题	Biopolymers for Biomedical and Biotechnological Applications
作者	Bernd Rehm[1]，M. Fata Moradali[2]
机构	1. Centre for Cell Factories and Biopolymer at Griffith University，Griffith Institute for Drug Discovery，Australia 2. Department of Oral Biology，Florida University，USA
出版时间	2020
Print ISBN	9783527345304
Online ISBN	9783527818310
DOI	10.1002/9783527818310
序号	2
标题	Drying Technologies for Biotechnology and Pharmaceutical Applications
作者	Satoshi Ohtake[1]，Ken-ichi Izutsu[2]，David Lechuga-Ballesteros[3]
机构	1. BioTherapeutics Pharmaceutical Sciences at Pfizer in St. Louis，USA 2. National Institute of Health Sciences，Japan 3. Pearl Therapeutics，USA
出版时间	2020
Print ISBN	9783527341122
Online ISBN	9783527802104
DOI	10.1002/9783527802104
序号	3
标题	Encyclopedia of Marine Biotechnology
作者	Se-Kwon Kim
出版时间	2020

续表

Print ISBN	9781119143772
Online ISBN	9781119143802
DOI	10.1002/9781119143802
序号	4
标题	**OMICS-Based Approaches in Plant Biotechnology**
作者	Rintu Banerjee，Garlapati Vijay Kumar，S.P. Jeevan Kumar
出版时间	2019
Online ISBN	9781119509967
DOI	10.1002/9781119509967
序号	5
标题	**Molecular Plant Abiotic Stress：Biology and Biotechnology**
作者	Aryadeep Roychoudhury，Durgesh Tripathi
出版时间	2019
Online ISBN	9781119463665
DOI	10.1002/9781119463665
序号	6
标题	**Molecular Techniques in Food Biology：Safety，Biotechnology，Authenticity and Traceability**
作者	Aly Farag El Sheikha[1]，Robert Levin[2]，Jianping Xu[1]
机构	1. Department of Biology，McMaster University，Hamilton，Ontario，Canada 2. Department of Food Science at the University of Massachusetts，Amherst，USA
出版时间	2018
Print ISBN	9781119374602
Online ISBN	9781119374633
DOI	10.1002/9781119374633
序号	7
标题	**Blue Biotechnology：Production and Use of Marine Molecules，Volume 1**
作者	Stéphane La Barre，Stephen S. Bates
出版时间	2018
Online ISBN	9783527801718
DOI	10.1002/9783527801718

续表

序号	8
标题	**Polymer and Biopolymer Brushes：For Materials Science and Biotechnology 2 Volume Set，Ⅰ&Ⅱ**
作者	Omar Azzaroni[1]，Igal Szleifer[2]
机构	1. Soft Matter Laboratory of INIFTA 2. Northwestern University
出版时间	2017
Print ISBN	9781119455011
Online ISBN	9781119455042
DOI	10.1002/9781119455042
序号	9
标题	**Bio-pigmentation and Biotechnological Implementations**
作者	Om V. Singh
机构	University of Pittsburgh，Bradford，USA
出版时间	2017
Print ISBN	9781119166146
Online ISBN	9781119166191
DOI	10.1002/9781119166191
序号	10
标题	**Engineering Principles in Biotechnology**
作者	Wei-Shou Hu
机构	Department of Chemical Engineering and Materials Science，University of Minnesota，Minneapolis，USA
出版时间	2017
Print ISBN	9781119159025
Online ISBN	9781119159056
DOI	10.1002/9781119159056
序号	11
标题	**Nanocellulose and Nanohydrogel Matrices：Biotechnological and Biomedical Applications**
作者	Mohammad Jawaid[1]，Faruq Mohammad[2]

续表

机构	1. Institute of Tropical Forestry and Forest Products，Universiti Putra Malaysia（UPM）（Malaysia）and Visiting Lecturer to Aerospace Manufacturing Research Centre，Faculty of Engineering，UPM 2. Department of Chemistry，College of Science，King Saud University，Kingdom of Saudi Arabia
出版时间	2017
Print ISBN	9783527341726
Online ISBN	9783527803835
DOI	10.1002/9783527803835
序号	12
标题	**Plant Pathogen Resistance Biotechnology**
作者	David B. Collinge
出版时间	2016
Print ISBN	9781118867761
Online ISBN	9781118867716
DOI	10.1002/9781118867716
序号	13
标题	**Industrial Biotechnology of Vitamins，Biopigments，and Antioxidants**
作者	Erick J. Vandamme[1]，José Luis Revuelta[2]
机构	1. Department of Biochemical and Microbial Technology，Faculty Bioscience Engineering，Ghent University，Belgium 2. University of Salamanca，Spain
出版时间	2016
Print ISBN	9783527337347
Online ISBN	9783527681754
DOI	10.1002/9783527681754
序号	14
标题	**Industrial Biotechnology：Microorganisms，Volume 1**
作者	Christoph Wittmann[1]，James C. Liao[2]
机构	1. Institute of Systems Biotechnology at Saarland University，Saarbrücken，Germany 2. Academia Sinica in Taiwan，China
出版时间	2016
Print ISBN	9783527341795

续表

Online ISBN	9783527807796
DOI	10.1002/9783527807796
序号	15
标题	**Industrial Biotechnology：Products and Processes**
作者	Christoph Wittmann[1]，James C. Liao[2]
机构	1. Institute of Systems Biotechnology at Saarland University，Saarbrücken，Germany 2. University of California，in Los Angeles（UCLA），USA
出版时间	2016
Print ISBN	9783527341818
Online ISBN	9783527807833
DOI	10.1002/9783527807833
序号	16
标题	**Biotechnology in Flavor Production**
版本	2nd Edition
作者	Daphna Havkin-Frenkel，Nativ Dudai
出版时间	2016
Print ISBN	9781118354063
Online ISBN	9781118354056
DOI	10.1002/9781118354056
序号	17
标题	**Micro-and Nanosystems for Biotechnology**
作者	Christopher Love
机构	Koch Institute for Integrative Cancer Research at the Massachusetts Institute of Technology，MIT，USA
出版时间	2016
Print ISBN	9783527332816
Online ISBN	9783527801312
DOI	10.1002/9783527801312
序号	18
标题	**Directed Evolution of Selective Enzymes：Catalysts for Organic Chemistry and Biotechnology**
作者	Manfred T. Reetz

续表

机构	University of Marburg，Germany
出版时间	2016
Print ISBN	9783527316601
Online ISBN	9783527655465
DOI	10.1002/9783527655465
序号	19
标题	**Proteins：Biochemistry and Biotechnology，Second Edition**
作者	Gary Walsh
机构	University of Limerick，Ireland
出版时间	2015
Print ISBN	9780470669860
Online ISBN	9781119117599
DOI	10.1002/9781119117599
序号	20
标题	**Advances in Food Biotechnology**
作者	Ravishankar Rai V.
出版时间	2015
Print ISBN	9781118864555
Online ISBN	9781118864463
DOI	10.1002/9781118864463
序号	21
标题	**Biotechnology of Bioactive Compounds：Sources and Applications**
作者	Dr. Vijai Kumar Gupta，Dr. Maria G. Tuohy
机构	Department of Biochemistry，School of Natural Sciences，NUI Galway，Ireland
出版时间	2015
Print ISBN	9781118733493
Online ISBN	9781118733103
DOI	10.1002/9781118733103
序号	22
标题	**Biotechnology of Lactic Acid Bacteria：Novel Applications**
版本	2nd Edition

续表

作者	Fernanda Mozzi，Raúl R. Raya，Graciela M. Vignolo
机构	Centro de Referencia para Lactobacilos（CERELA）-CONICET，Tucumán，Argentina
出版时间	2015
Print ISBN	9781118868409
Online ISBN	9781118868386
DOI	10.1002/9781118868386
序号	23
标题	**Plasmids：Biology and Impact in Biotechnology and Discovery**
作者	Marcelo E. Tolmasky，Juan C. Alonso
出版时间	2015
Print ISBN	9781555818975
Online ISBN	9781683670971
DOI	10.1128/9781555818982
序号	24
标题	**Bio-Nanoparticles：Biosynthesis and Sustainable Biotechnological Implications**
作者	Om V. Singh
机构	University of Pittsburgh，Bradford in Bradford，USA
出版时间	2015
Print ISBN	9781118677681
Online ISBN	9781118677629
DOI	10.1002/9781118677629
序号	25
标题	**Advances in Bioceramics and Biotechnologies Ⅱ：Ceramic Transactions，Volume 247**
作者	Joanna M. McKittrick，Roger Narayan，Hua-Tay Lin
出版时间	2014
Print ISBN	9781118771396
Online ISBN	9781118771587
DOI	10.1002/9781118771587
序号	26

续表

标题	**Fundamentals of Food Biotechnology**
作者	Byong H. Lee
机构	Jiangnan University，Wuxi，China/McGill University，Montreal，Canada
出版时间	2014
Print ISBN	9781118384954
Online ISBN	9781118384947
DOI	10.1002/9781118384947
序号	27
标题	**Biotechnology and Biopharmaceuticals：Transforming Proteins and Genes into Drugs**
作者	Rodney J. Y. Ho[1]，Milo Gibaldi
机构	1. University of Washington School of Pharmacy in Seattle
出版时间	2013
Print ISBN	9781118179796
Online ISBN	9781118660485
DOI	10.1002/9781118660485
序号	28
标题	**Proteins in Solution and at Interfaces：Methods and Applications in Biotechnology and Materials Science**
作者	Juan M. Ruso，Ángel Piñeiro
机构	Department of Applied Physics at the University of Santiago de Compostela，Spain
出版时间	2013
Print ISBN	9780470952511
Online ISBN	9781118523063
DOI	10.1002/9781118523063
序号	29
标题	**Biotechnology Valuation：An Introductory Guide**
作者	Karl D. Keegan
出版时间	2013
Print ISBN	9780470511787
Online ISBN	9781118673508
DOI	10.1002/9781118673508

续表

序号	30
标题	**Handbook of Microalgal Culture：Applied Phycology and Biotechnology**
版本	2nd Edition
作者	Amos Richmond[1]，Emeritus，Qiang Hu[2]
机构	1. Ben Gurion University of the Negev，Israel 2. Global Institute of Sustainability at Arizona State University
出版时间	2013
Print ISBN	9780470673898
Online ISBN	9781118567166
DOI	10.1002/9781118567166
序号	31
标题	**Intelligent Surfaces in Biotechnology：Scientific and Engineering Concepts，Enabling Technologies，and Translation to Bio-Oriented Applications**
作者	H. Michelle Grandin，Marcus Textor
机构	ETH Zurich
出版时间	2012
Print ISBN	9780470536506
Online ISBN	9781118181249
DOI	10.1002/9781118181249
序号	32
标题	**Pharmaceutical Biotechnology：Drug Discovery and Clinical Applications**
版本	2nd Edition
作者	Oliver Kayser[1]，Heribert Warzecha[2]
机构	1. Department of Pharmaceutics，Biopharmacy and Biotechnology at the FU Berlin 2. Johannes Gutenberg-Universitat，Mainz
出版时间	2012
Print ISBN	9783527329946
Online ISBN	9783527632909
DOI	10.1002/9783527632909
序号	33
标题	**Extremophiles：Sustainable Resources and Biotechnological Implications**
作者	Om V. Singh[1,2]

续表

机构	1. University of Pittsburgh at Bradford 2. Johns Hopkins University School of Medicine
出版时间	2012
Print ISBN	9781118103005
Online ISBN	9781118394144
DOI	10.1002/9781118394144
序号	34
标题	**Computational Methods for Large Systems：Electronic Structure Approaches for Biotechnology and Nanotechnology**
作者	Jeffrey R. Reimers
机构	The University of Sydney
出版时间	2011
Print ISBN	9780470487884
Online ISBN	9780470930779
DOI	10.1002/9780470930779
序号	35
标题	**Plant Metabolism and Biotechnology**
作者	Hiroshi Ashihara，Alan Crozier，Atsushi Komamine
出版时间	2011
Print ISBN	9780470747032
Online ISBN	9781119991311
DOI	10.1002/9781119991311
序号	36
标题	**Handbook of Marine Macroalgae：Biotechnology and Applied Phycology**
作者	Se-Kwon Kim
机构	Marine Bioprocess Research Center，Department of Chemistry，Pukyong National University，Busan，ROK
出版时间	2011
Print ISBN	9780470979181
Online ISBN	9781119977087
DOI	10.1002/9781119977087
序号	37

续表

标题	Aquaculture Biotechnology
作者	Garth L. Fletcher，Matthew L. Rise
机构	Ocean Sciences Centre，Memorial University of Newfoundland，Canada
出版时间	2011
Print ISBN	9780813810287
Online ISBN	9780470963159
DOI	10.1002/9780470963159
序号	38
标题	Biomechatronic Design in Biotechnology：A Methodology for Development of Biotechnological Products
作者	Carl-Fredrik Mandenius，Mats Björkman
机构	Linkoping University in Sweden
出版时间	2011
Print ISBN	9780470573341
Online ISBN	9781118067147
DOI	10.1002/9781118067147
序号	39
标题	Immunoassays in Agricultural Biotechnology
作者	Guomin Shan
机构	Dow AgroSciences LLC
出版时间	2010
Print ISBN	9780470289525
Online ISBN	9780470909935
DOI	10.1002/9780470909935
序号	40
标题	Chiral Separation Methods for Pharmaceutical and Biotechnological Products
作者	Satinder Ahuja
出版时间	2010
Print ISBN	9780470406915
Online ISBN	9780470608661
DOI	10.1002/9780470608661
序号	41

续表

标题	**Biotechnology of Lactic Acid Bacteria：Novel Applications**
作者	Fernanda Mozzi，Raúl R. Raya，Graciela M. Vignolo
机构	Centro de Referencia para Lactobacilos（CERELA）-CONICET，Tucumán，Argentina
出版时间	2010
Print ISBN	9780813815831
Online ISBN	9780813820866
DOI	10.1002/9780813820866
序号	42
标题	**Manual of Industrial Microbiology and Biotechnology**
版本	3rd Edition
作者	Alan T. Bull，Beth Junker，Leonard Katz，Lee R. Lynd，Prakash Masurekar，Christopher D. Reeves，Huimin Zhao
出版时间	2010
Print ISBN	9781119739142
Online ISBN	9781683671282
DOI	10.1128/9781555816827
序号	43
标题	**Advances in Bioceramics and Biotechnologies**
作者	Roger Narayan，Joanna McKittrick，Mrityunjay Singh
出版时间	2010
Print ISBN	9780470905487
Online ISBN	9780470909898
DOI	10.1002/9780470909898
序号	44
标题	**Annual Plant Reviews Volume 39：Functions and Biotechnology of Plant Secondary Metabolites**
版本	2nd Edition
作者	Michael Wink
机构	Institute of Pharmacy and Molecular Biotechnology（IPMB），Heidelberg University，Germany
出版时间	2010

续表

Print ISBN	9781405185288
Online ISBN	9781444318876
DOI	10.1002/9781444318876
序号	45
标题	**Industrial Biotechnology：Sustainable Growth and Economic Success**
作者	Wim Soetaert，Erick J. Vandamme
机构	University of Ghent，Belgium
出版时间	2010
Print ISBN	9783527314423
Online ISBN	9783527630233
DOI	10.1002/9783527630233
序号	46
标题	**Biotechnology and Genetics in Fisheries and Aquaculture**
版本	2nd Edition
作者	Andy Beaumont[1]，Pierre Boudry[2]，Kathrin Hoare[3]
机构	1. School of Ocean Sciences，Unioversity of Bangor，Menai，Wales，UK 2. IFREMER，France 3. School of Ocean Sciences，Menai Bridge，University of Bangor，Wales，UK
出版时间	2010
Print ISBN	9781405188579
Online ISBN	9781444318791
DOI	10.1002/9781444318791
序号	47
标题	**Environmental Biotechnology：Theory and Application**
版本	2nd Edition
作者	Gareth M. Evans，Judith C. Furlong
出版时间	2010
Print ISBN	9780470684184
Online ISBN	9780470975152
DOI	10.1002/9780470975152
序号	48

续表

标题	**Portfolio，Program，and Project Management in the Pharmaceutical and Biotechnology Industries**
作者	Pete Harpum
机构	Harpum Consulting
出版时间	2010
Print ISBN	9780470049662
Online ISBN	9780470603789
DOI	10.1002/9780470603789
序号	49
标题	**Emerging Cancer Therapy：Microbial Approaches and Biotechnological Tools**
作者	Arsénio M. Fialho[1]，Ananda M. Chakrabarty[2]
机构	1. Department of Chemical and Biological Engineering，Institute of Biotechnology and Bioengineering，Universidade Técnica de Lisboa，Portugal 2. Department of Microbiology and Immunology，University of Illinois College of Medicine，Chicago
出版时间	2010
Print ISBN	9780470444672
Online ISBN	9780470626528
DOI	10.1002/9780470626528
序号	50
标题	**Industry Immersion Learning：Real-Life Industry Case-Studies in Biotechnology and Business**
作者	Lisbeth Borbye[1]，Michael Stocum，Alan Woodall，Cedric Pearce，Elaine Sale，William Barrett，Lucia Clontz，Amy Peterson，John Shaeffer
机构	1. University of Copenhagen
出版时间	2009
Print ISBN	9783527324088
Online ISBN	9783527626755
DOI	10.1002/9783527626755
序号	51
标题	**Technology Transfer in Biotechnology：A Global Perspective**
作者	Prabuddha Ganguli[1]，Rita Khanna，Ben Prickril
机构	1. Vision-IPR consulting group

续表

出版时间	2009
Print ISBN	9783527316458
Online ISBN	9783527627301
DOI	10.1002/9783527627301
序号	52
标题	**Click Chemistry for Biotechnology and Materials Science**
作者	Joerg Lahann
机构	Chemical Engineering Department，University of Michigan，USA
出版时间	2009
Print ISBN	9780470699706
Online ISBN	9780470748862
DOI	10.1002/9780470748862
序号	53
标题	**Encyclopedia of Industrial Biotechnology**
作者	Michael C. Flickinger
出版时间	2009
Print ISBN	9780471799306
Online ISBN	9780470054581
DOI	10.1002/9780470054581
序号	54
标题	**Porous Silicon Carbide and Gallium Nitride：Epitaxy，Catalysis，and Biotechnology Applications**
作者	Randall M. Feenstra，Colin E. C. Wood
出版时间	2008
Print ISBN	9780470517529
Online ISBN	9780470751817
DOI	10.1002/9780470751817
序号	55
标题	**Modern Biotechnology：Connecting Innovations in Microbiology and Biochemistry to Engineering Fundamentals**
作者	Nathan S. Mosier[1]，Michael R. Ladisch[2]

续表

机构	1. Department of Agricultural and Biological Engineering，Laboratory of Renewable Resources Engineering，Purdue University 2. Department of Agricultural and Biological Engineering，Weldon School of Biomedical Engineering，Laboratory of Renewable Resources Engineering，Purdue University
出版时间	2008
Print ISBN	9780470114858
Online ISBN	9780470473412
DOI	10.1002/9780470473412
序号	56
标题	**Biotechnology in Flavor Production**
作者	Daphna Havkin-Frenkel，Faith C. Belanger
机构	Rutgers University，New Jersey，USA
出版时间	2008
Print ISBN	9781405156493
Online ISBN	9781444302493
DOI	10.1002/9781444302493
序号	57
标题	**Anaerobic Biotechnology for Bioenergy Production：Principles and Applications**
作者	Samir Kumar Khanal
机构	Department of Molecular Biosciences and Bioengineering，University of Hawaii-Manoa
出版时间	2008
Print ISBN	9780813823461
Online ISBN	9780813804545
DOI	10.1002/9780813804545
序号	58
标题	**Modified Nucleosides：In Biochemistry，Biotechnology and Medicine**
作者	Piet Herdewijn
机构	Medicinal Chemistry at the University of Leuven，Laboratory of Medicinal Chemistry at the Rega Institute for Medical Research，Belgium
出版时间	2008
Print ISBN	9783527318209

续表

Online ISBN	9783527623112
DOI	10.1002/9783527623112
序号	59
标题	**Novartis Foundation Symposium 236-Rice Biotechnology：Improving Yield，Stress Tolerance and Grain Quality**
作者	Jamie A. Goode，Derek Chadwick
出版时间	2007
Print ISBN	9780471496618
Online ISBN	9780470515778
DOI	10.1002/9780470515778
序号	60
标题	**Colloidal Nanoparticles in Biotechnology**
作者	Abdelhamid Elaissari
机构	National Center for Scientific Research（CNRS）in Lyon，France
出版时间	2007
Print ISBN	9780470230527
Online ISBN	9780470258552
DOI	10.1002/9780470258552
序号	61
标题	**Egg Bioscience and Biotechnology**
作者	Yoshinori Mine
机构	Department of Food Science at the University of Guelph，Ontario，Canada
出版时间	2007
Print ISBN	9780470039984
Online ISBN	9780470181249
DOI	10.1002/9780470181249
序号	62
标题	**Molecular Biology and Biotechnology：A Guide for Students**
版本	3rd Edition
作者	Helen Kreuzer，Adrianne Massey
出版时间	2007
Print ISBN	9781119739494

续表

Online ISBN	9781683671596
DOI	10.1128/9781555817480
序号	63
标题	**Molecular Biology and Biotechnology：A Guide for Teachers**
版本	3rd Edition
作者	Helen Kreuzer，Adrianne Massey
出版时间	2007
Print ISBN	9781119739487
Online ISBN	9781683671589
DOI	10.1128/9781555816100
序号	64
标题	**Plant Biotechnology and Genetics：Principles，Techniques，and Applications**
作者	C. Neal Stewart Jr.
机构	Department of Plant Sciences at the University of Tennessee，Knoxville
出版时间	2007
Print ISBN	9780470043813
Online ISBN	9780470282014
DOI	10.1002/9780470282014
序号	65
标题	**Mammalian Alkaline Phosphatases：From Biology to Applications in Medicine and Biotechnology**
作者	José Luis Millán
机构	Burnham Institute and he maintains adjunct affiliations with Umeå University and the Royal Academy of Medicine and Surgery，Murcia，Spain
出版时间	2006
Print ISBN	9783527310791
Online ISBN	9783527608065
DOI	10.1002/3527608060
序号	66
标题	**Handbook of Pharmaceutical Biotechnology**
作者	Shayne Cox Gad
机构	Gad Consulting Services

续表

出版时间	2006
Print ISBN	9780471213864
Online ISBN	9780470117118
DOI	10.1002/0470117117
序号	67
标题	**Medicinal Plant Biotechnology：From Basic Research to Industrial Applications**
作者	Oliver Kayser[1]，Wim J. Quax[2]
机构	1. University Groningen for Pharmaceutical Biology 2. Groningen Research Institute of Pharmacy in the Netherlands
出版时间	2006
Print ISBN	9783527314430
Online ISBN	9783527619771
DOI	10.1002/9783527619771
序号	68
标题	**Quality Assurance in Analytical Chemistry：Applications in Environmental，Food，and Materials Analysis，Biotechnology，and Medical Engineering**
版本	2nd Edition
作者	Werner Funkc[1]，Vera Dammann[1]，Gerhild Donnevert[1]，Sarah Ianelli，Eric Ianelli，Ann Gray
机构	1. University of Applied Science in Giessen-Friedberg，Germany
出版时间	2006
Print ISBN	9783527311149
Online ISBN	9783527609444
DOI	10.1002/9783527609444
序号	69
标题	**Plant Biotechnology：Current and Future Applications of Genetically Modified Crops**
作者	Nigel G. Halford
机构	Crop Performance and Improvement Division at Rothamsted Research（A BBSRC Centre）
出版时间	2006
Print ISBN	9780470021811

续表

Online ISBN	9780470021835
DOI	10.1002/0470021837
序号	70
标题	**Phages：Their Role in Bacterial Pathogenesis and Biotechnology**
作者	Matthew K. Waldor，David I. Friedman，Sankar L. Adhya
出版时间	2005
Print ISBN	9781119738442
Online ISBN	9781683671893
DOI	10.1128/9781555816506
序号	71
标题	**Biology and Biotechnology：Science，Applications，and Issues**
作者	Helen Kreuzer，Adrianne Massey
出版时间	2005
Print ISBN	9781119739517
Online ISBN	9781683671947
DOI	10.1128/9781555816094
序号	72
标题	**Biopolymers Online**
出版时间	2005
Print ISBN	9783527302901
Online ISBN	9783527600038
DOI	10.1002/3527600035
序号	73
标题	**Biomineralization：From Biology to Biotechnology and Medical Application**
版本	2nd Edition
作者	Edmund Bäuerlein
机构	Max-Planck-Institut für Biochemie in Munich，Abteilung Membranbiochemie
出版时间	2004
Print ISBN	9783527310654
Online ISBN	9783527604135
DOI	10.1002/3527604138
序号	74

续表

标题	Pharmaceutical Biotechnology：Drug Discovery and Clinical Applications
作者	Oliver Kayser[1]，Rainer H. Müller[2]
机构	1. Department of Pharmaceutics，Biopharmacy and Biotechnology at the FU Berlin 2. Department of Pharmaceutical Technology，Biotechnology & Quality Management at the Free University Berlin
出版时间	2004
Print ISBN	9783527305544
Online ISBN	9783527602414
DOI	10.1002/3527602410
序号	75
标题	Evolutionary Methods in Biotechnology：Clever Tricks for Directed Evolution
作者	Susanne Brakmann[1]，Andreas Schwienhorst[2]
机构	1. University of Leipzig and a Member of the Biotechnological-Biomedical Center of Leipzig，Germany 2. Institute of Microbiology and Genetics at the University of Gottingen，Germany
出版时间	2004
Print ISBN	9783527307999
Online ISBN	9783527603695
DOI	10.1002/3527603697
序号	76
标题	Environmental Biotechnology：Concepts and Applications
作者	Hans-Joachim Jördening[1]，Josef Winter[2]
机构	1. TU Brunswick 2. Institute of Biology for Biological Engineering and Biotechnology of Wastewater Treatment at the TU Karlsruhe
出版时间	2004
Print ISBN	9783527305858
Online ISBN	9783527604289
DOI	10.1002/3527604286
序号	77
标题	Handbook of Plant Biotechnology
作者	Paul Christou[1]，Harry Klec[2]

续表

机构	1. Fraunhofer Institute for Molecular Biology and Applied Ecology，Schmallenberg，Germany 2. University of Florida，Horticultural Sciences，Gainesville，USA
出版时间	2004
Print ISBN	9780471851998
Online ISBN	9780470869147
DOI	10.1002/0470869143
序号	78
标题	**Biotechnology and Genetics in Fisheries and Aquaculture**
作者	A. R. Beaumont，K. Hoare
机构	School of Ocean Sciences，Menai Bridge，University of Wales，Bangor，UK
出版时间	2003
Print ISBN	9780632055159
Online ISBN	9780470995198
DOI	10.1002/9780470995198
序号	79
标题	**Microscopic Techniques in Biotechnology**
作者	Michael Hoppert
出版时间	2003
Print ISBN	9783527301980
Online ISBN	9783527602612
DOI	10.1002/3527602615
序号	80
标题	**Handbook of Microalgal Culture：Biotechnology and Applied Phycology**
作者	Amos Richmond
机构	Blaustein Institute for Desert Research，Ben-Gurion University of the Negev，Israel
出版时间	2003
Print ISBN	9780632059539
Online ISBN	9780470995280
DOI	10.1002/9780470995280
序号	81

续表

标题	Biotechnology and Biopharmaceuticals：Transforming Proteins and Genes into Drugs
作者	Rodney J. Y. Ho，Milo Gibaldi
出版时间	2003
Print ISBN	9780471206903
Online ISBN	9780471704218
DOI	10.1002/0471704210
序号	82
标题	Industrial Pharmaceutical Biotechnology
作者	Heinrich Klefenz
出版时间	2002
Print ISBN	9783527299959
Online ISBN	9783527600120
DOI	10.1002/3527600124
序号	83
标题	Encyclopedia of Ethical，Legal and Policy Issues in Biotechnology
出版时间	2002
Print ISBN	9780471176121
Online ISBN	9780471250593
DOI	10.1002/0471250597
序号	84
标题	Clostridia：Biotechnology and Medical Applications
作者	Hubert Bahl，Peter Dürre
出版时间	2001
Print ISBN	9783527301751
Online ISBN	9783527600106
DOI	10.1002/3527600108
序号	85
标题	Biotechnology：Special Processes，Volume 10
版本	2nd Edition
作者	H. J. Rehm，G. Reed
出版时间	2001
Print ISBN	9783527283200

续表

Online ISBN	9783527620937
DOI	10.1002/9783527620937
序号	86
标题	**Microbial Fundamentals of Biotechnology**
作者	Volkmar Braun，Friedrich Götz
出版时间	2001
Print ISBN	9783527306152
Online ISBN	9783527602728
DOI	10.1002/3527602720
序号	87
标题	**Biotechnology：Genomics and Bioinformatics，Volume 5b**
版本	2nd Edition
作者	H. J. Rehm，G. Reed
出版时间	2001
Print ISBN	9783527283286
Online ISBN	9783527620876
DOI	10.1002/9783527620876
序号	88
标题	**Biotechnology Set**
版本	2nd Edition
作者	H. J. Rehm，G. Reed
出版时间	2001
Print ISBN	9783527257621
Online ISBN	9783527620999
DOI	10.1002/9783527620999
序号	89
标题	**Biotechnology Explorations：Applying the Fundamentals**
作者	Judith A. Scheppler，Patricia E. Cassin，Rosa M. Gambier
出版时间	2000
Print ISBN	9781119739609
Online ISBN	9781683672517
DOI	10.1128/9781555818135

续表

序号	90
标题	**Biotechnology：Environmental Processes Ⅱ，Volume 11**
版本	2nd Edition
作者	H. J. Rehm，G. Reed
出版时间	2000
Print ISBN	9783527283231
Online ISBN	9783527620951
DOI	10.1002/9783527620951
序号	91
标题	**Biotechnology：Environmental Processes Ⅲ，Volume 11**
版本	2nd Edition
作者	H. J. Rehm，G. Reed，A. Pühler，P. Stadler
出版时间	2000
Print ISBN	9783527283361
Online ISBN	9783527620968
DOI	10.1002/9783527620968
序号	92
标题	**The Biotechnology of Ethanol：Classical and Future Applications**
作者	M. Roehr
出版时间	2000
Print ISBN	9783527301997
Online ISBN	9783527602346
DOI	10.1002/3527602348
序号	93
标题	**Biotechnology：Biotransformations Ⅱ，Volume 8**
版本	2nd Edition
作者	H. J. Rehm，G. Reed
出版时间	2000
Print ISBN	9783527283248
Online ISBN	9783527620913
DOI	10.1002/9783527620913
序号	94

Taylor Francis

标题	Biotechnology in the Modern Medicinal System
副标题	Advances in Gene Therapy，Immunotherapy，and Targeted Drug Delivery
作者	Rajesh K. Kesharwani，Krishna
出版时间	2021
eBook ISBN	9781003129783
出版社	Apple Academic Press
出版地点	Boca Raton
DOI	https://doi.org/10.1201/9781003129783
页数	260
类别	Bioscience
序号	1
标题	**Phycobiotechnology**
副标题	Biodiversity and Biotechnology of Algae and Algal Products for Food，Feed，and Fuel
作者	Jeyabalan Sangeetha，Devarajan Thangadurai，Sanniyasi Elumalai，Shivasharana Chandrabanda Thimmappa
出版时间	2021
eBook ISBN	9781003019510
出版社	Apple Academic Press
出版地点	Boca Raton
DOI	https://doi.org/10.1201/9781003019510
页数	474
类别	Bioscience/Environment & Agriculture/Food Science & Technology
序号	2
标题	**Biotechnology of Penaeid Shrimps**
副标题	Perspectives on Physiology of Growth，Reproduction and Disease Therapeutics
作者	A. D. Diwan
出版时间	2021
eBook ISBN	9781003155966
出版社	CRC Press
出版地点	London

续表

DOI	https://doi.org/10.1201/9781003155966
页数	550
类别	Environment & Agriculture/Food Science & Technology
序号	3
标题	**Industrial Biotechnology**
作者	Debabrata Das，Soumya Pandit
出版时间	2021
eBook ISBN	9780367822415
出版社	CRC Press
出版地点	New York
DOI	https://doi.org/10.1201/9780367822415
页数	500
类别	Bioscience/Engineering & Technology/Food Science & Technology/Physical Sciences
序号	4
标题	**Basic Concepts in Environmental Biotechnology**
作者	Neetu Sharma，Abhinashi Singh Sodhi，Navneet Batra
出版时间	2021
eBook ISBN	9781003131427
出版社	CRC Press
出版地点	Boca Raton
DOI	https://doi.org/10.1201/9781003131427
页数	300
类别	Bioscience/Engineering & Technology
序号	5
标题	**Pharmaceutical Biotechnology**
副标题	A Focus on Industrial Application
作者	Adalberto Pessoa，Michele Vitolo，Paul Frederick Long
出版时间	2021
eBook ISBN	9781003178361
出版社	CRC Press
出版地点	Boca Raton

续表

DOI	https://doi.org/10.1201/9781003178361
页数	400
类别	Bioscience
序号	6
标题	**Nanobiotechnology for Green Environment**
作者	Amit Kumar，Chhotu Ram
出版时间	2021
eBook ISBN	9780367461362
出版社	CRC Press
出版地点	Boca Raton
DOI	https://doi.org/10.1201/9780367461362
页数	276
类别	Bioscience/Engineering & Technology
序号	7
标题	**Plant-Microbial Interactions and Smart Agricultural Biotechnology**
作者	Swati Tyagi，Robin Kumar，Baljeet Singh Saharan，Ashok Kumar Nadda
出版时间	2021
eBook ISBN	9781003213864
出版社	CRC Press
出版地点	Boca Raton
DOI	https://doi.org/10.1201/9781003213864
页数	320
类别	Bioscience/Environment & Agriculture/Food Science & Technology
序号	8
标题	**Biotechnology and the Politics of Plants**
副标题	Disciplining Time
作者	Matt Hodges
出版时间	2021
eBook ISBN	9781003183099
出版社	Routledge
出版地点	London
DOI	https://doi.org/10.4324/9781003183099

续表

页数	142
类别	Bioscience/Environment & Agriculture/Food Science & Technology/Social Sciences
序号	9
标题	**Sexuality and Procreation in the Age of Biotechnology**
副标题	Desire and Its Discontents
作者	Paola Marion，Adam Elgar
出版时间	2021
eBook ISBN	9781003173830
出版社	Routledge
出版地点	London
DOI	https://doi.org/10.4324/9781003173830
页数	204
类别	Behavioral Sciences
序号	10
标题	**Food Microbiology and Biotechnology**
副标题	Safe and Sustainable Food Production
作者	Guadalupe Virginia Nevárez-Moorillón，Arely Prado-Barragán，José Luis Martínez-Hernández，Cristóbal Noé Aguilar
出版时间	2020
eBook ISBN	9780429322341
出版社	Apple Academic Press
出版地点	New York
DOI	https://doi.org/10.1201/9780429322341
页数	478
类别	Food Science & Technology
序号	11
标题	**Nanobiotechnology**
副标题	Concepts and Applications in Health，Agriculture，and Environment
作者	Rajesh Singh Tomar，Anurag Jyoti，Shuchi Kaushik
出版时间	2020
eBook ISBN	9780429292750

续表

出版社	Apple Academic Press
出版地点	Boca Raton
DOI	https://doi.org/10.1201/9780429292750
页数	264
类别	Engineering & Technology
序号	12
标题	**Biotechnology**
副标题	The Science，the Products，the Government，the Business
作者	Ronald P. Evens
出版时间	2020
eBook ISBN	9780429399299
出版社	CRC Press
出版地点	Boca Raton
DOI	https://doi.org/10.1201/9780429399299
页数	202
类别	Bioscience/Medicine/Dentistry/Nursing & Allied Health/Physical Sciences
序号	13
标题	**Functional Foods and Biotechnology**
副标题	Biotransformation and Analysis of Functional Foods and Ingredients
作者	Kalidas Shetty，Dipayan Sarkar
出版时间	2020
eBook ISBN	9781003003793
出版社	CRC Press
出版地点	Boca Raton
DOI	https://doi.org/10.1201/9781003003793
页数	470
类别	Food Science & Technology
序号	14
标题	**Biotechnology Fundamentals**
版本	3rd Edition
作者	Firdos Alam Khan
出版时间	2020

续表

eBook ISBN	9781003024750
出版社	CRC Press
出版地点	Boca Raton
DOI	https://doi.org/10.1201/9781003024750
页数	520
类别	Bioscience/Engineering & Technology/Environment & Agriculture
序号	15
标题	**Nanobiotechnology for Sustainable Bioenergy and Biofuel Production**
作者	Madan L. Verma
出版时间	2020
eBook ISBN	9780429023194
出版社	CRC Press
出版地点	Boca Raton
DOI	https://doi.org/10.1201/9780429023194
页数	356
类别	Bioscience/Engineering & Technology
序号	16
标题	**Biotechnology of Microorganisms**
副标题	Diversity，Improvement，and Application of Microbes for Food Processing，Healthcare，Environmental Safety，and Agriculture
作者	Jeyabalan Sangeetha，Devarajan Thangadurai，Somboon Tanasupawat，Pradnya Pralhad Kanekar
出版时间	2019
eBook ISBN	9780429434112
出版社	Apple Academic Press
出版地点	Boca Raton
DOI	https://doi.org/10.1201/9780429434112
页数	372
类别	Bioscience
序号	17
标题	**Plant Biotechnology**
作者	S. Umesha

续表

出版时间	2019
eBook ISBN	9780429057267
出版社	CRC Press
出版地点	London
DOI	https://doi.org/10.1201/9780429057267
页数	436
类别	Environment & Agriculture
序号	18
标题	**Functional Foods and Biotechnology**
副标题	Sources of Functional Foods and Ingredients
作者	Kalidas Shetty，Dipayan Sarkar
出版时间	2019
eBook ISBN	9781003003830
出版社	CRC Press
出版地点	Boca Raton
DOI	https://doi.org/10.1201/9781003003830
页数	218
类别	Bioscience/Food Science & Technology
序号	19
标题	**Biotechnology and Biological Sciences**
作者	Ramkrishna Sen，Susmita Mukherjee，Rajashree Paul，Rajiv Narula
出版时间	2019
eBook ISBN	9781003001614
出版社	CRC Press
出版地点	London
DOI	https://doi.org/10.1201/9781003001614
页数	452
类别	Bioscience
序号	20
标题	**Fermentation Microbiology and Biotechnology**
版本	4th Edition

续表

作者	E. M. T. El-Mansi，Jens Nielsen，David Mousdale，Tony Allman，Ross Carlson
出版时间	2019
eBook ISBN	9780429506987
出版社	CRC Press
出版地点	Boca Raton
DOI	https://doi.org/10.1201/9780429506987
页数	440
类别	Bioscience/Food Science & Technology
序号	21
标题	**Biotechnology，Patents and Morality**
副标题	A Deliberative and Participatory Paradigm for Reform
作者	Maureen O’Sullivan
出版时间	2019
eBook ISBN	9780367181277
出版社	Routledge
出版地点	London
DOI	https://doi.org/10.4324/9780367181277
页数	176
类别	Bioscience/Law/Social Sciences
序号	22
标题	**Plant Biotechnology，Volume 1**
副标题	Principles，Techniques，and Applications
作者	Bishun Deo Prasad，Sangita Sahni，Prasant Kumar，Mohammed Wasim Siddiqui
出版时间	2018
eBook ISBN	9781315213743
出版社	Apple Academic Press
出版地点	Boca Raton
DOI	https://doi.org/10.1201/9781315213743
页数	586
类别	Bioscience/Environment & Agriculture/Food Science & Technology
序号	23

续表

标题	Plant Biotechnology，Volume 2
副标题	Transgenics，Stress Management，and Biosafety Issues
作者	Sangita Sahni，Bishun Deo Prasad，Prasant Kumar
出版时间	2018
eBook ISBN	9781315213736
出版社	Apple Academic Press
出版地点	Boca Raton
DOI	https://doi.org/10.1201/9781315213736
页数	608
类别	Bioscience/Environment & Agriculture/Food Science & Technology
序号	24
标题	**Advances in Microbial Biotechnology**
副标题	Current Trends and Future Prospects
作者	Pradeep Kumar，Jayanta Kumar Patra，Pranjal Chandra
出版时间	2018
eBook ISBN	9781351248914
出版社	Apple Academic Press
出版地点	New York
DOI	https://doi.org/10.1201/9781351248914
页数	590
类别	Bioscience/Environment & Agriculture
序号	25
标题	**Biocatalysis and Agricultural Biotechnology：Fundamentals，Advances，and Practices for a Greener Future**
作者	Anjali Priyadarshini，Prerna Pandey
出版时间	2018
eBook ISBN	9781351167444
出版社	Apple Academic Press
出版地点	New York
DOI	https://doi.org/10.1201/9781351167444
页数	364
类别	Environment & Agriculture/Food Science & Technology

续表

序号	26
标题	**Nanobiotechnology**
副标题	Human Health and the Environment
作者	Alok Dhawan，Sanjay Singh，Ashutosh Kumar，Rishi Shanker
出版时间	2018
eBook ISBN	9781351031585
出版社	CRC Press
出版地点	Boca Raton
DOI	https://doi.org/10.1201/9781351031585
页数	512
类别	Bioscience/Engineering & Technology
序号	27
标题	**Patent Pools，Competition Law and Biotechnology**
作者	Devdatta Malshe
出版时间	2018
eBook ISBN	9780429507052
出版社	Routledge
出版地点	New York
DOI	https://doi.org/10.4324/9780429507052
页数	110
类别	Engineering & Technology/Law
序号	28
标题	**Plant Biotechnology**
作者	Hiru Ranabhatt，Renu Kapor
出版时间	2018
eBook ISBN	9780429505676
出版社	WPI Publishing
出版地点	Boca Raton
DOI	https://doi.org/10.1201/9780429505676
页数	542
类别	Environment & Agriculture
序号	29

续表

标题	**Industrial Biotechnology**
副标题	Sustainable Production and Bioresource Utilization
作者	Devarajan Thangadurai，Jeyabalan Sangeetha
出版时间	2017
eBook ISBN	9781315366562
出版社	Apple Academic Press
出版地点	Boca Raton
DOI	https://doi.org/10.1201/9781315366562
页数	484
类别	Engineering & Technology
序号	30
标题	**Microbial Biotechnology**
副标题	Technological Challenges and Developmental Trends
作者	Bhima Bhukya，Anjana Devi Tangutur
出版时间	2017
eBook ISBN	9781315366401
出版社	Apple Academic Press
出版地点	Boca Raton
DOI	https://doi.org/10.1201/b19978
页数	448
类别	Bioscience
序号	31
标题	**Statistics for Biotechnology Process Development**
作者	Todd Coffey，Harry Yang
出版时间	2017
eBook ISBN	9781315120034
出版社	Chapman and Hall/CRC
出版地点	New York
DOI	https://doi.org/10.1201/9781315120034
页数	358
类别	Bioscience/Mathematics & Statistics
序号	32

续表

标题	**Biotechnology**
副标题	Recent Trends and Emerging Dimensions
作者	Atul Bhargava，Shilpi Srivastava
出版时间	2017
eBook ISBN	9780203711033
出版社	CRC Press
出版地点	Boca Raton
DOI	https://doi.org/10.1201/9780203711033
页数	192
类别	Bioscience/Environment & Agriculture
序号	33
标题	**Insect Cell Biotechnology**
作者	Karl Maramorosch，Arthur H. McIntosh
出版时间	2017
eBook ISBN	9781351073578
出版社	CRC Press
出版地点	Boca Raton
DOI	https://doi.org/10.1201/9781351073578
页数	200
类别	Environment & Agriculture
序号	34
标题	**Modern Industrial Microbiology and Biotechnology**
版本	2nd Edition
作者	Nduka Okafor，Benedict C. Okeke
出版时间	2017
eBook ISBN	9781315147161
出版社	CRC Press
出版地点	Boca Raton
DOI	https://doi.org/10.1201/b22421
页数	488
类别	Bioscience/Engineering & Technology
序号	35

续表

标题	Biotechnology to Enhance Sugarcane Productivity and Stress Tolerance
作者	Kalpana Sengar
出版时间	2017
eBook ISBN	9781315152776
出版社	CRC Press
出版地点	New York
DOI	https://doi.org/10.1201/9781315152776
页数	314
类别	Bioscience/Environment & Agriculture
序号	36
标题	Tuning Innovation with Biotechnology
作者	Dong Hwa Kim
出版时间	2017
eBook ISBN	9781315364582
出版社	Jenny Stanford Publishing
出版地点	Boca Raton
DOI	https://doi.org/10.1201/9781315364582
页数	232
类别	Bioscience/Engineering & Technology
序号	37
标题	Environmental Biotechnology
副标题	Biodegradation，Bioremediation，and Bioconversion of Xenobiotics for Sustainable Development
作者	Jeyabalan Sangeetha，Devarajan Thangadurai，Muniswamy David，Mohd Azmuddin Abdullah
出版时间	2016
eBook ISBN	9781315366289
出版社	Apple Academic Press
出版地点	New York
DOI	https://doi.org/10.1201/9781315366289
页数	434
类别	Engineering & Technology
序号	38

续表

标题	Nanobiotechnology for Sensing Applications
副标题	From Lab to Field
作者	Ajeet Kumar Kaushik，Chandra K. Dixit
出版时间	2016
eBook ISBN	9781315366425
出版社	Apple Academic Press
出版地点	New York
DOI	https://doi.org/10.1201/9781315366425
页数	386
类别	Engineering & Technology/Physical Sciences
序号	39
标题	Glossary of Biotechnology & Agrobiotechnology Terms
版本	5th Edition
作者	Kimball Nill
出版时间	2016
eBook ISBN	9781315367811
出版社	CRC Press
出版地点	Boca Raton
DOI	https://doi.org/10.1201/9781315367811
页数	414
类别	Bioscience/CHOICE Recognized Titles/Engineering & Technology
序号	40
标题	Microbial Biotechnology
副标题	An Interdisciplinary Approach
作者	Pratyoosh Shukla
出版时间	2016
eBook ISBN	9781315367880
出版社	CRC Press
出版地点	Boca Raton
DOI	https://doi.org/10.1201/9781315367880
页数	378
类别	Bioscience/Engineering & Technology

续表

序号	41
标题	**Biotechnology Operations**
副标题	Principles and Practices
版本	2nd Edition
作者	John M. Centanni，Michael J. Roy
出版时间	2016
eBook ISBN	9781315367750
出版社	CRC Press
出版地点	Boca Raton
DOI	https://doi.org/10.1201/9781315367750
页数	496
类别	Bioscience/Engineering & Technology
序号	42
标题	**Applied Molecular Biotechnology**
副标题	The Next Generation of Genetic Engineering
作者	Muhammad Sarwar Khan，Iqrar Ahmad Khan，Debmalya Barh
出版时间	2016
eBook ISBN	9780429068812
出版社	CRC Press
出版地点	Boca Raton
DOI	https://doi.org/10.1201/b19543
页数	647
类别	Bioscience/Engineering & Technology/Environment & Agriculture
序号	43
标题	**Biotechnology Fundamentals**
版本	2nd Edition
作者	Firdos Alam Khan
出版时间	2016
eBook ISBN	9781315370767
出版社	CRC Press
出版地点	Boca Raton
DOI	https://doi.org/10.1201/9781315370767

续表

页数	709
类别	Bioscience/Engineering & Technology
序号	44
标题	**An Introduction to Polysaccharide Biotechnology**
版本	2nd Edition
作者	Stephen E. Harding，Michael P. Tombs，Gary G. Adams，Berit Smestad Paulsen，Kari Tvete Inngjerdingen，Hilde Barsett
出版时间	2016
eBook ISBN	9781315372730
出版社	CRC Press
出版地点	Boca Raton
DOI	https://doi.org/10.1201/9781315372730
页数	239
类别	Bioscience
序号	45
标题	**Food Biotechnology**
作者	S. C. Bhatia
出版时间	2016
eBook ISBN	9781315156491
出版社	WPI Publishing
出版地点	Boca Raton
DOI	https://doi.org/10.1201/9781315156491
页数	426
类别	Food Science & Technology
序号	46
标题	**Microbial Biotechnology**
副标题	Progress and Trends
作者	Farshad Darvishi Harzevili，Hongzhang Chen
出版时间	2015
eBook ISBN	9781351228701
出版社	CRC Press
出版地点	Boca Raton

续表

DOI	https://doi.org/10.1201/9781351228701
页数	380
类别	Bioscience/Engineering & Technology
序号	47
标题	**Phage Display in Biotechnology and Drug Discovery**
版本	2nd Edition
作者	Sachdev S. Sidhu，Clarence Ronald Geyer
出版时间	2015
eBook ISBN	9780429106330
出版社	CRC Press
出版地点	Boca Raton
DOI	https://doi.org/10.1201/b18196
页数	584
类别	Bioscience
序号	48
标题	**Biotechnology and Bioinformatics**
副标题	Advances and Applications for Bioenergy，Bioremediation and Biopharmaceutical Research
作者	Devarajan Thangadurai，Jeyabalan Sangeetha
出版时间	2014
eBook ISBN	9780429174506
出版社	Apple Academic Press
出版地点	New York
DOI	https://doi.org/10.1201/b17104
页数	524
类别	Bioscience
序号	49
标题	**Tree Biotechnology**
作者	Kishan Gopal Ramawat，Jean-Michel Merillon，M. R. Ahuja
出版时间	2014
eBook ISBN	9780429169892
出版社	CRC Press

续表

出版地点	Boca Raton
DOI	https://doi.org/10.1201/b16714
页数	656
类别	Bioscience/Environment & Agriculture
序号	50
标题	**Biotechnology in Medical Sciences**
作者	Firdos Alam Khan
出版时间	2014
eBook ISBN	9780429174117
出版社	CRC Press
出版地点	Boca Raton
DOI	https://doi.org/10.1201/b16905
页数	495
类别	Bioscience/Engineering & Technology
序号	51
标题	**Biotechnology，Agriculture，Environment and Energy**
副标题	Proceedings of the 2014 International Conference on Biotechnology，Agriculture，Environment and Energy（ICBAEE 2014），May 22–23，2014，Beijing，China
作者	Fangli Zheng
出版时间	2014
eBook ISBN	9780429227103
出版社	CRC Press
出版地点	London
DOI	https://doi.org/10.1201/b17720
页数	456
类别	Bioscience/Environment & Agriculture
序号	52
标题	**Biotechnology，Education and Life Politics**
副标题	Debating Genetic Futures from School to Society
作者	Pádraig Murphy
出版时间	2014

续表

eBook ISBN	9781315886886
出版社	Routledge
出版地点	London
DOI	https://doi.org/10.4324/9781315886886
页数	208
类别	Bioscience/Education/Social Sciences
序号	53
标题	**Engineering Aspects of Food Biotechnology**
作者	Jose A. Teixeira，Antonio A. Vicente
出版时间	2013
eBook ISBN	9780429111211
出版社	CRC Press
出版地点	Boca Raton
DOI	https://doi.org/10.1201/b15426
页数	485
类别	Food Science & Technology
序号	54
标题	**Technology Transfer of Plant Biotechnology**
作者	Peter M. Gresshoff
出版时间	2013
eBook ISBN	9780203737323
出版社	CRC Press
出版地点	Boca Raton
DOI	https://doi.org/10.1201/9780203737323
页数	240
类别	Earth Sciences
序号	55
标题	**Biotechnology in Agriculture and Food Processing**
副标题	Opportunities and Challenges
作者	Parmjit S. Panesar，Satwinder S. Marwaha
出版时间	2013
eBook ISBN	9780429111846

续表

出版社	CRC Press
出版地点	Boca Raton
DOI	https://doi.org/10.1201/b15271
页数	637
类别	Bioscience/Food Science & Technology
序号	56
标题	**Microspheres and Microcapsules in Biotechnology**
副标题	Design，Preparation and Applications
作者	Guanghui Ma，Zhi-Guo Su
出版时间	2013
eBook ISBN	9780429086984
出版社	Jenny Stanford Publishing
出版地点	New York
DOI	https://doi.org/10.1201/b14540
页数	552
类别	Bioscience/Engineering & Technology/Physical Sciences
序号	57
标题	**Biotechnology of Fungal Genes**
作者	V. K. Gupta，M. Ayyachamy
出版时间	2012
eBook ISBN	9780429086861
出版社	CRC Press
出版地点	Boca Raton
DOI	https://doi.org/10.1201/b11777
页数	400
类别	Bioscience/Environment & Agriculture/Food Science & Technology
序号	58
标题	**Biotechnology of Plasma Proteins**
作者	Roger L. Lundblad
出版时间	2012
eBook ISBN	9780429195693
出版社	CRC Press

续表

出版地点	Boca Raton
DOI	https://doi.org/10.1201/b12368
页数	460
类别	Bioscience/Medicine/Dentistry/Nursing & Allied Health
序号	59
标题	**The Nanobiotechnology Handbook**
作者	Yubing Xie
出版时间	2012
eBook ISBN	9780429063695
出版社	CRC Press
出版地点	Boca Raton
DOI	https://doi.org/10.1201/b12935
页数	692
类别	Bioscience/Engineering & Technology
序号	60
标题	**Fermentation Microbiology and Biotechnology**
版本	3rd Edition
作者	E. M. T. El-Mansi，C. F. A. Bryce，Arnold L. Demain，A. R. Allman
出版时间	2012
eBook ISBN	9780429190629
出版社	CRC Press
出版地点	Boca Raton
DOI	https://doi.org/10.1201/b11490
页数	555
类别	Bioscience/Engineering & Technology
序号	61
标题	**Simulations in Nanobiotechnology**
作者	Kilho Eom
出版时间	2012
eBook ISBN	9780429093982
出版社	CRC Press
出版地点	Boca Raton

续表

DOI	https://doi.org/10.1201/b11384
页数	562
类别	Engineering & Technology/Physical Sciences
序号	62
标题	**Quality Operations Procedures for Pharmaceutical，API，and Biotechnology**
作者	Syed Imtiaz Haider，Erfan Syed Asif
出版时间	2012
eBook ISBN	9780429195303
出版社	CRC Press
出版地点	Boca Raton
DOI	https://doi.org/10.1201/b12216
页数	584
类别	Bioscience
序号	63
标题	**Handbook of Metal Biotechnology**
副标题	Applications for Environmental Conservation and Sustainability
作者	Michihiko Ike，Mitsuo Yamashita，Satoshi Soda
出版时间	2012
eBook ISBN	9780429113178
出版社	Jenny Stanford Publishing
出版地点	New York
DOI	https://doi.org/10.1201/b11762
页数	264
类别	Physical Sciences
序号	64
标题	**Responsible Nanobiotechnology**
副标题	Philosophy and Ethics
作者	Armin Grunwald
出版时间	2012
eBook ISBN	9780429067082
出版社	Jenny Stanford Publishing
出版地点	New York

续表

DOI	https://doi.org/10.1201/b13147
页数	400
类别	Engineering & Technology/Health and Social Care
序号	65
标题	**Gene Biotechnology**
版本	3rd Edition
作者	William Wu，Helen H. Zhang，Michael J. Welsh，Peter B. Kaufman
出版时间	2011
eBook ISBN	9780429165733
出版社	CRC Press
出版地点	Boca Raton
DOI	https://doi.org/10.1201/b10919
页数	576
类别	Bioscience
序号	66
标题	**Healthcare Biotechnology**
副标题	A Practical Guide
作者	Dimitris Dogramatzis
出版时间	2011
eBook ISBN	9780429109461
出版社	CRC Press
出版地点	Boca Raton
DOI	https://doi.org/10.1201/9781439894125
页数	689
类别	Bioscience/Economics/Finance/Business & Industry
序号	67
标题	**Biotechnology Operations**
副标题	Principles and Practices
作者	John M. Centanni，Michael J. Roy
出版时间	2011
eBook ISBN	9780429184734
出版社	CRC Press

续表

出版地点	Boca Raton
DOI	https://doi.org/10.1201/9781439894033
页数	416
类别	Bioscience/Engineering & Technology
序号	68
标题	**Biocatalysis and Agricultural Biotechnology**
作者	Ching T. Hou，Jei-Fu Shaw
出版时间	2011
eBook ISBN	9780429139376
出版社	CRC Press
出版地点	Boca Raton
DOI	https://doi.org/10.1201/9781420077070
页数	442
类别	Bioscience/Engineering & Technology/Environment & Agriculture
序号	69
标题	**Aquaculture Microbiology and Biotechnology，Volume 2**
作者	Didier Montet，Ramesh C. Ray
出版时间	2011
eBook ISBN	9780429062179
出版社	CRC Press
出版地点	Boca Raton
DOI	https://doi.org/10.1201/b10923
页数	306
类别	Bioscience/Environment & Agriculture
序号	70
标题	**Support Vector Machines and Their Application in Chemistry and Biotechnology**
作者	Yizeng Liang，Qing-Song Xu，Hong-Dong Li，Dong-Sheng Cao
出版时间	2011
eBook ISBN	9780429062698
出版社	CRC Press
出版地点	Boca Raton

续表

DOI	https://doi.org/10.1201/b10911
页数	211
类别	Bioscience/Engineering & Technology/Physical Sciences
序号	71
标题	**Biotechnology**
副标题	A Comprehensive Training Guide for the Biotechnology Industry
作者	Syed Imtiaz Haider，Anika Ashtok
出版时间	2010
eBook ISBN	9780429137198
出版社	CRC Press
出版地点	Boca Raton
DOI	https://doi.org/10.1201/9781420084498
页数	868
类别	Bioscience/Engineering & Technology
序号	72
标题	**Colloids in Biotechnology**
作者	Monzer Fanun
出版时间	2010
eBook ISBN	9780429093685
出版社	CRC Press
出版地点	Boca Raton
DOI	https://doi.org/10.1201/EBK1439830802
页数	547
类别	Bioscience/Engineering & Technology/Physical Sciences
序号	73
标题	**Mycorrhizal Biotechnology**
作者	Devarajan Thangadurai，Carlos Alberto Busso，Mohamed Hijri
出版时间	2010
eBook ISBN	9780429093944
出版社	CRC Press
出版地点	Boca Raton
DOI	https://doi.org/10.1201/b10199

续表

页数	226
类别	Earth Sciences/Environment & Agriculture
序号	74
标题	**Environmental Biotechnology**
作者	M. H. Fulekar
出版时间	2010
eBook ISBN	9780429065040
出版社	CRC Press
出版地点	Boca Raton
DOI	https://doi.org/10.1201/b15412
页数	620
类别	Bioscience/Engineering & Technology
序号	75
标题	**Plant Tissue Culture，Development，and Biotechnology**
作者	Robert N. Trigiano，Dennis J. Gray
出版时间	2010
eBook ISBN	9780429111891
出版社	CRC Press
出版地点	Boca Raton
DOI	https://doi.org/10.1201/9781439896143
页数	608
类别	Bioscience/Engineering & Technology/Environment & Agriculture
序号	76
标题	**Encyclopedia of Biotechnology in Agriculture and Food**
作者	Dennis R. Heldman，Dallas G. Hoover
出版时间	2010
eBook ISBN	9780203758007
出版社	CRC Press
出版地点	Boca Raton
DOI	https://doi.org/10.1081/E-EBAF
页数	784
类别	Bioscience/Environment & Agriculture/Food Science & Technology

续表

序号	77
标题	**Biotechnology in Functional Foods and Nutraceuticals**
作者	Debasis Bagchi，Francis C. Lau，Dilip K. Ghosh
出版时间	2010
eBook ISBN	9780429147739
出版社	CRC Press
出版地点	Boca Raton
DOI	https://doi.org/10.1201/9781420087123
页数	591
类别	Bioscience/Food Science & Technology
序号	78
标题	**Animals as Biotechnology**
副标题	Ethics，Sustainability and Critical Animal Studies
作者	Richard Twine
出版时间	2010
eBook ISBN	9781849776356
出版社	Routledge
出版地点	London
DOI	https://doi.org/10.4324/9781849776356
页数	232
类别	Earth Sciences/Environment and Sustainability
序号	79
标题	**Decentering Biotechnology**
副标题	Assemblages Built and Assemblages Masked
作者	Michael S. Carolan
出版时间	2010
eBook ISBN	9781315576084
出版社	Routledge
出版地点	London
DOI	https://doi.org/10.4324/9781315576084
页数	200
类别	Law/Social Sciences

续表

序号	80
标题	**Introduction to Plant Biotechnology**
版本	3rd Edition
作者	H. S. Chawla
出版时间	2009
eBook ISBN	9781315275369
出版社	CRC Press
出版地点	New York
DOI	https://doi.org/10.1201/9781315275369
页数	760
类别	Bioscience/Environment & Agriculture
序号	81
标题	**Aquaculture Microbiology and Biotechnology，Vol. 1**
作者	Didier Montet，R. C. Ray
出版时间	2009
eBook ISBN	9780367807030
出版社	CRC Press
出版地点	Boca Raton
DOI	https://doi.org/10.1201/9780367807030
页数	286
类别	Bioscience/Environment & Agriculture
序号	82
标题	**Application of Solution Protein Chemistry to Biotechnology**
作者	Roger L. Lundblad
出版时间	2009
eBook ISBN	9780429146756
出版社	CRC Press
出版地点	Boca Raton
DOI	https://doi.org/10.1201/9781420073423
页数	456
类别	Bioscience
序号	83

续表

标题	Nanomaterials for Chemical Sensors and Biotechnology
作者	Pelagia-Irene Gouma
出版时间	2009
eBook ISBN	9780367805678
出版社	Jenny Stanford Publishing
出版地点	New York
DOI	https://doi.org/10.1201/9780367805678
类别	Engineering & Technology/Physical Sciences
序号	84
标题	**Nanobiotechnology & Nanobiosciences**
作者	Claudio Nicolini
出版时间	2009
eBook ISBN	9780429184543
出版社	Jenny Stanford Publishing
出版地点	Boca Raton
DOI	https://doi.org/10.1201/9780429184543
页数	367
类别	Bioscience
序号	85
标题	**Biotechnology and Agricultural Development**
副标题	Transgenic Cotton，Rural Institutions and Resource-Poor Farmers
作者	Rob Tripp
出版时间	2009
eBook ISBN	9780203876466
出版社	Routledge
出版地点	London
DOI	https://doi.org/10.4324/9780203876466
页数	304
类别	Economics/Finance/Business & Industry/Environment and Sustainability/ Global Development
序号	86

续表

标题	**Patho-Biotechnology**
作者	Dr. Roy Sleator
出版时间	2008
eBook ISBN	9780429090479
出版社	CRC Press
出版地点	Boca Raton
DOI	https://doi.org/10.1201/9781498713740
页数	238
类别	Bioscience
序号	87
标题	**Pharmaceutical Biotechnology**
副标题	Fundamentals and Applications
版本	3rd Edition
作者	Daan J. A. Crommelin，Robert D. Sindelar，Bernd Meibohm
出版时间	2008
eBook ISBN	9780429145810
出版社	CRC Press
出版地点	Boca Raton
DOI	https://doi.org/10.3109/9781420044386
页数	496
类别	Bioscience
序号	88
标题	**Microbial Biotechnology in Horticulture，Vol. 2**
作者	R. C. Ray
出版时间	2008
eBook ISBN	9780429079481
出版社	CRC Press
出版地点	Boca Raton
DOI	https://doi.org/10.1201/9781482280579
页数	366
类别	Environment & Agriculture
序号	89

续表

标题	Microbial Biotechnology in Horticulture，Vol. 3
作者	R. C. Ray
出版时间	2008
eBook ISBN	9780429063954
出版社	CRC Press
出版地点	Boca Raton
DOI	https://doi.org/10.1201/b10764
页数	390
类别	Environment & Agriculture
序号	90
标题	Biotechnology：Secondary Metabolites
副标题	Plants and Microbes
版本	2nd Edition
作者	K. G. Ramawat，J. M. Merillon
出版时间	2007
eBook ISBN	9780429195525
出版社	CRC Press
出版地点	Boca Raton
DOI	https://doi.org/10.1201/b10756
页数	586
类别	Environment & Agriculture
序号	91
标题	Modern Industrial Microbiology and Biotechnology
作者	Nduka Okafor
出版时间	2007
eBook ISBN	9780429187278
出版社	CRC Press
出版地点	Boca Raton
DOI	https://doi.org/10.1201/b21298
页数	550
类别	Bioscience
序号	92

续表

标题	**Food Safety of Proteins in Agricultural Biotechnology**
作者	Bruce G. Hammond
出版时间	2007
eBook ISBN	9780429126437
出版社	CRC Press
出版地点	Boca Raton
DOI	https://doi.org/10.1201/9781420005738
页数	320
类别	Environment & Agriculture/Food Science & Technology
序号	93
标题	**Biotechnology and the Integrity of Life**
副标题	Taking Public Fears Seriously
作者	Michael Hauskeller
出版时间	2007
eBook ISBN	9781315569413
出版社	Routledge
出版地点	London
DOI	https://doi.org/10.4324/9781315569413
页数	176
类别	Humanities
序号	94
标题	**Biotechnology and the Challenge of Property**
副标题	Property Rights in Dead Bodies，Body Parts，and Genetic Information
作者	Remigius N. Nwabueze
出版时间	2007
eBook ISBN	9781315569406
出版社	Routledge
出版地点	London
DOI	https://doi.org/10.4324/9781315569406
页数	392
类别	Law/Social Sciences
序号	95

续表

标题	**Humanbiotechnology as Social Challenge**
副标题	An Interdisciplinary Introduction to Bioethics
作者	Dagmar Schipanski，Nikolaus Knoepffler，S. L. Sorgner
出版时间	2007
eBook ISBN	9781315252933
出版社	Routledge
出版地点	London
DOI	https://doi.org/10.4324/9781315252933
页数	192
类别	Health and Social Care/Humanities/Law
序号	96
标题	**Biotechnology in Personal Care**
作者	Raj Lad
出版时间	2006
eBook ISBN	9780429113888
出版社	CRC Press
出版地点	Boca Raton
DOI	https://doi.org/10.3109/9781420015034
页数	480
类别	Bioscience/Medicine/Dentistry/Nursing & Allied Health
序号	97
标题	**Functional Foods and Biotechnology**
作者	Kalidas Shetty，Gopinadhan Paliyath，Anthony Pometto，Robert E. Levin
出版时间	2006
eBook ISBN	9780429129568
出版社	CRC Press
出版地点	Boca Raton
DOI	https://doi.org/10.1201/9781420007725
页数	670
类别	Food Science & Technology
序号	98

续表

标题	Microbial Biotechnology in Horticulture，Vol. 1
作者	R.C.Ray
出版时间	2006
eBook ISBN	9780429083228
出版社	CRC Press
出版地点	Boca Raton
DOI	https://doi.org/10.1201/9781482280432
页数	566
类别	Environment & Agriculture
序号	99
标题	**Pharmaceutical Biotechnology**
副标题	Fundamentals and Applications
版本	2nd Edition
作者	Daan J. A. Crommelin，Robert D. Sindelar
出版时间	2006
eBook ISBN	9780429271892
出版社	CRC Press
出版地点	London
DOI	https://doi.org/10.3109/9780203508831
页数	456
类别	Bioscience
序号	100
标题	**Plant Biotechnology in Ornamental Horticulture**
作者	Yi Li，Yan Pei
出版时间	2006
eBook ISBN	9780429178955
出版社	CRC Press
出版地点	Boca Raton
DOI	https://doi.org/10.1201/9781482298048
页数	517
类别	Bioscience/Environment & Agriculture
序号	101

续表

标题	Fermentation Microbiology and Biotechnology
版本	2nd Edition
作者	E. M. T. El-Mansi，C. F. A. Bryce，Arnold L. Demain，A. R. Allman
出版时间	2006
eBook ISBN	9780429190605
出版社	CRC Press
出版地点	Boca Raton
DOI	https://doi.org/10.1201/b13602
页数	576
类别	Bioscience/Food Science & Technology
序号	102
标题	**Microbial Biotechnology in Agriculture and Aquaculture，Vol. 2**
作者	R. C. Ray
出版时间	2006
eBook ISBN	9780429083273
出版社	CRC Press
出版地点	Boca Raton
DOI	https://doi.org/10.1201/9781482280500
页数	570
类别	Environment & Agriculture
序号	103
标题	**Biocatalysis in the Pharmaceutical and Biotechnology Industries**
作者	Ramesh N. Patel
出版时间	2006
eBook ISBN	9780429115462
出版社	CRC Press
出版地点	Boca Raton
DOI	https://doi.org/10.1201/9781420019377
页数	920
类别	Bioscience/Engineering & Technology
序号	104

续表

标题	**Excipient Development for Pharmaceutical，Biotechnology，and Drug Delivery Systems**
作者	Ashok Katdare，Mahesh Chaubal
出版时间	2006
eBook ISBN	9780429191046
出版社	CRC Press
出版地点	Boca Raton
DOI	https://doi.org/10.1201/9781420004137
页数	452
类别	Bioscience
序号	105
标题	**Governing the Transatlantic Conflict over Agricultural Biotechnology**
副标题	Contending Coalitions，Trade Liberalisation and Standard Setting
作者	Joseph Murphy，Les Levidow
出版时间	2006
eBook ISBN	9780203966112
出版社	Routledge
出版地点	London
DOI	https://doi.org/10.4324/9780203966112
页数	256
类别	Economics/Finance/Business & Industry/Politics & International Relations
序号	106
标题	**Food Biotechnology**
版本	2nd Edition
作者	Anthony Pometto，Kalidas Shetty，Gopinadhan Paliyath，Robert E. Levin
出版时间	2005
eBook ISBN	9780429115394
出版社	CRC Press
出版地点	Boca Raton
DOI	https://doi.org/10.1201/9781420027976
页数	2008
类别	Food Science & Technology

续表

序号	107
标题	**Glossary of Biotechnology Terms**
版本	4th Edition
作者	Kimball Nill
出版时间	2005
eBook ISBN	9780429122880
出版社	CRC Press
出版地点	Boca Raton
DOI	https://doi.org/10.1201/9781420037210
页数	416
类别	Bioscience/Engineering & Technology
序号	108
标题	**Phage Display in Biotechnology and Drug Discovery**
作者	Sachdev S. Sidhu，Clarence Ronald Geyer
出版时间	2005
eBook ISBN	9780429117466
出版社	CRC Press
出版地点	Boca Raton
DOI	https://doi.org/10.1201/9780849359125
页数	768
类别	Bioscience
序号	109
标题	**Pharmaceutical Biotechnology**
版本	2nd Edition
作者	Michael Groves
出版时间	2005
eBook ISBN	9780367801199
出版社	CRC Press
出版地点	Boca Raton
DOI	https://doi.org/10.1201/9780367801199
页数	428
类别	Bioscience

续表

序号	110
标题	**Fish Genetics and Aquaculture Biotechnology**
作者	T. J. Pandian
出版时间	2005
eBook ISBN	9780429079405
出版社	CRC Press
出版地点	Boca Raton
DOI	https://doi.org/10.1201/9781482280319
页数	170
类别	Environment & Agriculture
序号	111
标题	**Microbial Biotechnology in Agriculture and Aquaculture，Vol. 1**
作者	R. C. Ray
出版时间	2005
eBook ISBN	9780429094866
出版社	CRC Press
出版地点	Boca Raton
DOI	https://doi.org/10.1201/9781482280302
页数	506
类别	Environment & Agriculture
序号	112
标题	**Biotechnology of Aquatic Animals**
作者	R. Nagabhushanam
出版时间	2004
eBook ISBN	9780429082689
出版社	CRC Press
出版地点	Boca Raton
DOI	https://doi.org/10.1201/9781482280166
页数	190
类别	Environment & Agriculture
序号	113

续表

标题	**Biotechnology of Medicinal Plants**
副标题	Vitalizer and Therapeutic
作者	K. G. Ramawat
出版时间	2004
eBook ISBN	9780429082726
出版社	CRC Press
出版地点	Boca Raton
DOI	https://doi.org/10.1201/9781482280227
页数	316
类别	Environment & Agriculture
序号	114
标题	**Plant Development and Biotechnology**
作者	Robert N. Trigiano，Dennis J. Gray
出版时间	2004
eBook ISBN	9780429211270
出版社	CRC Press
出版地点	Boca Raton
DOI	https://doi.org/10.1201/9780203506561
页数	376
类别	Bioscience/Environment & Agriculture
序号	115
标题	**Physiology and Biotechnology Integration for Plant Breeding**
作者	Henry T. Nguyen，Abraham Blum
出版时间	2004
eBook ISBN	9780429215612
出版社	CRC Press
出版地点	Boca Raton
DOI	https://doi.org/10.1201/9780203022030
页数	700
类别	Environment & Agriculture
序号	116

续表

标题	**Bioprocesses and Biotechnology for Functional Foods and Nutraceuticals**
作者	Fereidoon Shahidi，Jean-Richard Neeser，J. Bruce German
出版时间	2004
eBook ISBN	9780429216329
出版社	CRC Press
出版地点	Boca Raton
DOI	https://doi.org/10.1201/9780203026380
页数	484
类别	Food Science & Technology
序号	117
标题	**Biotechnology：Between Commerce and Civil Society**
作者	Nico Stehr
出版时间	2004
eBook ISBN	9781351323048
出版社	Routledge
出版地点	New York
DOI	https://doi.org/10.4324/9781351323048
页数	386
类别	Social Sciences
序号	118
标题	**The Race to Commercialize Biotechnology**
副标题	Molecules，Market and the State in Japan and the US
作者	Steven Collins
出版时间	2004
eBook ISBN	9780203642719
出版社	Routledge
出版地点	London
DOI	https://doi.org/10.4324/9780203642719
页数	208
类别	Area Studies/Politics & International Relations
序号	119

续表

标题	Biotechnology and Communication
副标题	The Meta-Technologies of Information
作者	Sandra Braman
出版时间	2004
eBook ISBN	9781410610119
出版社	Routledge
出版地点	New York
DOI	https://doi.org/10.4324/9781410610119
页数	314
类别	Humanities
序号	120
标题	Pollen Biology and Biotechnology
作者	K. R. Shivanna
出版时间	2003
eBook ISBN	9780429187704
出版社	CRC Press
出版地点	Boca Raton
DOI	https://doi.org/10.1201/9780429187704
页数	316
类别	Environment & Agriculture
序号	121
标题	Gene Biotechnology
版本	2nd Edition
作者	William Wu，Helen H. Zhang，Michael J. Welsh，Peter B. Kaufman，Michael J. Welsh，Peter B. Kaufman，Helen H. Zhang
出版时间	2003
eBook ISBN	9780429205460
出版社	CRC Press
出版地点	New York
DOI	https://doi.org/10.1201/9780203489277
页数	536
类别	Bioscience

续表

序号	122
标题	**Food Science and Food Biotechnology**
作者	Gustavo F. Gutierrez-Lopez
出版时间	2003
eBook ISBN	9780429214462
出版社	CRC Press
出版地点	Boca Raton
DOI	https://doi.org/10.1201/9780203009536
页数	360
类别	Food Science & Technology
序号	123
标题	**Handbook of Fungal Biotechnology**
版本	2nd Edition
作者	Dilip K. Arora
出版时间	2003
eBook ISBN	9780429216527
出版社	CRC Press
出版地点	Boca Raton
DOI	https://doi.org/10.1201/9780203027356
页数	608
类别	Bioscience/Environment & Agriculture
序号	124
标题	**Recent Advances in Marine Biotechnology，Vol. 8**
副标题	Bioremediation
作者	Milton Fingerman
出版时间	2003
eBook ISBN	9780429077357
出版社	CRC Press
出版地点	Boca Raton
DOI	https://doi.org/10.1201/9781482279986
页数	352
类别	Environment & Agriculture

续表

序号	125
标题	**Recent Advances in Marine Biotechnology，Vol. 10**
副标题	Molecular Genetics of Marine Organisms
作者	Milton Fingerman
出版时间	2003
eBook ISBN	9780429079870
出版社	CRC Press
出版地点	Boca Raton
DOI	https://doi.org/10.1201/9781482294361
页数	436
类别	Environment & Agriculture
序号	126
标题	**Biotechnology for Biomedical Engineers**
作者	Martin L. Yarmush，Mehmet Toner，Robert Plonsey，Joseph D. Bronzino
出版时间	2003
eBook ISBN	9780429214301
出版社	CRC Press
出版地点	Boca Raton
DOI	https://doi.org/10.1201/9780203009031
页数	232
类别	Bioscience/Engineering & Technology
序号	127
标题	**Molecular Markers in Plant Genetics and Biotechnology**
作者	Domonique de Vienne
出版时间	2003
eBook ISBN	9780429077340
出版社	CRC Press
出版地点	Boca Raton
DOI	https://doi.org/10.1201/9781482279979
页数	248
类别	Environment & Agriculture
序号	128

续表

标题	**Fungal Biotechnology in Agricultural，Food，and Environmental Applications**
作者	Dilip K. Arora
出版时间	2003
eBook ISBN	9780429223808
出版社	CRC Press
出版地点	New York
DOI	https://doi.org/10.1201/9780203913369
页数	524
类别	Environment & Agriculture/Food Science & Technology
序号	129
标题	**Biotechnology in Comparative Perspective**
作者	Gerhard Fuchs
出版时间	2003
eBook ISBN	9780429231438
出版社	Routledge
出版地点	London
DOI	https://doi.org/10.4324/9780203422700
页数	240
类别	Economics/Finance/Business & Industry/Geography
序号	130
标题	**Lipid Biotechnology**
作者	Tsung Min Kuo，Harold Gardner
出版时间	2002
eBook ISBN	9780429207945
出版社	CRC Press
出版地点	New York
DOI	https://doi.org/10.1201/9780203908198
页数	728
类别	Engineering & Technology/Food Science & Technology
序号	131
标题	**Glossary of Biotechnology Terms**
版本	3rd Edition

续表

作者	Kimball Nill
出版时间	2002
eBook ISBN	9781003040422
出版社	CRC Press
出版地点	Boca Raton
DOI	https://doi.org/10.1201/9781003040422
页数	304
类别	Bioscience
序号	132
标题	**Plant Biotechnology and Transgenic Plants**
作者	Kirsi-Marja Oksman-Caldentey，Wolfgang H. Barz
出版时间	2002
eBook ISBN	9780429222825
出版社	CRC Press
出版地点	New York
DOI	https://doi.org/10.1201/9780203910849
页数	720
类别	Environment & Agriculture
序号	133
标题	**Introduction to Food Biotechnology**
作者	Perry Johnson-Green
出版时间	2002
eBook ISBN	9781315275703
出版社	CRC Press
出版地点	Boca Raton
DOI	https://doi.org/10.1201/9781420058383
页数	312
类别	Food Science & Technology
序号	134
标题	**Synthetic Polymers for Biotechnology and Medicine**
作者	Ruth Freitag
出版时间	2002

续表

eBook ISBN	9780429089763
出版社	CRC Press
出版地点	Boca Raton
DOI	https://doi.org/10.1201/9781498713108
页数	172
类别	Bioscience
序号	135
标题	**Biotechnology and Biopharmaceutical Manufacturing，Processing，and Preservation**
作者	Kenneth E. Avis，Vincent L. Wu
出版时间	2002
eBook ISBN	9781003076063
出版社	CRC Press
出版地点	Boca Raton
DOI	https://doi.org/10.1201/9781003076063
页数	404
类别	Bioscience/Engineering & Technology
序号	136
标题	**Recent Advances in Marine Biotechnology，Vol. 6**
副标题	Bio-Organic Compounds：Chemistry and Biomedical Applications
作者	Milton Fingerman
出版时间	2001
eBook ISBN	9780429077098
出版社	CRC Press
出版地点	Boca Raton
DOI	https://doi.org/10.1201/9781482279832
页数	272
类别	Environment & Agriculture
序号	137
标题	**Luminescence Biotechnology**
副标题	Instruments and Applications
版本	1st Edition

续表

作者	Knox Van Dyke，Christopher Van Dyke，Karen Woodfork
出版时间	2001
eBook ISBN	9780429115134
出版社	CRC Press
出版地点	Boca Raton
DOI	https://doi.org/10.1201/9781420041804
页数	624
类别	Bioscience
序号	138
标题	**Membrane Separations in Biotechnology**
版本	2nd Edition
作者	William K. Wang
出版时间	2001
eBook ISBN	9780429177149
出版社	CRC Press
出版地点	Boca Raton
DOI	https://doi.org/10.1201/9781482289886
页数	432
类别	Physical Sciences
序号	139
标题	**Near-Infrared Applications in Biotechnology**
作者	Ramesh Raghavachari
出版时间	2001
eBook ISBN	9780429132650
出版社	CRC Press
出版地点	Boca Raton
DOI	https://doi.org/10.1201/9780429132650
页数	392
类别	Physical Sciences
序号	140
标题	**Protein Engineering for Industrial Biotechnology**
作者	Lilia Alberghina

续表

出版时间	2000
eBook ISBN	9780429176722
出版社	CRC Press
出版地点	London
DOI	https://doi.org/10.1201/9781482283488
页数	388
类别	Bioscience
序号	141
标题	**Recent Advances in Marine Biotechnology，Vol. 4：Aquaculture：Part A**
副标题	Seaweeds and Invertebrates
作者	Milton Fingerman
出版时间	2000
eBook ISBN	9780429079795
出版社	CRC Press
出版地点	Boca Raton
DOI	https://doi.org/10.1201/9781482294200
页数	292
类别	Environment & Agriculture
序号	142
标题	**Biotechnology，Patents and Morality**
版本	2nd Edition
作者	Sigrid Sterckx
出版时间	2000
eBook ISBN	9781315188805
出版社	Routledge
出版地点	London
DOI	https://doi.org/10.4324/9781315188805
页数	406
类别	Social Sciences
序号	143

续表

标题	**International Strategy and Market Performance in New Biotechnology Firms**
作者	Joseph E. Coombs
出版时间	2000
eBook ISBN	9781315790855
出版社	Routledge
出版地点	New York
DOI	https://doi.org/10.4324/9781315780855
页数	110
类别	Economics/Finance/Business & Industry
序号	144

Harvard

标题	**The Black Box of Biology**
副标题	A History of the Molecular Revolution
作者	Michel Morange[1]，Matthew Cobb（Trans）
机构	1. Institute of the History and Philosophy of Science and Techniques at the University of Paris，Panthéon-Sorbonne
书号	9780674281363
出版时间	2020
页数	528
序号	1
标题	**Altered Inheritance**
副标题	CRISPR and the Ethics of Human Genome Editing
作者	Françoise Baylis
机构	Dalhousie University
书号	9780674976719
出版时间	2019
页数	304
序号	2
标题	**The End of Sex and the Future of Human Reproduction**
作者	Henry T. Greely
作者简介	Genetics at Stanford University
书号	9780674984011
出版时间	2018
页数	400
序号	3
标题	**Engineering Animals**
副标题	How Life Works
作者	Mark Denny，Alan McFadzean
出版社	Belknap Press
书号	ISBN 9780674048546
出版时间	2011
页数	400

续表

序号	4
标题	**Biology Is Technology**
副标题	The Promise，Peril，and New Business of Engineering Life
作者	Robert H. Carlson
机构	Biodesic LLC
书号	9780674060159
出版时间	2011
页数	288
序号	5
标题	**Culturing Life**
副标题	How Cells Became Technologies
作者	Hannah Landecker
机构	University of California，Los Angeles
书号	9780674034761
出版时间	2010
页数	288
序号	6

Mitpress

标题	**Fables and Futures**
副标题	Biotechnology，Disability，and the Stories We Tell Ourselves
作者	George Estreich
机构	Oregon State University
ISBN	9780262039567240
出版时间	2019
序号	1
标题	**Synthetic Biology and Morality**
副标题	Artificial Life and the Bounds of Nature
作者	Gregory E. Kaebnick，Thomas H. Murray
机构	Hastings Center
ISBN	9780262019392222
出版时间	2013
序号	2
标题	**Seeds，Science，and Struggle**
副标题	The Global Politics of Transgenic Crops
作者	Abby Kinchy
ISBN	9780262017817240
出版时间	2012
序号	3
标题	**Innovation，Dual Use，and Security**
副标题	Managing the Risks of Emerging Biological and Chemical Technologies
作者	Jonathan B. Tucker
机构	Federation of American Scientists
ISBN	9780262017176368
出版时间	2012
序号	4
标题	**Reframing Rights**
副标题	Bioconstitutionalism in the Genetic Age
作者	Sheila Jasanoff

续表

机构	Harvard University's Kennedy School of Government
ISBN	9780262015950320
出版时间	2011
序号	5
标题	**Progress in Bioethics**
副标题	Science，Policy，and Politics
作者	Jonathan D. Moreno[1]，Sam Berger[2]
机构	1. David and Lyn Silfen University/University of Pennsylvania 2. U.S. Office of Management and Budget
ISBN	9780262134880308
出版时间	2009
序号	6
标题	**Signs of Life**
副标题	Bio Art and Beyond
作者	Eduardo Kac
ISBN	9780262112932432
出版时间	2007
序号	7
标题	**The Global Genome**
副标题	Biotechnology，Politics，and Culture
作者	Eugene Thacker
机构	School of Literature，Communication，and Culture at the Georgia Institute of Technology
ISBN	9780262201551464
出版时间	2005
序号	8

Oxford

标题	**Patents for Chemicals，Pharmaceuticals and Biotechnology**
版本	6th Edition
作者	Philip W. Grubb[1]，Peter R. Thomsen[2]，Tom Hoxie[3]
机构	1. Franklin Pierce Law Center，Concord 2. Swiss and European Patent Attorney and a CEIPI（University of Strasbourg） 3. Hoxie & Associates LLC
时间	2017
书号	9780199684731
页数	640
序号	1
标题	**Developments in Biotechnology and Bioprocessing**
系列	ACS Symposium Series
作者	Anne Kantardjieff[1]，Jonathan L. Coffman[2]，Prashanth Asuri[3]，Karthik Jayapal[4]
机构	1. Alexicon Pharmaceuticals 2. Pfizer，Inc 3. Santa Clara University 4. Bayer Health care
出版社	American Chemical Society
时间	2013
书号	9780841229105
页数	208
序号	2
标题	**Biotechnology and Nanotechnology Risk Assessment**
副标题	Minding and Managing the Potential Threats around Us
系列	ACS Symposium Series
作者	Steven Ripp[1]，Theodore Henry[2]
机构	1. University of Tennessee Center for Environmental Biotechnology and Department of Microbiology 2. Department of Forestry Wildlife and Fisheries and at the Center for Environmental Biotechnology at the University of Tennessee

续表

出版社	American Chemical Society
时间	2012
书号	9780841226609
页数	200
序号	3
标题	**Pharmaceutical，Biotechnology and Chemical Inventions**
副标题	World Protection and Exploitation
作者	Duncan Bucknell
机构	Patent Attorney and IP Consultant，Australia
时间	2011
书号	9780199289011
页数	2100
序号	4
标题	**Ionic Liquid Applications：Pharmaceuticals，Therapeutics，and Biotechnology**
系列	ACS Symposium Series
作者	Sanjay Malhotra
机构	Laboratory of Synthetic Chemistry，Developmental Therapeutic Program Support，SAIC-Frederick，National Cancer Institute-Frederick，Maryland
出版社	American Chemical Society
时间	2010
书号	9780841225473
页数	226
序号	5
标题	**Plant Biotechnology**
副标题	The Genetic Manipulation of Plants
版本	2nd Edition
作者	Adrian Slater，Nigel W. Scott，Mark R. Fowler
机构	Norman Borlaug Institute for Plant Science Research at De Montfort University，UK
时间	2008
书号	9780199282616
页数	400

续表

序号	6
标题	**Environmental Biotechnology**
作者	Bhattacharyya，Rintu Banerjee
时间	2008
书号	9780195687828
页数	400
序号	7
标题	**Environmental Biotechnology**
版本	2nd Edition
作者	Alan Scragg
机构	School of Biosciences，University of The West England
时间	2005
书号	9780199268672
页数	456
序号	8
标题	**Flow Cytometry for Biotechnology**
作者	Larry A. Sklar
机构	University of New Mexico
时间	2005
书号	9780195152340
页数	400
序号	9
标题	**Agricultural Biotechnology**
副标题	Challenges and Prospects
系列	ACS Symposium Series
作者	Mahesh K. Bhalgat，William P. Ridley，Allan S. Felsot，James N. Seiber
出版社	American Chemical Society
时间	2004
书号	9780841238152
页数	232
序号	10

续表

标题	**Synthesis of Carbohydrates Through Biotechnology**
系列	ACS Symposium Series
作者	Peng George Wang，Yoshi Ichikawa
出版社	American Chemical Society
时间	2004
书号	9780841238657
页数	208
序号	11
标题	**Biotechnology from A to Z**
版本	3rd Edition
作者	William Bains
时间	2004
书号	9780198524984
页数	424
序号	12
标题	**Fermentation Biotechnology**
系列	ACS Symposium Series
作者	Badal C. Saha
出版社	American Chemical Society
时间	2003
书号	9780841238459
页数	304
序号	13
标题	**Plant Biotechnology**
副标题	The Genetic Manipulation of Plants
作者	Adrian Slater，Nigel W. Scott，Mark R. Fowler
机构	De Montfort University
时间	2003
书号	9780199254682
页数	368
序号	14

续表

标题	Crop Biotechnology
系列	ACS Symposium Series
作者	K. Rajasekaran，T. J. Jacks，J. W. Finley
出版社	American Chemical Society
时间	2002
书号	9780841237667
页数	272
序号	15

Cambridge

标题	**Practical Techniques in Molecular Biotechnology**
作者	Bal Ram Singh，Raj Kuma
机构	Institute of Advanced Sciences，USA
出版时间	2021
书号	9781108486408
序号	1
标题	**Patents on Life**
副标题	Religious，Moral，and Social Justice Aspects of Biotechnology and Intellectual Property
作者	Thomas C. Berg[1]，Roman Cholij[2]，Simon Ravenscroft[3]
机构	1. University of St Thomas，Minnesota 2. St Edmund's College，Cambridge 3. Magdalene College，Cambridge and St Edmund's College，Cambridge
出版时间	2020
书号	9781108428682
页数	324
序号	2
标题	**Biotechnology，Human Nature，and Christian Ethics**
副标题	Part of New Studies in Christian Ethics
作者	Gerald McKenny
机构	University of Notre Dame，Indiana
出版时间	2018
书号	9781108422802
页数	235
序号	3
标题	**Basic Biotechnology**
版本	3rd Edition
作者	Colin Ratledge[1]，Bjorn Kristiansen[2]
机构	1. Department of Biological Sciences at the University of Hull 2. EU Biotech Consulting in Norway
出版时间	2013

续表

书号	9780511279928
序号	4
标题	**Diamond Electronics and Biotechnology— Fundamentals to Applications V**
作者	Philippe Bergonzo[1]，Richard B. Jackman[2]，Kian Ping Loh[3]，Greg M. Swain[4]，Oliver A. Williams[5]
机构	1. CEA-LIST，Centre d'Etudes de Saclay 2. University College London 3. National University of Singapore 4. Michigan State University 5. Cardiff University
出版时间	2012
书号	9781605113722
页数	140
序号	5
标题	**The Role of Biotechnology in a Sustainable Food Supply**
作者	Jennie S. Popp[1]，Molly M. Jahn[2]，Marty D. Matlock[1]，Nathan P. Kemper[1]
机构	1. University of Arkansas 2. University of Wisconsin，Madison
出版时间	2012
书号	9780521192347
页数	296
序号	6
标题	**Xenotransplantation and Risk**
副标题	Regulating a Developing Biotechnology
作者	Sara Fovargue
机构	Lancaster University
出版时间	2011
书号	9780521195768
页数	306
序号	7
标题	**Environmental Biomonitoring**
副标题	The Biotechnology Ecotoxicology Interface
作者	James M. Lynch，Alan Wiseman
机构	University of Surrey

续表

出版时间	2011
书号	9780521187732
页数	318
序号	8
标题	**Networks for Learning and Knowledge Creation in Biotechnology**
作者	Amalya Lumerman Oliver
机构	Hebrew University of Jerusalem
出版时间	2011
书号	9780521188777
页数	272
序号	9
标题	**Biotechnology：Economic and Social Aspects**
副标题	Issues for Developing Countries
作者	E. J. DaSilva，C. Ratledge [1]，A. Sasson
机构	1. University of Hull
出版时间	2009
书号	9780521122283
页数	404
序号	10
标题	**Monoclonal Antibodies in Biotechnology**
副标题	Theoretical and Practical Aspects
作者	Kenneth C. McCullough，Raymond E. Spier
出版时间	2009
书号	9780521103114
页数	400
序号	11
标题	**Biotechnology**
版本	5th Edition
作者	John E. Smith
机构	Institute of Pharmacy and Biomedical Sciences，University of Strathclyde
出版时间	2009
书号	9780521711937

续表

页数	276
序号	12
标题	**Biotechnology of Microbial Exopolysaccharides**
副标题	Part of Cambridge Studies in Biotechnology
作者	Ian W. Sutherland
机构	University of Edinburgh
出版时间	2008
书号	9780521063944
页数	172
序号	13
标题	**Microalgae**
副标题	Biotechnology and Microbiology
作者	E. W. Becker
机构	Eberhard-Karls-Universität Tübingen，Germany
出版时间	2008
书号	9780521061131
页数	304
序号	14
标题	**Microbial Biotechnology**
副标题	Fundamentals of Applied Microbiology
版本	2nd Edition
作者	Alexander N. Glazer，Hiroshi Nikaido
机构	Department of Molecular and Cell Biology at the University of California，Berkeley
出版时间	2008
书号	9780511339660
序号	15
标题	**Plant Breeding and Biotechnology**
副标题	Societal Context and the Future of Agriculture
作者	Denis Murphy
机构	University of Glamorgan，UK
出版时间	2007

续表

书号	9780521530880
页数	440
序号	16
标题	**Pollen Biotechnology for Crop Production and Improvement**
作者	K. R. Shivanna[1]，V. K. Sawhney[2]
机构	1. University of Delhi 2. University of Saskatchewan，Canada
出版时间	2005
书号	9780521019750
页数	468
序号	17
标题	**Strategic Alliances as Social Facts**
副标题	Business，Biotechnology，and Intellectual History
作者	Mark De Rond
机构	University of Cambridge
出版时间	2003
书号	9780521811101
序号	18
标题	**Biotechnology—the Making of a Global Controversy**
作者	M. W. Bauer，G. Gaskell
机构	London School of Economics and Political Science
出版时间	2002
书号	9780521774390
序号	19
标题	**Pharmaceutical Medicine，Biotechnology and European Law**
作者	Richard Goldberg，Julian Lonbay
机构	University of Birmingham
出版时间	2001
书号	9780521792493
序号	20

中文图书

标题	生命科学：无尽的前沿
作者	［美］苏珊·霍克菲尔德（Susan Hockfield）著；高天羽译
出版社	湖南科学技术出版社
出版时间	2021
ISBN	9787571008628
页数	245
序号	1
标题	**生物制品生产技术**
作者	王永芬，刘黎红，孙祎敏
出版社	化学工业出版社
出版时间	2021
版次	2
ISBN	9787122368010
页数	228
序号	2
标题	**生物药物制剂技术**
作者	孔庆新，李思阳
出版社	化学工业出版社
出版时间	2021
版次	第 2 版
ISBN	9787122386540
页数	316
序号	3
标题	**中国生物产业发展报告 2020—2021**
作者	国家发展和改革委员会创新和高技术发展司，中国生物工程学会
出版社	化学工业出版社
出版时间	2021
ISBN	9787122389183
页数	456
序号	4

续表

标题	PCR 最新技术原理、方法及应用（第三版）
作者	王恒樑
出版社	化学工业出版社
出版时间	2021
版次	3
ISBN	9787122387356
页数	582
序号	5
标题	CRISPR 基因编辑技术
作者	刘世利
出版社	化学工业出版社
出版时间	2020
ISBN	9787122375339
页数	254
序号	6
标题	2021 中国生命科学与生物技术发展报告
作者	科学技术部社会发展司，中国生物技术发展中心
出版社	科学出版社
出版时间	2021
版次	1
ISBN	9787030699411
页数	368
序号	7
标题	植物生物技术（第二版）
作者	张献龙
出版社	科学出版社
出版时间	2012
版次	2
ISBN	9787030347732
页数	296
序号	8

续表

标题	2020 中国生物技术基地平台报告
作者	中国生物技术发展中心
出版社	科学技术文献出版社
出版时间	2021
ISBN	9787518974702
页数	152
序号	9
标题	现代环境生物技术（第三版）
作者	王建龙，文湘华
出版社	清华大学出版社
出版时间	2021
ISBN	9787302589495
页数	640
序号	10
标题	中药生物技术
作者	贾景明，余伯阳
出版社	人民卫生出版社
出版时间	2021
ISBN	9787117299671
页数	336
序号	11
标题	现代生物技术制药
作者	高向东
出版社	人民卫生出版社
出版时间	2021
ISBN	9787117305433
页数	320
序号	12
标题	生物分离与纯化技术
作者	王海峰，张俊霞
出版社	中国轻工业出版社
出版时间	2021

续表

版次	1
ISBN	9787518433148
页数	260
序号	13
标题	**生物技术制药**
作者	李校堃，黄昆
出版社	华中科技大学出版社
出版时间	2021
ISBN	9787568065184
页数	288
序号	14
标题	**生物工程下游技术（第三版）**
作者	郭立安
出版社	化学工业出版社
出版时间	2020
ISBN	9787122363862
序号	15
标题	**生物技术概论（第五版）**
作者	宋思扬，左正宏
出版社	科学出版社
出版时间	2020
丛书	“十二五”普通高等教育本科国家级规划教材生命科学经典教材系列
ISBN	9787030631817
页数	311
序号	16
标题	**2020 中国生命科学与生物技术发展报告**
作者	科学技术部社会发展科技司，中国生物技术发展中心
出版社	科学出版社
出版时间	2020
ISBN	9787030662729
页数	364
序号	17

续表

标题	RNA 疫苗：方法与操作（RNA Vaccines：Methods and Protocols）
作者	［德］托马斯·克拉姆斯（Thomas Kramps），［德］纳特·埃尔斯（Knut Elbers）著；王升启译
出版社	科学出版社
出版时间	2020
ISBN	9787030645890
页数	253
序号	18
标题	颠覆性技术创新研究——生命科学领域
作者	中国科学院颠覆性技术创新研究组
出版社	科学出版社
出版时间	2020
ISBN	9787030643346
页数	316
序号	19
标题	2019 中国生物技术人才报告
作者	中国生物技术发展中心
出版社	科学技术文献出版社
出版时间	2020
ISBN	9787518963904
序号	20
标题	医学分子生物学实验技术（第四版）
作者	韩骅，高国全
出版社	人民卫生出版社
出版时间	2020
ISBN	9787117303873
页数	480
序号	21
标题	现代生物技术发展及研究进展
作者	郝鲁江
出版社	中国纺织出版社
出版时间	2020

续表

ISBN	9787518067763
页数	192
序号	22
标题	**营养生物技术与转化应用**
作者	糜漫天
出版社	中国轻工业出版社
出版时间	2020
ISBN	9787518427918
页数	584
序号	23
标题	**生物分离技术**
作者	李存法
出版社	中国轻工业出版社
出版时间	2020
ISBN	9787518429448
页数	184
序号	24
标题	**肿瘤免疫治疗概要**
作者	［美］Haidong Dong，［美］Svetomir N.Markovic 著；殷保兵，彭智译
出版社	北京科学技术出版社
出版时间	2019
ISBN	9787571402754
页数	180
序号	25
标题	**生命科学原理与技术**
作者	马宏
出版社	科学出版社
出版时间	2019
ISBN	9787030621375
页数	375
序号	26

续表

标题	基因修饰 T 细胞技术进展及临床应用
作者	王征旭
出版社	化学工业出版社
出版时间	2019
ISBN	9787122336736
页数	330
序号	27
标题	**抗生素生物技术（第二版）**
作者	王以光
出版社	化学工业出版社
出版时间	2019
ISBN	9787122342881
页数	459
序号	28
标题	**图解生物技术**
作者	［德］罗尔夫 · D. 施密德（Rolf D.Schmid），［美］克劳迪娅 · 施密德 - 丹纳特（Claudia Schmidt-Dannert）著；姜岷译
出版社	科学出版社
出版时间	2019
丛书	国外经典教材译丛
ISBN	9787030592798
页数	389
序号	29
标题	**工业生物技术——上游：表达系统与工艺开发**
作者	［美］M.C. 弗利金杰（Michael C.Flickinger）；陈薇主译
出版社	科学出版社
出版时间	2019
丛书	生命科学前沿及应用生物技术
ISBN	9787030483317
页数	586
序号	30

续表

标题	现代生物技术导论（第三版）
作者	杨慧林，吕虎
出版社	科学出版社
出版时间	2019
ISBN	9787030627681
页数	248
序号	31
标题	工业生物技术——下游：收获与纯化
作者	[美]M.C. 弗利金杰（Michael C.Flickinger）主编；陈薇主译
出版社	科学出版社
出版时间	2019
丛书	生命科学前沿及应用生物技术
ISBN	9787030483300
页数	630
序号	32
标题	生物技术在海洋生物资源开发中的应用
作者	王梁华，焦炳华
出版社	科学出版社
出版时间	2019
丛书	海洋生物资源开发利用高技术丛书
ISBN	9787030496058
序号	33
标题	大数据时代的生物技术和农业
作者	李宏，王拥军
出版社	科学出版社
出版时间	2019
ISBN	9787030622075
页数	166
序号	34
标题	现代生物技术管理导论
作者	李天柱
出版社	四川大学出版社

续表

出版时间	2018
ISBN	9787569011173
页数	294
序号	35
标题	**食品生物技术导论（第三版）**
作者	罗云波
出版社	中国农业大学出版社
出版时间	2016
ISBN	9787565515552
序号	36
标题	**现代环境生物技术与应用**
作者	赵远
出版社	中国石化出版社
出版时间	2019
ISBN	9787511453495
页数	318
序号	37
标题	**生物技术制药概论（第四版）**
作者	姚文兵
出版社	中国医药科技出版社
出版时间	2019
ISBN	9787521414790
页数	284
序号	38
标题	**生物制品检验技术操作规范**
作者	中国食品药品检定研究院
出版社	中国医药科技出版社
出版时间	2019
丛书	中国食品药品检验检测技术系列丛书
ISBN	9787521411737
序号	39

续表

标题	基因工程
作者	金红星
出版社	化学工业出版社
出版时间	2016
丛书	普通高等教育“十三五”规划教材
ISBN	9787122274427
页数	337
序号	40
标题	**生物技术药物研究开发和质量控制（第三版）**
作者	王军志
出版社	科学出版社
出版时间	2018
ISBN	9787030551504
序号	41
标题	**微生物生物技术——细菌系统实验室指南**
作者	[印]S. 待仕等编；朱必凤等译
出版社	科学出版社
出版时间	2018
丛书	生命科学实验指南系列
ISBN	9787030576569
页数	241
序号	42
标题	**生物矿化：从自然到应用**
作者	[瑞士]Astrid，Sigel 等编；刘传林译
出版社	科学出版社
出版时间	2018
丛书	应用生物技术大系
ISBN	9787030587725
页数	462
序号	43
标题	**生物工程导论**
作者	张晶

续表

出版社	中国石化出版社
出版时间	2018
ISBN	9787511443458
页数	324
序号	44
标题	**蛋白质工程**
作者	吴敬
出版社	高等教育出版社
出版时间	2017
ISBN	9787040474848
页数	180
序号	45
标题	**酶工程原理与技术（第 3 版）**
作者	林影
出版社	高等教育出版社
出版时间	2017
ISBN	9787040468830
序号	46
标题	**基因工程**
作者	袁婺洲
出版社	化学工业出版社
出版时间	2010
ISBN	9787122091055
序号	47
标题	**生物制药实用技术**
作者	张正光
出版社	科学出版社
出版时间	2017
ISBN	9787030521149
页数	300
序号	48

续表

标题	生物技术制药（第三版）
作者	夏焕章
出版社	高等教育出版社
出版时间	2016
ISBN	9787040446319
页数	314
序号	49
标题	基因工程原理与技术（第三版）
作者	刘志国
出版社	化学工业出版社
出版时间	2016
丛书	“十二五”普通高等教育本科规划教材
ISBN	9787122269751
页数	311
序号	50
标题	污染土壤生物修复原理与技术
作者	李法云，吴龙华，范志平
出版社	化学工业出版社
出版时间	2016
丛书	生态环境修复与节能技术丛书
ISBN	9787122265265
页数	264
序号	51
标题	现代生物技术与生物工程导论（第二版）
作者	贺小贤
出版社	科学出版社
出版时间	2016
丛书	生物工程系列规划教材
ISBN	9787030500069
页数	349
序号	52

续表

标题	新一代基因组测序技术
作者	陈浩峰
出版社	科学出版社
出版时间	2016
ISBN	9787030487919
页数	352
序号	53
标题	环境生物技术：原理与应用
作者	［美］Bruce E.Rittmann，Perry L.McCarty 著；文湘华，王建龙等译
出版社	清华大学出版社
出版时间	2016
ISBN	9787302302575
页数	647
序号	54
标题	生物技术制药（第 3 版）
作者	王凤山，邹全明
出版社	人民卫生出版社
出版时间	2016
ISBN	9787117220910
页数	313
序号	55
标题	空间生物学与空间生物技术
作者	商澎，杨鹏飞，吕毅
出版社	西北工业大学出版社
出版时间	2016
ISBN	9787561247822
页数	369
序号	56
标题	2049 年中国科技与社会愿景：生物技术与未来农业
作者	中国可持续发展研究会
出版社	中国科学技术出版社
出版时间	2016

续表

ISBN	9787504669476
页数	460
序号	57
标题	**生物发酵产业技术**
作者	姜锡瑞，霍兴云，黄继红，孙中涛
出版社	中国轻工业出版社
出版时间	2016
ISBN	9787518403042
页数	550
序号	58
标题	**发酵工艺与设备（第 2 版）**
作者	陶兴无
出版社	化学工业出版社
出版时间	2015
丛书	普通高等教育“十三五”规划教材
ISBN	9787122247087
页数	318
序号	59
标题	**生物工程与技术导论**
作者	李春
出版社	化学工业出版社
出版时间	2015
ISBN	9787122227553
页数	312
序号	60
标题	**农业生物技术**
作者	张磊，孙宁
出版社	中国农业出版社
出版时间	2015
ISBN	9787109201521
序号	61

续表

标题	生物技术发展年鉴（2013）
作者	陈薇，曹诚
出版社	军事医学科学出版社
出版时间	2014
ISBN	9787516304914
页数	224
序号	62
标题	生物技术概论（第四版）
作者	宋思扬，楼士林
出版社	科学出版社
出版时间	2014
丛书	“十二五”普通高等教育本科国家级规划教材
ISBN	9787030411082
页数	320
序号	63
标题	现代生物技术及经济
作者	王敏
出版社	中国农业出版社
出版时间	2014
ISBN	9787109195356
序号	64
标题	生物技术导论
作者	[美]Thieman W.J.,[美]Palladino M.A. 著；刘美凤主译
出版社	中国轻工业出版社
出版时间	2014
ISBN	9787501979592
页数	430
序号	65
标题	微生物技术理论与应用研究
作者	龚明福，王红
出版社	中国水利水电出版社
出版时间	2014

续表

ISBN	9787517017424
页数	258
序号	66
标题	**基因工程（第二版）**
作者	孙明
出版社	高等教育出版社
出版时间	2013
ISBN	9787040382174
页数	407
序号	67
标题	**新中国工业生物技术发展史略**
作者	中国生物工程学会
出版社	化学工业出版社
出版时间	2013
ISBN	9787122165343
页数	238
序号	68
标题	**RNA 干扰技术**
作者	金由辛，赵波涛，马中良
出版社	化学工业出版社
出版时间	2013
丛书	高新技术科普丛书
ISBN	9787122171351
页数	192
序号	69
标题	**抗体理论与技术（第 3 版）**
作者	王廷华，李官成，Xin-Fu Zhou
出版社	科学出版社
出版时间	2013
丛书	21 世纪生物技术系列
ISBN	9787030378705
页数	272

续表

序号	70
标题	**生物检测技术**
作者	陈朝银，赵声兰
出版社	科学出版社
出版时间	2013
ISBN	9787030384751
页数	260
序号	71
标题	**microRNA 鉴定与功能分析技术**
作者	刘长征，余佳
出版社	化学工业出版社
出版时间	2011
ISBN	9787122121462
页数	237
序号	72
标题	**现代生物技术导论（第二版）**
作者	吕虎，华萍
出版社	科学出版社
出版时间	2011
ISBN	9787030304858
页数	281
序号	73
标题	**2011 工业生物技术发展报告**
作者	中国科学院生命科学与生物技术局
出版社	科学出版社
出版时间	2011
ISBN	9787030325167
页数	380
序号	74
标题	**分子生物学和生物技术（第三版）**
作者	［美］克罗茨（Kreuzer H.）
出版社	科学出版社

续表

出版时间	2011
ISBN	9787030308429
页数	704
序号	75
标题	**生物技术与生物工程概论（第二版）**
作者	［美］蒂曼（Thieman W.J.）
出版社	科学出版社
出版时间	2011
ISBN	9787030317599
页数	404
序号	76
标题	**牧草生物技术**
作者	郭振飞
出版社	中国农业大学出版社
出版时间	2010
ISBN	9787565501340
页数	291
序号	77
标题	**生物科学显微技术**
作者	杨星宇，杨建明
出版社	华中科技大学出版社
出版时间	2010
ISBN	9787560966687
页数	191
序号	78
标题	**昆虫细胞生物技术**
作者	彭建新，杨红，洪华珠
出版社	华中师范大学出版社
出版时间	2010
ISBN	9787562242604
页数	374
序号	79

续表

标题	2010 工业生物技术发展报告
作者	中国科学院生命科学与生物技术局
出版社	科学出版社
出版时间	2010
ISBN	9787030282705
页数	333
序号	80
标题	生物芯片技术与实践
作者	[英] 史蒂夫·拉塞尔（Russell S.）著；肖华胜等译
出版社	科学出版社
出版时间	2010
ISBN	9787030270832
页数	329
序号	81
标题	生命科学与生物技术（第二版）
作者	季静，王罡
出版社	科学出版社
出版时间	2010
丛书	21 世纪高等院校教材
ISBN	9787030264619
页数	323
序号	82
标题	绿色生物技术
作者	[德] 莱茵哈德·伦内贝格（Reinhard Renneberg）著；杨毅等译
出版社	科学出版社
出版时间	2009
ISBN	9787030242105
页数	112
序号	83
标题	生物技术入门
作者	[德] 莱茵哈德·伦内贝格（Reinhard Renneberg）著；杨毅等译
出版社	科学出版社

续表

出版时间	2009
ISBN	9787030237125
页数	343
序号	84
标题	**林业生物技术**
作者	尹伟伦，王华芳
出版社	科学出版社
出版时间	2009
ISBN	9787030259554
序号	85
标题	**白色生物技术**
作者	［德］乌尔伯（Ulber R.）著；李爽，杨博译
出版社	科学出版社
出版时间	2009
ISBN	9787030238207
页数	212
序号	86
标题	**纳米生物技术学（第二版）**
作者	张阳德
出版社	科学出版社
出版时间	2009
ISBN	9787030224354
页数	447
序号	87
标题	**分析生物技术和人类基因组**
作者	［德］伦内贝格（Rrennerberg R.）著；杨毅，张亮，陈慧译
出版社	科学出版社
出版时间	2009
ISBN	9787030242204
页数	137
序号	88

续表

标题	核酸等温扩增技术及其应用
作者	彭涛
出版社	科学出版社
出版时间	2009
丛书	现代生物技术前沿
ISBN	9787030246936
页数	100
序号	89
标题	现代生物能源技术
作者	美国国家可再生能源实验室著；鲍杰译
出版社	科学出版社
出版时间	2009
ISBN	9787030245199
页数	159
序号	90
标题	动物生物技术
作者	蒋思文
出版社	科学出版社
出版时间	2009
ISBN	9787030244475
页数	238
序号	91
标题	生物技术法
作者	刘银良
出版社	清华大学出版社，北京交通大学出版社
出版时间	2009
ISBN	9787811235333
页数	278
序号	92
标题	现代生物技术概论
作者	谢小冬
出版社	军事医科出版社

续表

出版时间	2005
ISBN	9787801216762
页数	365
序号	93
标题	**生物技术与安全性评估（第三版）**
作者	［英］托马斯（Thomas J.A.）等主编；林忠平译
出版社	科学出版社
出版时间	2007
ISBN	9787030181299
页数	312
序号	94

二、文献及期刊

重要 SCI 期刊文献

标题	**Biotechnologies Nibbling at the Legal "Human"**
期刊	Science
年度页码	2019，366（6472）：1455−1457
作者	Bartha Maria Knoppers[1]，Henry T. Greely
机构	1. Centre of Genomics and Policy，McGill University，Montreal，Quebec，Canada
PMID	31857473
DOI	10.1126/science.aaz5221
序号	1
标题	**A Missed Opportunity for U.S. Biotechnology Regulation**
期刊	Science
年度页码	2016，353（6305）：1211−1213
作者	Jennifer Kuzma
机构	North Carolina State University，Raleigh，USA
PMID	27634514
DOI	10.1126/science.aai7854
序号	2
标题	**Tips for Battling Billion-Dollar Beetles**
期刊	Science
年度页码	2016，354（6312）：552−553
作者	Bruce E. Tabashnik
机构	Department of Entomology，University of Arizona，Tucson，USA
PMID	27811255
DOI	10.1126/science.aag101
序号	3
标题	**Biotechnology. Regulating Gene Drives**
期刊	Science
年度页码	2014，345（6197）：626−628

续表

作者	Kenneth A. Oye[1]，Kevin Esvelt，Evan Appleton，Flaminia Catteruccia，George Church，Todd Kuiken，Shlomiya Bar-Yam Lightfoot，Julie McNamara，Andrea Smidler，James P. Collins
机构	1. Political Science Department，Massachusetts Institute of Technology
PMID	25035410
DOI	10.1126/science.1254287
序号	4
标题	**Synthetic Biology：Regulating Industry Uses of New Biotechnologies**
期刊	Science
年度页码	2011，333（6047）：1254-1256
作者	Brent Erickson[1]，Rina Singh，Paul Winters
机构	1. Biotechnology Industry Organization（BIO），Washington，USA
PMID	21885775
DOI	10.1126/science.1211066
序号	5
标题	**Dicamba Resistance：Enlarging and Preserving Biotechnology-based Weed Management Strategies**
期刊	Science
年度页码	2007，316（5828）：1185-1188
作者	Mark R. Behrens[1]，Nedim Mutlu，Sarbani Chakraborty，Razvan Dumitru，Wen Zhi Jiang，Bradley J. Lavallee，Patricia L. Herman，Thomas E. Clemente，Donald P. Weeks
机构	1. Department of Biochemistry，University of Nebraska，Lincoln，USA
PMID	17525337
DOI	10.1126/science.1141596
序号	6
标题	**Biotechnology. Why are People Hostile to Biotechnologies?**
期刊	Science
年度页码	2004，304（5678）：1749
作者	Massimiano Bucchi[1]，Federico Neresini
机构	1. Dipartimento di Scienze Umane e Sociali，Università di Trento，Italy
PMID	15205516
DOI	10.1126/science.1095861

续表

序号	7
标题	**Plant Biotechnology in China**
期刊	Science
年度页码	2002，295（5555）：674-676
作者	Jikun Huang[1]，Scott Rozelle，Carl Pray，Qinfang Wang
机构	1. Center for Chinese Agricultural Policy，Institute of Geographical Sciences and Natural Resource Research，Chinese Academy of Sciences（CAS），Beijing，China
PMID	11809972
DOI	10.1126/science.1067226
序号	8
标题	**Some History Should Be Repeated**
期刊	Science
年度页码	2002，295（5557）：975
作者	Carl Feldbaum
机构	Biotechnology Industry Organization，Washington，USA
PMID	11834802
DOI	10.1126/science.1069614
序号	9
标题	**Harnessing Genomics and Biotechnology to Improve Global Health Equity**
期刊	Science
年度页码	2001，294（5540）：87-89
作者	P. A. Singer[1]，A. S. Daar
机构	1. Joint Centre for Bioethics and Departments of Medicine，Public Health Sciences，and Surgery，University of Toronto，Toronto，Canada
PMID	11588248
DOI	10.1126/science.1062633
序号	10
标题	**Genome Sequence of the Plant Pathogen and Biotechnology Agent Agrobacterium Tumefaciens C58**
期刊	Science
年度页码	2001，294（5550）：2323-2328

续表

作者	B. Goodner[1]，G. Hinkle，S. Gattung，N. Miller，M. Blanchard，B. Qurollo，B. S. Goldman，Y. Cao，M. Askenazi，C. Halling，L. Mullin，K. Houmiel，J. Gordon，M. Vaudin，O. Iartchouk，A. Epp，F. Liu，C. Wollam，M. Allinger，D. Doughty，C. Scott，C. Lappas，B. Markelz，C. Flanagan，C. Crowell，J. Gurson，C. Lomo，C. Sear，G. Strub，C. Cielo，S. Slater
机构	1. Department of Biology，Hiram College，Hiram，USA
PMID	11743194
DOI	10.1126/science.1066803
序号	11
标题	**Politics，Misinformation，and Biotechnology**
期刊	Science
年度页码	2000，287（5456）：1201
作者	C. S. Bond
PMID	10712149
DOI	10.1126/science.287.5456.1201
序号	12
标题	**The Ecological Risks and Benefits of Genetically Engineered Plants**
期刊	Science
年度页码	2000，290（5499）：2088-2093
作者	L. L. Wolfenbarger[1]，P. R. Phifer
机构	1. AAAS Environmental Fellow，U.S. Environmental Protection Agency，Office of Research and Development，National Center for Environmental Assessment，Washington，USA
PMID	11118136
DOI	10.1126/science.290.5499.2088
序号	13
标题	**Opportunity for Agricultural Biotechnology**
期刊	Science
年度页码	2000，288（5466）：615
作者	R. J. Mahoney
PMID	10798995
DOI	10.1126/science.288.5466.615
序号	14

续表

标题	An Ode to Gene Edits that Prevent Deafness
期刊	Nature
年度页码	2018，553（7687）：162–163
作者	Fyodor Urnov
PMID	32086502
DOI	10.1038/d41586-017-08645-z
序号	15
标题	Ultrasound Approach Tracks Gut Microbes
期刊	Nature
年度页码	2018，553（7686）：36–37
作者	Ricard Solé，Nuria Conde-Pueyo
PMID	32094525
DOI	10.1038/d41586-017-08911-0
序号	16
标题	Biotechnology：At the Heart of Gene Edits in Human Embryos
期刊	Nature
年度页码	2017，548（7668）：398–400
作者	Nerges Winblad，Fredrik Lanner
PMID	28783721
DOI	10.1038/nature23533
序号	17
标题	Biotechnology：Rewriting a Genome
期刊	Nature
年度页码	2013，495（7439）：50–51
作者	Emmanuelle Charpentier，Jennifer A.Doudna
PMID	23467164
DOI	10.1038/495050a
序号	18
标题	Biotechnology：Programming Genomes with Light
期刊	Nature
年度页码	2013，500（7463）：406–408
作者	Andreas Möglich，Peter Hegemann

续表

PMID	23969454
DOI	10.1038/500406a
序号	19
标题	**Preventing Hunger：Biotechnology is Key**
期刊	Nature
年度页码	2011，479（7374）：471-472
作者	Calestous Juma
机构	Agricultural Innovation in Africa Project at Harvard Kennedy School，Cambridge，USA
PMID	22113675
DOI	10.1038/479471a
序号	20
标题	**Plant Biotechnology：Zinc Fingers on Target**
期刊	Nature
年度页码	2009，459（7245）：337-338
作者	Matthew H. Porteus
PMID	19458706
DOI	10.1038/459337a
序号	21
标题	**Biotechnology：A Hold on Plant Meiosis**
期刊	Nature
年度页码	2008，451（7182）：1063-1064
作者	Peter J. van Dijk
PMID	18305534
DOI	10.1038/4511063a
序号	22
标题	**Agricultural Biotechnology：Gene Exchange by Design**
期刊	Nature
年度页码	2005，433（7026）：583-584
作者	Stanton B. Gelvin
PMID	15703727
DOI	10.1038/433583a
序号	23

续表

标题	Harvesting Biotechnology
期刊	Nature
年度页码	2004，429（6991）：1
作者	Carina Dennis，Niall Byrne
PMID	15175703
DOI	10.1038/429a01a
序号	24
标题	Finnish Biotechnology—Built on Solid Foundations
期刊	Nature
年度页码	2002，420（6916 A）：34-35，37，39
作者	Riku Lähteenmäki
PMID	12501125
DOI	10.1038/420a34a
序号	25
标题	Biotechnology in the Medicon Valley
期刊	Nature
年度页码	2002，420（6916A）：27，29，31
作者	Lone Frank
PMID	12501124
DOI	10.1038/420a27a
序号	26
标题	Transgenic Crops in Natural Habitats
期刊	Nature
年度页码	2001，409（6821）：682-683
作者	M. J. Crawley[1]，S. L. Brown，R. S. Hails，D. D. Kohn，M. Rees
机构	1. Department of Biology，NERC Centre for Population Biology，Imperial College，Ascot，Berks，UK
PMID	11217848
DOI	10.1038/35055621
序号	27
标题	Biotechnology Gets Big Backing in Australia
期刊	Nature

续表

年度页码	2001，412（6849）：765
作者	S Radke
PMID	11518938
DOI	10.1038/35090722
序号	28
标题	**Enzymatic Production of Biohydrogen**
期刊	Nature
年度页码	2000，405（6790）：1014-1015
作者	J. Woodward[1]，M. Orr，K. Cordray，E. Greenbaum
机构	1. Chemical Technology Division，Oak Ridge National Laboratory，USA
PMID	10890432
DOI	10.1038/35016633
序号	29
标题	**Caffeine Synthase Gene from Tea Leaves**
期刊	Nature
年度页码	2000，406（6799）：956-957
作者	M. Kato[1]，K. Mizuno，A. Crozier，T. Fujimura，H. Ashihara
机构	1. Department of Biology，Faculty of Science，Ochanomizu University，Tokyo，Japan
PMID	10984041
DOI	10.1038/35023072
序号	30
标题	**Nature Biotechnology's Academic Spinouts 2020**
期刊	Nat Biotechnol
年度页码	2021，39（9）：1036-1047
作者	Michael Eisenstein[1]，Ken Garber，Esther Landhuis，Caroline Seydel，Laura DeFrancesco
机构	1. Philadelphia，USA
PMID	34504338
DOI	10.1038/s41587-021-01043-x
序号	31

续表

标题	**Bridges to Biotechnology and Bioentrepreneurship：Improving Diversity in the Biotechnology Sector**
期刊	Nat Biotechnol
年度页码	2021，39（11）：1468-1474
作者	Angelita P. Howard[1]，Liane S. Slaughter，Kaylin M. Carey，James W Lillard Jr
机构	1. Department of Medical Education，Morehouse School of Medicine，Atlanta，USA
PMID	34754115
DOI	10.1038/s41587-021-01110-3
序号	32
标题	**How Large Pharma Impacts Biotechnology Startup Success**
期刊	Nat Biotechnol
年度页码	2021，39（3）：266-269
作者	Gina Melchner von Dydiowa[1]，Sander van Deventer，Daniela S. Couto
机构	1. BioGeneration Ventures（BGV），Naarden，the Netherlands
PMID	33589817
DOI	10.1038/s41587-021-00821-x
序号	33
标题	**Democratizing Biotechnology Requires More than Availability**
期刊	Nat Biotechnol
年度页码	2021，39（4）：403
作者	Koen Beumer
机构	Copernicus Institute of Sustainable Development-Innovation Studies，Utrecht University，Utrecht，the Netherlands
PMID	33772256
DOI	10.1038/s41587-021-00890-y
序号	34
标题	**Opening Doors for Diverse Talent in Biotechnology with the BIO I-Corps Experience**
期刊	Nat Biotechnol
年度页码	2020，38（9）：1099-1102

续表

作者	Stanley Maloy[1]，Cathy Pucher[1]，Marc Sedam，Chad Womack，Susan Baxter
机构	1. San Diego State University，San Diego，USA
PMID	32887965
DOI	10.1038/s41587-020-0663-4
序号	35
标题	**Nature Biotechnology's Academic Spinouts of 2019**
期刊	Nat Biotechnol
年度页码	2020，38（5）：546-554
作者	Michael Eisenstein，Ken Garber，Caroline Seydel，Laura DeFrancesco
PMID	32393912
DOI	10.1038/s41587-020-0506-3
序号	36
标题	**Mayo's Impact on Patent Applications Related to Biotechnology, Diagnostics and Personalized Medicine**
期刊	Nat Biotechnol
年度页码	2019，37（5）：513-518
作者	Mateo Aboy[1]，Cristina Crespo，Kathleen Liddell，Timo Minssen，Johnathon Liddicoat
机构	1. Centre for Law，Medicine，and Life Sciences（LML），Faculty of Law，University of Cambridge，Cambridge，UK
PMID	31053817
DOI	10.1038/s41587-019-0111-5
序号	37
标题	**The Supreme Court's Revolution in Patent Eligibility Law：Alternative Protections for Biotechnology**
期刊	Nat Biotechnol
年度页码	2019，37（3）：227-230
作者	David O. Taylor
机构	Tsai Center for Law，Science and Innovation，SMU Dedman School of Law，Dallas，USA
PMID	30833760
DOI	10.1038/s41587-019-0039-9

续表

序号	38
标题	**Nature Biotechnology's Academic Spinouts of 2018**
期刊	Nat Biotechnol
年度页码	2019，37（6）：601–612
作者	Ken Garber[1]，Esther Landhuis，Cormac Sheridan，Melanie Senior，Laura DeFrancesco
机构	1. Ann Arbor，Michigan，USA
PMID	31133743
DOI	10.1038/s41587-019-0139-6
序号	39
标题	**Access and Openness in Biotechnology Research Collaborations Between Universities and Industry**
期刊	Nat Biotechnol
年度页码	2019，37（12）：1413–1419
作者	Knut Jørgen Egelie[1,2,3]，Haakon Thue Lie Christoph Grimpe，Roger Sørheim
机构	1. Department of Biology，Norwegian University of Science and Technology（NTNU），Trondheim，Norway 2. Center for Intellectual Property，NTNU，Trondheim，Norway 3. NTNU Technology Transfer AS，Trondheim，Norway
PMID	31796918
DOI	10.1038/s41587-019-0324-7
序号	40
标题	**Nature and Biotechnology**
期刊	Nat Biotechnol
年度页码	2019，37（12）：1383
PMID	31796930
DOI	10.1038/s41587-019-0362-1
序号	41
标题	**Nature Biotechnology's Academic Spinouts of 2017**
期刊	Nat Biotechnol
年度页码	2018，36（4）：297–306
作者	Malorye Allison Branca，Ken Garber，Laura DeFrancesco[1]
机构	1. Nature Biotechnology

续表

PMID	29621217
DOI	10.1038/nbt.4121
序号	42
标题	**Ethical Principles for the Use of Human Cellular Biotechnologies**
期刊	Nat Biotechnol
年度页码	2017，35（11）：1050–1058
作者	Paul Root Wolpe[1]，Karen S Rommelfanger[1]，Drafting and Reviewing Delegates of the BEINGS Working Groups
机构	1. Center for Ethics，Emory University，Atlanta，USA
PMID	29121024
DOI	10.1038/nbt.4007
序号	43
标题	**Nature Biotechnology's Academic Spinouts of 2016**
期刊	Nat Biotechnol
年度页码	2017，35（4）：322–333
作者	Aaron Bouchie，Laura DeFrancesco[1]，Cormac Sheridan，Sarah Webb
机构	1. Nature Biotechnology
PMID	28398323
DOI	10.1038/nbt.3847
序号	44
标题	**Nature Biotechnology's Academic Spinouts of 2015**
期刊	Nat Biotechnol
年度页码	2016，34（5）：484–492
作者	Aaron Bouchie，Laura DeFrancesco[1]
机构	1. Nature Biotechnology
PMID	27153278
DOI	10.1038/nbt.3564
序号	45
标题	**20 Years of Nature Biotechnology Bioengineering Research**
期刊	Nat Biotechnol
年度页码	2016，34（3）：267–269
作者	Laura DeFrancesco[1]，Charles Schmidt，Emily Waltz

续表

机构	1. Nature Biotechnology
PMID	26963548
DOI	10.1038/nbt.3508
序号	46
标题	**20 Years of Nature Biotechnology Biomedical Research**
期刊	Nat Biotechnol
年度页码	2016，34（3）：262–266
作者	Anna Azvolinsky，Charles Schmidt，Emily Waltz，Sarah Webb
PMID	26963547
DOI	10.1038/nbt.3509
序号	47
标题	**20 Years of Nature Biotechnology Research Tools**
期刊	Nat Biotechnol
年度页码	2016，34（3）：256–261
作者	Anna Azvolinsky，Laura DeFrancesco[1]，Emily Waltz，Sarah Webb
机构	1. Nature Biotechnology
PMID	26963546
DOI	10.1038/nbt.3507
序号	48
标题	**Biotechnology Patents Under Fire**
期刊	Nat Biotechnol
年度页码	2015，33（9）：925–926
作者	Irena Royzman
机构	Patterson Belknap Webb &Tyler LLP，New York，USA
PMID	26348959
DOI	10.1038/nbt.3334
序号	49
标题	**Nature Biotechnology's Academic Spinouts of 2014**
期刊	Nat Biotechnol
年度页码	2015，33（3）：247–255
作者	Aaron Bouchie，Laura DeFrancesco[1]
机构	1. Nature Biotechnology

续表

PMID	25748912
DOI	10.1038/nbt.3163
序号	50
标题	**Nature Biotechnology's Academic Spinouts of 2013**
期刊	Nat Biotechnol
年度页码	2014，32（3）：229-238
作者	Aaron Bouchie，Malorye Allison，Sarah Webb，Laura De Francesco[1]
机构	1. Nature Biotechnology
PMID	24727773
DOI	10.1038/nbt.2846
序号	51
标题	**Patents and China's Research and Development in Agricultural Biotechnology**
期刊	Nat Biotechnol
年度页码	2013，31（11）：986-988
作者	Ruifa Hu[1]，Xiaobing Wang，Jikun Huang，Jinyang Cai
机构	1. School of Management and Economics，Beijing Institute of Technology，Beijing，China and the Center for Chinese Agricultural Policy，Institute of Geographic Sciences and Natural Resources Research，Chinese Academy of Sciences，Beijing，China
PMID	24213771
DOI	10.1038/nbt.2730
序号	52
标题	**Rapid Growth of Seaweed Biotechnology Provides Opportunities for Developing Nations**
期刊	Nat Biotechnol
年度页码	2013，31（7）：591-592
作者	Inés Mazarrasa，Ylva S Olsen，Eva Mayol，Núria Marbà，Carlos M. Duarte
PMID	23839140
DOI	10.1038/nbt.2636
序号	53
标题	**The Changing Face of Corporate Venturing in Biotechnology**
期刊	Nat Biotechnol

续表

年度页码	2012，30（10）：911-915
作者	Georg von Krogh[1]，Boris Battistini，Fotini Pachidou，Pius Baschera
机构	1. Department of Management，Technology and Economics，ETH Zurich
PMID	23051802
DOI	10.1038/nbt.2383
序号	54
标题	**Deployment of New Biotechnologies in Plant Breeding**
期刊	Nat Biotechnol
年度页码	2012，30（3）：231-239
作者	Maria Lusser[1]，Claudia Parisi，Damien Plan，Emilio Rodríguez-Cerezo
机构	1. European Commission Joint Research Centre-Institute for Prospective Technological Studies，AGRILIFE，Sevilla，Spain
PMID	22398616
DOI	10.1038/nbt.2142
序号	55
标题	**Five more Years of Nature Biotechnology Research**
期刊	Nat Biotechnol
年度页码	2011，29（3）：221-227
作者	Monya Baker，Laura De Francesco
PMID	21390024
DOI	10.1038/nbt.1798
序号	56
标题	**Open Biotechnology：Licenses Needed**
期刊	Nat Biotechnol
年度页码	2010，28（5）：417-419
作者	Yann Joly
机构	Centre of Genomics and Policy，McGill University and Genome Quebec Innovation Centre，Montreal，Quebec，Canada
PMID	20458301
DOI	10.1038/nbt0510-417
序号	57

续表

标题	**Globetrotting Firms：Canada's Health Biotechnology Collaborations with Developing Countries**
期刊	Nat Biotechnol
年度页码	2009，27（9）：806-814
作者	Monali Ray[1]，Abdallah S. Daar，Peter A. Singer，Halla Thorsteinsdóttir
机构	1. McLaughlin-Rotman Centre for Global Health，University Health Network and University of Toronto，Toronto，Ontario，Canada
PMID	19741634
DOI	10.1038/nbt0909-806
序号	58
标题	**Proliferation-resistant Biotechnology：An Approach to Improve Biological Security**
期刊	Nat Biotechnol
年度页码	2009，27（3）：234-236
作者	Ali Nouri[1]，Christopher F. Chyba
机构	1. Program on Science and Global Security，Woodrow Wilson School of Public and International Affairs，Princeton University，Princeton，USA
PMID	19270668
DOI	10.1038/nbt0309-234
序号	59
标题	**Protein Promiscuity and Its Implications for Biotechnology**
期刊	Nat Biotechnol
年度页码	2009，27（2）：157-167
作者	Irene Nobeli[1]，Angelo D. Favia，Janet M. Thornton
机构	1. Institute of Structural and Molecular Biology，School of Crystallography，Birkbeck，University of London，London，UK
PMID	19204698
DOI	10.1038/nbt1519
序号	60
标题	**Developing China's Homegrown Biotechnology Workforce**
期刊	Nat Biotechnol
年度页码	2008，26（3）：353-354
作者	Grace Wong

续表

机构	ActoKine Therapeutics，Chestnut Hill，USA
PMID	18327247
DOI	10.1038/nbt0308-353
序号	61
标题	**A Milestone for Endophyte Biotechnology**
期刊	Nat Biotechnol
年度页码	2006，24（11）：1357-1358
作者	Kiwamu Minamisawa
PMID	17093479
DOI	10.1038/nbt1106-1357
序号	62
标题	**Trust，Patents and Public Perceptions：The Governance of Controversial Biotechnology Research**
期刊	Nat Biotechnol
年度页码	2006，24（11）：1352-1354
作者	Timothy Caulfield[1]，Edna Einsiedel，Jon F. Merz，Dianne Nicol
机构	1. Health Law Institute，University of Alberta，Canada
PMID	17093477
DOI	10.1038/nbt1106-1352
序号	63
标题	**Ten Years of Nature Biotechnology Research**
期刊	Nat Biotechnol
年度页码	2006，24（3）：301-308
作者	Monya Baker
PMID	16525394
DOI	10.1038/nbt0306-301a
序号	64
标题	**Public Biotechnology 2005—The Numbers**
期刊	Nat Biotechnol
年度页码	2006，24（6）：625-634
作者	Riku Lähteenmäki，Stacy Lawrence
PMID	16763588

续表

DOI	10.1038/nbt0606-625
序号	65
标题	**US Biotechnology Companies and Foreign Nationals：The Changing Dynamics of Access to H-1B Visas**
期刊	Nat Biotechnol
年度页码	2005，23（5）：629-630
作者	A Stephen Dahms[1]，Stephen C. Trow
机构	1. California State University System Biotechnology Program，San Diego State University，USA
PMID	15877077
DOI	10.1038/nbt0505-629
序号	66
标题	**The Rise of Venture Capital and Biotechnology in the US and Europe**
期刊	Nat Biotechnol
年度页码	2005，23（6）：672-676
作者	Douglas P Lee[1]，Mark D. Dibner
机构	1. Department of Nutrition，University of North Carolina at Chapel Hill，Chapel Hill，USA
PMID	15940233
DOI	10.1038/nbt0605-672
序号	67
标题	**Public Biotechnology 2004—The Numbers**
期刊	Nat Biotechnol
年度页码	2005，23（6）：663-671
作者	Riku Lähteenmäki，Stacy Lawrence
PMID	15940232
DOI	10.1038/nbt0605-663
序号	68
标题	**Regulating Transgenic Crops Sensibly：Lessons from Plant Breeding，Biotechnology and Genomics**
期刊	Nat Biotechnol
年度页码	2005，23（4）：439-444

续表

作者	Kent J. Bradford[1]，Allen Van Deynze，Neal Gutterson，Wayne Parrott，Steven H Strauss
机构	1. Seed Biotechnology Center，One Shields Avenue，University of California-Davis，Davis，USA
PMID	15815671
DOI	10.1038/nbt1084
序号	69
标题	**Strategic HR for Today's Biotechnology Companies**
期刊	Nat Biotechnol
年度页码	2004，22（9）：1189
作者	Mary Yaroshevsky-Glanville
机构	Anadys Pharmaceuticals，San Diego，USA
PMID	15340488
DOI	10.1038/nbt0904−1189
序号	70
标题	**Biotechnology Financing Dilemmas and the Role of Special Purpose Entities**
期刊	Nat Biotechnol
年度页码	2004，22（3）：271−277
作者	Leora Schiff[1]，Fiona Murray
机构	1. MIT Sloan School of Management，Cambridge，USA
PMID	14990945
DOI	10.1038/nbt0304−271
序号	71
标题	**Is Repugnance Wise？ Visceral Responses to Biotechnology**
期刊	Nat Biotechnol
年度页码	2004，22（3）：269−270
作者	Leigh Turner
机构	Biomedical Ethics Unit，Department of Social Studies of Medicine，Faculty of Medicine，McGill University，Montreal，Canada
PMID	14990944
DOI	10.1038/nbt0304−269
序号	72

续表

标题	Industrial Biotechnology—A Chance at Redemption
期刊	Nat Biotechnol
年度页码	2004，22（6）：671-675
作者	Stephan Herrera
机构	New York，USA
PMID	15175684
DOI	10.1038/nbt0604-671
序号	73
标题	Public Biotechnology 2003—The Numbers
期刊	Nat Biotechnol
年度页码	2004，22（6）：665-670
作者	Riku Lähteenmäki，Monya Baker
PMID	15175683
DOI	10.1038/nbt0604-665
序号	74
标题	Biotechnology as Religion
期刊	Nat Biotechnol
年度页码	2004，22（6）：659-660
作者	Leigh Turner
机构	Department of Social Studies of Medicine，Faculty of Medicine，McGill University，Montreal，Canada
PMID	15175680
DOI	10.1038/nbt0604-659
序号	75
标题	Valuing the Product Development Cycle in Agricultural Biotechnology—What's in a Name?
期刊	Nat Biotechnol
年度页码	2004，22（7）：817-822
作者	David McElroy
机构	Verdia Inc.，Redwood City，USA
PMID	15229540
DOI	10.1038/nbt0704-817
序号	76

续表

标题	The Scientific Muscle of Brazil's Health Biotechnology
期刊	Nat Biotechnol
年度页码	2004（22）：8-12
作者	Marcela Ferrer[1]，Halla Thorsteinsdóttir，Uyen Quach，Peter A. Singer，Abdallah S. Daar
机构	1. Marcela Ferrer is Assistant Department of Public Policies，Institute for Public Affairs，University of Chile Diagonal Paraguay 265，Santiago，Chile
PMID	15583686
DOI	10.1038/nbt1204supp-DC8
序号	77
标题	South Korean Biotechnology—A Rising Industrial and Scientific Powerhouse
期刊	Nat Biotechnol
年度页码	2004（22）：42-47
作者	Joseph Wong[1]，Uyen Quach，Halla Thorsteinsdóttir，Peter A. Singer，Abdallah S. Daar
机构	1. Dept. of Political Science，University of Toronto，Toronto，Canada
PMID	15583684
DOI	10.1038/nbt1204supp-DC42
序号	78
标题	South Africa—Blazing a Trail for African biotechnology
期刊	Nat Biotechnol
年度页码	2004（22）：37-41
作者	Marion Motari[1]，Uyen Quach，Halla Thorsteinsdóttir，Douglas K Martin，Abdallah S Daar，Peter A Singer
机构	1. UNU-INTECH-MERIT Programme，United Nations University，Institute for New Technologies，Maastricht，The Netherlands
PMID	15583683
DOI	10.1038/nbt1204supp-DC37
序号	79
标题	Introduction：Promoting Global Health Through Biotechnology
期刊	Nat Biotechnol
年度页码	2004（22）：3-7

续表

作者	Halla Thorsteinsdóttir[1]，Uyen Quach，Douglas K. Martin，Abdallah S Daar，Peter A. Singer
机构	1. Canadian Program on Genomics and Global Health，University of Toronto Joint Centre for Bioethics and Department of Public Health Sciences，Toronto，Canada
PMID	15583681
DOI	10.1038/nbt1204supp-DC3
序号	80
标题	**Indian Biotechnology—Rapidly Evolving and Industry Led**
期刊	Nat Biotechnol
年度页码	2004（22）：31-36
作者	Nandini K Kumar[1]，Uyen Quach，Halla Thorsteinsdóttir，Hemlatha Somsekhar，Abdallah S Daar，Peter A Singer
机构	1. Division of Basic Medical Sciences，Indian Council of Medical Research，Ansari Nagar，New Delhi，India
PMID	15583682
DOI	10.1038/nbt1204supp-DC31
序号	81
标题	**The Emergence of Egyptian Biotechnology from Generics**
期刊	Nat Biotechnol
年度页码	2004（22）：25-30
作者	Basma Abdelgafar[1]，Halla Thorsteinsdóttir，Uyen Quach，Peter A. Singer，Abdallah S. Daar
机构	1. Department of Management，American University in Cairo，Egypt
PMID	15583680
DOI	10.1038/nbt1204supp-DC25
序号	82
标题	**Conclusions：Promoting Biotechnology Innovation in Developing Countries**
期刊	Nat Biotechnol
年度页码	2004，22（12）：48-52
作者	Halla Thorsteinsdóttir[1]，Uyen Quach，Abdallah S. Daar，Peter A. Singer

续表

机构	1. Canadian Program on Genomics and Global Health，University of Toronto Joint Centre for Bioethics and Department of Public Health Sciences，Toronto，Canada
PMID	15583685
DOI	10.1038/nbt1204supp-DC48
序号	83
标题	**Health Biotechnology in China—Reawakening of a Giant**
期刊	Nat Biotechnol
年度页码	2004，22（12）：13-18
作者	Li Zhenzhen[1]，Zhang Jiuchun，Wen Ke，Halla Thorsteinsdóttir，Uyen Quach，Peter A. Singer，Abdallah S. Daar
机构	1. Sociology for Science and Policy of S&T，Institute of Policy and Management，Chinese Academy of Sciences，Beijing，China
PMID	15583678
DOI	10.1038/nbt1204supp-DC13
序号	84
标题	**The Public-Private Structure of Intellectual Property Ownership in Agricultural Biotechnology**
期刊	Nat Biotechnol
年度页码	2003，21（9）：985-989
作者	Gregory D. Graff[1]，Susan E. Cullen，Kent J. Bradford，David Zilberman，Alan B. Bennett
机构	1. Department of Agricultural and Resource Economics，University of California，Berkeley，USA
PMID	12949559
DOI	10.1038/nbt0903-989
序号	85
标题	**Evolving Symbiosis—Venture Capital and Biotechnology**
期刊	Nat Biotechnol
年度页码	2003，21（9）：983-984
作者	Terry C. Bradford
机构	Ernst & Young，Stamford，USA
PMID	12949556
DOI	10.1038/nbt0903-983

续表

序号	86
标题	**The Rise of European Venture Capital for Biotechnology**
期刊	Nat Biotechnol
年度页码	2003，21（11）：1287-1291
作者	Michael Howell[1]，Melanie Trull，Mark D. Dibner
机构	1. Curriculum in Neurobiology，University of North Carolina at Chapel Hill，Chapel Hill，USA
PMID	14595356
DOI	10.1038/nbt1103-1287
序号	87
标题	**The Past，Present，and Future of Biotechnology in Mexico**
期刊	Nat Biotechnol
年度页码	2003，21（5）：582-583
作者	Lourival D. Possani
机构	Biotechnology Institute-UNAM，Mexico
PMID	12721582
DOI	10.1038/nbt0503-582
序号	88
标题	**Organelle Evolution Meets Biotechnology**
期刊	Nat Biotechnol
年度页码	2003，21（5）：489-490
作者	Chun Y. Huang，Michael A. Ayliffe，Jeremy N. Timmis
PMID	12721565
DOI	10.1038/nbt0503-489
序号	89
标题	**Equivalents in Biotechnology Patents**
期刊	Nat Biotechnol
年度页码	2003，21（3）：329-331
作者	Henry E. Auer
机构	Proteus Patent Practice LLC，New Haven，USA
PMID	12610574
DOI	10.1038/nbt0303-329

续表

序号	90
标题	**New Immigration Laws Affect US Biotechnology**
期刊	Nat Biotechnol
年度页码	2003，21（6）：713-714
作者	Pamela S. Cowan
机构	Cowan & Miller，Seattle，USA
PMID	12776155
DOI	10.1038/nbt0603-713
序号	91
标题	**Value Creation and Sharing Among Universities，Biotechnology and Pharma**
期刊	Nat Biotechnol
年度页码	2003，21（6）：618-624
作者	Mark G. Edwards[1]，Fiona Murray，Robert Yu
机构	1. Recombinant Capital，Walnut Creek，USA
PMID	12776145
DOI	10.1038/nbt0603-618
序号	92
标题	**US Venture Capital for Biotechnology**
期刊	Nat Biotechnol
年度页码	2003，21（6）：613-617
作者	Mark D. Dibner[1]，Melanie Trull，Michael Howell
机构	1. BioAbility，LLC，Research Triangle Park，USA
PMID	12776144
DOI	10.1038/nbt0603-613
序号	93
标题	**Public Biotechnology 2002—The Numbers**
期刊	Nat Biotechnol
年度页码	2003，21（6）：607-612
作者	Riku Lähteenmäki，Laura DeFrancesco
PMID	12776143
DOI	10.1038/nbt0603-607
序号	94

续表

标题	Making 'Safety First' a Reality for Biotechnology Products
期刊	Nat Biotechnol
年度页码	2003，21（6）：599-601
作者	Anne R. Kapuscinski[1]，Robert M. Goodman，Stuart D. Hann，Lawrence R. Jacobs，Emily E. Pullins，Charles S. Johnson，Jean D. Kinsey，Ronald L. Krall，Antonio G. M. La Viña，Margaret G. Mellon，Vernon W. Ruttan
机构	1. Department of Fisheries，Wildlife and Conservation Biology，St. Paul，USA
PMID	12776139
DOI	10.1038/nbt0603-599
序号	95
标题	Inter Partes Reexamination：A Potentially Useful Approach to Challenging Invalid Biotechnology Patents
期刊	Nat Biotechnol
年度页码	2003，21（7）：823-825
作者	Natalie M. Derzko[1]，John W. Behringer
机构	1. Fitzpatrick，Cella，Harper & Scinto，Washington，USA
PMID	12833101
DOI	10.1038/nbt0703-823
序号	96
标题	Protecting Innovation in Biotechnology Startups
期刊	Nat Biotechnol
年度页码	2003（21）：51-53
作者	Eric K. Steffe[1]，Timothy J. Shea Jr
机构	1. Sterne，Kessler，Goldstein & Fox，Washington，USA
PMID	12874982
序号	97
标题	Marketing Biotechnology with a Gallic Flair
期刊	Nat Biotechnol
年度页码	2003（21）：36-37
作者	Anne Catherine Jouanneau
机构	France Innovation Scientifique et Transfert，FIST，Paris，France
PMID	12874977

续表

序号	98
标题	**Commercializing Biotechnology in the UK**
期刊	Nat Biotechnol
年度页码	2003（21）：33-35
作者	Susan Searle[1]，Brian Graves，Chris Towler
机构	1. Imperial College Innovations Ltd.，London
PMID	12874976
DOI	10.1038/bioent710
序号	99
标题	**Biotechnology and the UN's Millennium Development Goals**
期刊	Nat Biotechnol
年度页码	2003，21（12）：1434-1436
作者	Tara Acharya[1]，Abdallah S. Daar，Peter A. Singer
机构	1. University of Toronto Joint Center for Bioethics，University of Toronto，Toronto，Ontario，Canada
PMID	14647321
DOI	10.1038/nbt1203-1434
序号	100
标题	**Rethinking US Leadership in Food Biotechnology**
期刊	Nat Biotechnol
年度页码	2003，21（8）：852-854
作者	Michael R. Taylor
机构	Resources for the Future，NW Washington，USA
PMID	12894194
DOI	10.1038/nbt0803-852
序号	101
标题	**The Science and Politics of Plant Biotechnology—A Personal Perspective**
期刊	Nat Biotechnol
年度页码	2003，21（8）：849-851
作者	Indra K. Vasil
机构	University of Florida，Gainesville，USA.
PMID	12894193

续表

DOI	10.1038/nbt0803-849
序号	102
标题	**Biotechnology Partnerships—Medicine for an Ailing Industry?**
期刊	Nat Biotechnol
年度页码	2003，21（8）：847-848
作者	John DeLamarter
机构	Serono，Geneva，Switzerland
PMID	12894192
DOI	10.1038/nbt0803-847
序号	103
标题	**Who is Driving Biotechnology Acceptance?**
期刊	Nat Biotechnol
年度页码	2003，21（4）：366-369
作者	Nicholas Kalaitzandonakes[1]，Jos Bijman
机构	1. Agrobiotechnology Center，University of Missouri-Columbia，USA
PMID	12665818
DOI	10.1038/nbt0403-366
序号	104
标题	**Slimy Business—The Biotechnology of Biofilms**
期刊	Nat Biotechnol
年度页码	2003，21（4）：361-365
作者	Beth Schachter
PMID	12665817
DOI	10.1038/nbt0403-361
序号	105
标题	**The Biotechnology Bubble Machine**
期刊	Nat Biotechnol
年度页码	2003，21（4）：355-356
作者	David Rasnick
机构	Boveran，San Ramon，USA
PMID	12665813
DOI	10.1038/nbt0403-355

续表

序号	106
标题	**The Role of Foreign Worker Scientists in the US Biotechnology Industry**
期刊	Nat Biotechnol
年度页码	2002，20（9）：955−956
作者	E. Dale Sevier[1]，A. Stephen Dahms
机构	1. California State University System Biotechnology Program（CSUPERB），San Diego State University，San Diego，USA
PMID	12205515
DOI	10.1038/nbt0902−955
序号	107
标题	**Sunbaked Biotechnology in Australia**
期刊	Nat Biotechnol
年度页码	2002，20（9）：873−877
作者	Tim Littlejohn
机构	BioLateral，Sydney，New South Wales，Australia
PMID	12205502
DOI	10.1038/nbt0902−873
序号	108
标题	**Strategic Rethink for German Biotechnology**
期刊	Nat Biotechnol
年度页码	2002，20（10）：970−971
作者	Michael Fernandes[1]，David Miska
机构	1. Medbase LLC，Princeton，USA
PMID	12355106
DOI	10.1038/nbt1002−970
序号	109
标题	**Finnish Biotechnology—Built on Solid Foundations**
期刊	Nat Biotechnol
年度页码	2002，20（5）：437−440
作者	Riku Lähteenmäki
PMID	11981550
DOI	10.1038/nbt0502−437

续表

序号	110
标题	**Biotechnology in the Medicon Valley**
期刊	Nat Biotechnol
年度页码	2002，20（5）：433-435
作者	Lone Frank
PMID	11981549
DOI	10.1038/nbt0502-433
序号	111
标题	**Effective Recruitment Strategies for the Biotechnology Industry**
期刊	Nat Biotechnol
年度页码	2002，20（3）：317
作者	Debbie McGrath
PMID	11875439
DOI	10.1038/nbt0302-317
序号	112
标题	**Biotechnology Patent Developments in Europe：An Overview**
期刊	Nat Biotechnol
年度页码	2002，20（3）：309-310
作者	Tom Broadhurst
机构	Morrison & Foerster，London，UK
PMID	11875435
DOI	10.1038/nbt0302-309
序号	113
标题	**Real Options for Biotechnology Valuation**
期刊	Nat Biotechnol
年度页码	2002，20（3）：223-224
作者	Michael Harrison，Leonard Lerer
PMID	11875412
DOI	10.1038/nbt0302-223a
序号	114
标题	**Public Biotechnology 2001—The Numbers**
期刊	Nat Biotechnol

续表

年度页码	2002，20（6）：551-555
作者	Riku Lähteenmäki，Liz Fletcher
PMID	12042853
DOI	10.1038/nbt0602-551
序号	115
标题	**Nurturing the Business of Biotechnology**
期刊	Nat Biotechnol
年度页码	2002（20）：1
PMID	12089568
DOI	10.1038/nbt0602supp-BE1
序号	116
标题	**Bioterrorism—Biotechnology to the Rescue?**
期刊	Nat Biotechnol
年度页码	2002，20（1）：21-25
作者	Eric Niiler
PMID	11753354
DOI	10.1038/nbt0102-21
序号	117
标题	**April Fools—Sell-side Analysts Discover Biotechnology**
期刊	Nat Biotechnol
年度页码	2002，20（4）：333
作者	Tom Jacobs
PMID	11923828
DOI	10.1038/nbt0402-333
序号	118
标题	**Putting a Price on Biotechnology**
期刊	Nat Biotechnol
年度页码	2001，19（9）：813-817
作者	J. J. Stewart[1]，P. N. Allison，R. S. Johnson
机构	1. BioGenetic Ventures，Bellevue，USA
PMID	11533634
DOI	10.1038/nbt0901-813

续表

序号	119
标题	**The Bush Administration Deals a Blow to Biotechnology—And Itself**
期刊	Nat Biotechnol
年度页码	2001，19（9）：807-808
作者	H. I. Miller
PMID	11533629
DOI	10.1038/nbt0901-807
序号	120
标题	**Wine into Vinegar—The Fall of Cuba's Biotechnology**
期刊	Nat Biotechnol
年度页码	2001，19（10）：905-907
作者	J. de la Fuente
PMID	11581645
DOI	10.1038/nbt1001-905
序号	121
标题	**Patent Due Diligence in Biotechnology Transactions**
期刊	Nat Biotechnol
年度页码	2001，19（3）：279-281
作者	A. C. Gogoris[1]，P. J. Clarke
机构	1. Darby & Darby P. C.，New York，USA
PMID	11231565
DOI	10.1038/85743
序号	122
标题	**A Rapid Coming of Age in Tree Biotechnology**
期刊	Nat Biotechnol
年度页码	2001，19（3）：215-216
作者	M. Egea-Cortines，J. Weiss
PMID	11231547
DOI	10.1038/85641
序号	123
标题	**Ontario—Hot Biotechnology in a Cold Climate**
期刊	Nat Biotechnol

续表

年度页码	2001，19（6）：523-525
作者	H. McIntyre
PMID	11385446
DOI	10.1038/89249
序号	124
标题	**Singapore—From Microprocessors to Microarrays?**
期刊	Nat Biotechnol
年度页码	2001，19（6）：521-522
作者	R. Triendl[1]，R. Yoon
机构	1. Science，Technology and Public Policy Program，Belfer Center for Science and International Affairs，Kennedy School of Government，Harvard University，Cambridge，USA
PMID	11385445
DOI	10.1038/89245
序号	125
标题	**Israel's Great Expectations**
期刊	Nat Biotechnol
年度页码	2001，19（6）：518-520
作者	H. Watzman，S. P. Avitzour
PMID	11385444
DOI	10.1038/89239
序号	126
标题	**Italy，Caught Between Old Woes and New Hopes**
期刊	Nat Biotechnol
年度页码	2001，19（6）：516-517
作者	A. Meldolesi
PMID	11385443
DOI	10.1038/89234
序号	127
标题	**Biotechnology in the Baltic**
期刊	Nat Biotechnol
年度页码	2001，19（6）：513-515

续表

作者	L. Frank
PMID	11385442
DOI	10.1038/89229
序号	128
标题	**Biotechnology Texas Style**
期刊	Nat Biotechnol
年度页码	2001，19（6）：510-512
作者	D. Mehrens[1]，S. Hart
机构	1. Sam Houston State University，Huntsville，USA
PMID	11385441
DOI	10.1038/89223
序号	129
标题	**Patenting Biotechnology Inventions in China**
期刊	Nat Biotechnol
年度页码	2001，19（1）：83-84
作者	J. Lui
机构	Deacons，Hong Kong，China
PMID	11135559
DOI	10.1038/83589
序号	130
标题	**Twixt Cup and Lip—Biotechnology and Resource-poor Farmers**
期刊	Nat Biotechnol
年度页码	2001，19（2）：93
作者	R. Tripp
PMID	11175684
DOI	10.1038/84478
序号	131
标题	**Patent Due Diligence in Biotechnology Transactions**
期刊	Nat Biotechnol
年度页码	2001，19（2）：175-177
作者	A. C. Gogoris[1]，P. J. Clarke
机构	1. Darby & Darby P. C.，New York，USA

续表

PMID	11175737
DOI	10.1038/84457
序号	132
标题	**An Intellectual Property Clearinghouse for Agricultural Biotechnology**
期刊	Nat Biotechnol
年度页码	2001，19（12）：1179-1180
作者	G. Graff[1]，D. Zilberman
机构	1. Department of Agricultural and Resource Economics，University of California，Berkeley，USA
PMID	11731790
DOI	10.1038/nbt1201-1179
序号	133
标题	**Biotechnology Patents in the Food Sectors**
期刊	Nat Biotechnol
年度页码	2001，19（4）：383-384
作者	S. V. Ramani[1]，S. Malkoc，S. Murlis，K. J. van Wesemael
机构	1. Department of Economics and Rural Sociology，INRA，France
PMID	11283600
DOI	10.1038/86789
序号	134
标题	**Changing Attitudes to Biotechnology in Japan**
期刊	Nat Biotechnol
年度页码	2000，18（9）：945-947
作者	D. Macer[1]，M. A. Ng
机构	1. Institute of Biological Sciences，University of Tsukuba，Tsukuba Science City，Japan
PMID	10973213
DOI	10.1038/79425
序号	135
标题	**US Public Opinion Divided over Biotechnology?**
期刊	Nat Biotechnol
年度页码	2000，18（9）：939-942

续表

作者	S. H. Priest
机构	Department of Journalism, Texas A&M University, College Station, USA
PMID	10973211
DOI	10.1038/79412
序号	136
标题	**Biotechnology and the European Public**
期刊	Nat Biotechnol
年度页码	2000，18（9）：935-938
作者	G. Gaskell[1], N. Allum, M. Bauer, J. Durant, A. Allansdottir, H. Bonfadelli, D. Boy, S. de Cheveigné, B. Fjaestad, J. M. Gutteling, J. Hampel, E. Jelsøe, J. C. Jesuino, M. Kohring, N. Kronberger, C. Midden, T. H. Nielsen, A. Przestalski, T. Rusanen, G. Sakellaris, H. Torgersen, T. Twardowski, W. Wagner
机构	1. The Group is coordinated by George Gaskell, Methodology Institute, London School of Economics, UK
PMID	10973210
DOI	10.1038/79403
序号	137
标题	**Spin-Offs Versus Start-Ups as Business Models in Biotechnology**
期刊	Nat Biotechnol
年度页码	2000，18（5）：570-571
作者	A. Persidis[1], F. De Rubertis
机构	1. RHeoGene, Charlottesville, USA
PMID	10802637
DOI	10.1038/75476
序号	138
标题	**Biotechnology in the Bay**
期刊	Nat Biotechnol
年度页码	2000，18（3）：280-281
作者	E. Niiler
PMID	10700141
DOI	10.1038/73718
序号	139

续表

标题	Portugal Opens its Borders to Biotechnology
期刊	Nat Biotechnol
年度页码	2000，18（3）：276–277
作者	S. Louët
PMID	10700139
DOI	10.1038/73709
序号	140
标题	**Ireland Embraces Biotechnology**
期刊	Nat Biotechnol
年度页码	2000，18（3）：273–275
作者	S. Canning
机构	BioResearch Ireland，Forbairt，Glasnevin，Ireland
PMID	10700138
DOI	10.1038/73703
序号	141
标题	**Biotechnology Development a Stroll in the Park?**
期刊	Nat Biotechnol
年度页码	2000，18（3）：270–272
作者	A. Dove
PMID	10700137
DOI	10.1038/73699
序号	142
标题	**Job Compensation in the Biotechnology Core Laboratory**
期刊	Nat Biotechnol
年度页码	2000，18（6）：686–689
作者	D. A. McMillen[1]，W. M. Old，J. L. Bleibaum，C. M. Nicolet，K. R. Resing，G. Sarath，S. P. Yadav
机构	1. Institute of Molecular Biology，University of Oregon，Eugene，USA
PMID	10835613
DOI	10.1038/76553
序号	143

续表

标题	**European Exploitation of Biotechnology—Do Government Policies Help? A Recent Survey of Public Spending on Biotechnology in Europe Suggests that Money Alone Cannot Stimulate Growth of the Sector**
期刊	Nat Biotechnol
年度页码	2000，18（6）：605-608
作者	J. Senker[1]，C. Enzing，P. B. Joly，T. Reiss
机构	1. SPRU Science and Technology Policy Research，Mantell Building，University of Sussex，UK
PMID	10835596
DOI	10.1038/76439
序号	144
标题	**Will Publication of Patent Applications Really Affect Biotechnology?**
期刊	Nat Biotechnol
年度页码	2000，18（7）：795-796
作者	E. J. Tsevdos[1]，J. L. Toffenetti，M. Lisa Wilson
机构	1. Kenyon & Kenyon，One Broadway，New York，USA
PMID	10888853
DOI	10.1038/77372
序号	145
标题	**Crystal Gazing the New Biotechnologies**
期刊	Nat Biotechnol
年度页码	2000，18（1）：29-31
作者	J. Hodgson
PMID	10625386
DOI	10.1038/71884
序号	146
标题	**The Tragedy of the Commoners：Biotechnology and Its Publics**
期刊	Nat Biotechnol
年度页码	2000，18（1）：2-4
作者	A. Sagar[1]，A. Daemmrich，M. Ashiya
机构	1. Science，Technology，and Public Policy Program，Belfer Center for Science and International Affairs，John F. Kennedy School of Government，Harvard University in Cambridge，MA
PMID	10625342

续表

DOI	10.1038/71861
序号	147
标题	**Lemons into Lemonade**
期刊	Nat Biotechnol
年度页码	2000，18（1）：106
作者	D. Coulter
机构	Daniel Coulter is a research associate at LG Biomedical Institute，La Jolla
PMID	10625405
DOI	10.1038/71783
序号	148
标题	**Who Pulls the Strings in Biotechnology?**
期刊	Nat Biotechnol
年度页码	2000，18（1）：1
PMID	10625341
DOI	10.1038/71855
序号	149
标题	**Data Mining in Biotechnology**
期刊	Nat Biotechnol
年度页码	2000，18（2）：237-238
作者	A. Persidis
机构	RHeoGene，Charlottesville，USA
PMID	10657140
DOI	10.1038/72722
序号	150
标题	**European Patent Oppositions and Biotechnology**
期刊	Nat Biotechnol
年度页码	2000，18（8）：899-900
作者	K. V. Cornish
PMID	10932164
DOI	10.1038/78536
序号	151

生物技术 SCI 期刊

序号	期刊	影响因子（IF）	出版商	ISSN / eISSN:
1	Nature Biotechnology	54.907	Natre Portfolio，Berlin，Germany	1087-0156 / 1546-1696
2	Trends in Biotechnology	19.537	Elsevier Science London，London，England	0167-7799 / 1879-3096
3	Biotechnology Advances	14.227	Pergamon-Elsevier Science Ltd，Oxford，England	0734-9750 / 1873-1899
4	Journal of Nanobiotechnology	10.434	Bmc，London，England	1477-3155
5	Plant Biotechnology Journal	9.803	Wiley，Hoboken，USA	1467-7644 / 1467-7652
6	Current Opinion in Biotechnology	9.740	Current Biology Ltd，London，England	0958-1669 / 1879-0429
7	Wiley Interdisciplinary Reviews-Nanomedicine and Nanobiotechnology	9.182	Wiley，Hoboken，USA	1939-5116 / 1939-0041
8	Critical Reviews in Biotechnology	8.429	Taylor & Francis Ltd，Abigdon，England	0738-8551 / 1549-7801
9	Computational and Structural Biotechnology Journal	7.271	Elsevier，Amsterdam，Netherlands	2001-0370
10	Biotechnology for Biofuels	6.040	Bmc，London，England	1754-6834
11	Frontiers in Bioendineering and Biotechnology	5.890	Frontiers Media Sa，Lausanne，Switzerland	2296-4185
12	Microbial Biotechnology	5.813	Wiley，Hoboken，USA	1751-7915
13	Arificial Cells Nanomedicine and Biotechnology	5.678	Taylor & Francis Ltd，Abigdon，England	2169-1401 / 2169-141X
14	New Biotechnology	5.079	Elsevier，Amsterdam，Netherlands	1871-6784 / 1876-4347
15	Journal of Animal Science and Biotechnology	5.032	Bmc，London，England	1674-9782 / 2049-1891
16	Applied Microbiology and Biotechnology	4.813	Springer，New York，USA	0175-7598 / 1432-0614

续表

序号	期刊	影响因子（IF）	出版商	ISSN / eISSN:
17	Synthetic and Systems Biotechnology	4.781	Keai Publishing Ltd，Beijing，China	2405–805X
18	Biotechnology Journal	4.677	Wiley-V C H Verlag Gmbh，Weinheim，Germany	1860–6768 / 1860–7314
19	Biotechnology and Bioengineering	4.530	Wiley，Hoboken，USA	0006–3592 / 1097–0290
20	Food Technology and Biotechnology	3.918	Faculty Food Technology Biotechnology，Zagreb，Croatia	1330–9862 / 1334–2606
21	Maring Biotechnology	3.619	Springer，New York，USA	1436–2228 / 1436–2236
22	Journal of Industrial Microbiology & Biotechnology	3.346	Oxford Univ Press，Oxford，England	1367–5435 / 1476–5535
23	World Journal of Microbiology & Biotechnology	3.312	Springer，Dordrecht，Netherlands	0959–3993 / 1573–0972
24	Journal of Biotechnology	3.307	Elsevier，Amsterdam，Netherlands	0168–1656 / 1873–4863
25	Journal of Chemical Technology and Biotechnology	3.174	Wiley，Hoboken，USA	0268–2575 / 1097–4660
26	Gm Crops & Food-Biotechnology in Agrculture and THE Food Chain	3.074	Taylor & Francis As，Oslo，Norway	2164–5698 / 2164–5701
27	Applied Biochemistry and Biotechnology	2.926	Springer，New York，USA	0273–2289 / 1559–0291
28	Current Pharmaceutical Biotechnology	2.837	Bentham Science Publ Ltd，Sharjah，Uarab Emirates	1389–2010 / 1873–4316
29	Biotechnology and Bioprocess Engineering	2.836	Korean Soc Biotechnology & Bioengineering，Seoul，ROK	1226–8372 / 1976–3816
30	Electronic Journal of Biotechnology	2.800	Unic Catolica De Valparaiso，Valparaiso，Chile	0717–3458
31	Molecular Biotechnology	2.695	Springernature，London	1073–6085 / 1559–0305

续表

序号	期刊	影响因子（IF）	出版商	ISSN / eISSN：
32	Biotechnology Progress	2.681	Wiler，Hoboken，USA	8756−7938 / 1520−6033
33	Advances in Biochemical Engineering-Biotechnology	2.635	Springer International Publishing Ag，Cham，Switzerland	0724−6145 / 1616−8542
34	BMC Biotechnology	2.563	Bmc，London，England	1472−6750
35	Biotechnology Letters	2.461	Springer，Dordrecht，Netherlands	0141−5492 / 1573−6776
36	Biotechnology and Applied Biochemistry	2.431	Wiler，Hoboken，USA	0885−4513 / 1470−8744
37	Food Science and Biotechnology	2.391	Korean Society Food Science & Technology-Kosfost，Seoul，ROK	1226−7708 / 2092−6456
38	Journal of Microbiology and Biotechnology	2.351	Korean Soc Microbiology & Biotechnology，Seoul，ROK	1017−7825 / 1738−8872
39	Animal Biotechnology	2.271	Taylor & Francis Inc，Philadelphia，USA	1049−5398 / 1532−2378
40	Preparative Biochemistry & Biotechnology	2.162	Taylor & Francis Inc，Philadelphia，USA	1082−6068 / 1532−2297
41	Bioscience Biotechnology and Biochemistry	2.043	Oxford Univ Press，Oxford，England	0916−8451 / 1347−6947
42	Plant Biotechnology Reports	2.010	Springer，New York，USA	1863−5466 / 1863−5474
43	IET Nanobiotechnology	1.847	Wiler，Hoboken，USA	1751−8741 / 1751−875X
44	Horticulture Environment and Biochemistry	1.842	Korean Soc Horticultral Science，Jeollabuk-Do，ROK	2211−3452 / 2211−3460
45	Iranian Journal of Biotechnology	1.671	Natl Inst Genetic Engineering & Biotechnology，Tehran，Iran	1728−3043
46	Journal of Horticultural Science & Biotechnology	1.641	Taylor & Francis Ltd，Abingdon，England	1462−0316 / 2380−4084

续表

序号	期刊	影响因子（IF）	出版商	ISSN / eISSN:
47	Biotechnology & Biotechnological Equipment	1.632	Tiotechnology & Francis Ltd，Abingdon，England	1310-2818 / 1314-3530
48	Food Biotechnology	1.564	Taylor & Francis Inc，Philadelphia，USA	0890-5436 / 1532-4249
49	Crop Breeding and Applied Biotechnology	1.282	Brazilian Soc Plant Breeding，Vicosa-Mg，Brazil	1984-7033
50	Journal of Plant Biochemistry and Biotechnology	1.175	Springer India，New Delhi，India	0971-7811 / 0974-1275
51	Plant Biotechnology	1.133	Japanese Soc Plant Cell & Molecular Biology，Nara，Japan	1342-4580
52	Indian Journal of Biotechnology	0.414	Natl Inst Science Communication-Niscair，New Delhi，India	0972-5849 / 0975-0967
53	Biotechnology Law Report	0.146	Mary Ann Liebert，Inc，New Rochelle，USA	0730-031X / 1557-8704

备注：查询数据库为 Science Citation Index Expanded，2020 年度影响因子查询网址为 http://sci.justscience.cn/，查询时间为 2022.06.08。

100 种生物技术文献

标题	Highly Sensitive Restriction Enzyme Assay and Analysis：A Review
期刊	Anal Bioanal Chem
年度页码	2008，391（7）：2423-2432
作者	Liza Lam[1]，Ryota Iino，Kazuhito V. Tabata，Hiroyuki Noji
机构	1. The Institute of Scientific and Industrial Research，Osaka University，Japan
PMID	18427787
DOI	10.1007/s00216-008-2099-4
类别	Restriction enzyme/ 限制性内切核酸酶
编号	1-1

标题	Identification of microRNAs and Other Small Regulatory RNAs Using cDNA Library Sequencing
期刊	Methods
年度页码	2008，44（1）：3-12
作者	Markus Hafner[1]，Pablo Landgraf，Janos Ludwig，Amanda Rice，Tolulope Ojo，Carolina Lin，Daniel Holoch，Cindy Lim，Thomas Tuschl
机构	1. Howard Hughes Medical Institute，Laboratory of RNA Molecular Biology，The Rockefeller University，New York，USA
PMID	18158127
DOI	10.1016/j.ymeth.2007.09.009
类别	cDNA library/DNA 文库
编号	2-1

标题	A Dual Color Southern Blot to Visualize Two Genomes or Genic Regions Simultaneously
期刊	J Virol Methods
年度页码	2014（198）：64-68
作者	Anamaria G. Zavala[1]，Amit S. Kulkarni[1]，Elizabeth A. Fortunato
机构	1. Department of Biological Sciences and Center for Reproductive Biology，University of Idaho，Moscow，USA
PMID	24389128
DOI	10.1016/j.jviromet.2013.12.019
类别	Southern blot/Southern 印迹

续表

编号	3-1
标题	**Eighteen Years of Molecular Genotyping the Hemophilia Inversion Hotspot：From Southern Blot to Inverse Shifting-PCR**
期刊	Int J Mol Sci
年度页码	2011，12（10）：7271-7285
作者	Liliana C. Rossetti[1]，Claudia P. Radic，Miguel M. Abelleyro，Irene B. Larripa，Carlos D. De Brasi
机构	1. Departamento de Genética，Instituto de Investigaciones Hematológicas，Academia Nacional de Medicina，Argentina
PMID	22072947
DOI	10.3390/ijms12107271
类别	Southern blot/Southern 印迹
编号	3-2
标题	**Northern Blot Analysis of Large mRNAs**
期刊	Methods Mol Biol
年度页码	2000（125）：305-312
作者	N. Porchet[1]，J. P. Aubert
机构	1. Laboratoire de Recherche Gérard Biserte，Institut National de la Santé et de la Recherche Médicale，Lille，France
PMID	10820769
DOI	10.1385/1-59259-048-9：305
类别	Northern blot/Northern 印迹
编号	4-1
标题	**The Design of a Quantitative Western Blot Experiment**
期刊	Biomed Res Int
年度页码	2014（361590）：1-8
作者	Sean C. Taylor[1]，Anton Posch
机构	1. Bio-Rad Laboratories，Mississauga，Canada
PMID	24738055
DOI	10.1155/2014/361590
类别	Western blot/Western 印迹
编号	5-1

续表

标题	**Methodological Considerations for Improving Western Blot Analysis**
期刊	J Pharmacol Toxicol Methods
年度页码	2010，61（2）：171-177
作者	Daniel J. MacPhee
机构	Division of BioMedical Sciences，Faculty of Medicine，Health Sciences Centre，Memorial University of Newfoundland，St. John's，Canada
PMID	20006725
DOI	10.1016/j.vascn.2009.12.001
类别	Western blot/Western 印迹
编号	5-2
标题	**Sample Preparation Guidelines for Two-Dimensional Electrophoresis**
期刊	Arch Physiol Biochem
年度页码	2014，120（5）：192-197
作者	Anton Posch
机构	Bio-Rad Laboratories GmbH，Heidemannstrasse Munich，Germany
PMID	25211021
DOI	10.3109/13813455.2014.955031
类别	Two-dimensional/ 二维凝胶电泳
编号	6-1
标题	**The Current State of the Art in High-Resolution Two-Dimensional Electrophoresis**
期刊	Arch Physiol Biochem
年度页码	2009，115（5）：279-285
作者	Reiner Westermeier[1]，Hanspeter Schickle
机构	1. Gelcompany GmbH，Tuebingen，Germany
PMID	19874117
DOI	10.3109/13813450903338090
类别	Two-dimensional/ 二维凝胶电泳
编号	6-2
标题	**Two-dimensional Electrophoresis in Proteome Expression Analysis**
期刊	J Chromatogr B Analyt Technol Biomed Life Sci
年度页码	2007，849（1-2）：190-202
作者	J. L. López

续表

机构	Department of Genetics，Faculty of Biology，University of Santiago de Compostela，Spain
PMID	17188947
DOI	10.1016/j.jchromb.2006.11.049
类别	Two-dimensional/ 二维凝胶电泳
编号	6-3
标题	**Current Two-Dimensional Electrophoresis Technology for Proteomics**
期刊	Proteomics
年度页码	2004，4（12）：3665-3685
作者	Angelika Görg[1]，Walter Weiss，Michael J. Dunn
机构	1. Department of Proteomics，Technische Universität München，Freising-Weihenstephan，Germany
PMID	15543535
DOI	10.1002/pmic.200401031
类别	Two-dimensional/ 二维凝胶电泳
编号	6-4
标题	**Conceptual and Technical Aspects of Transfection and Gene Delivery**
期刊	Bioorg Med Chem Lett
年度页码	2015，25（6）：1171-1176
作者	Lars Kaestner[1]，Anke Scholz，Peter Lipp
机构	1. Institute for Molecular Cell Biology，Research Centre for Molecular Imaging and Screening，Saarland University，Germany
PMID	25677659
DOI	10.1016/j.bmcl.2015.01.018
类别	Transfection/ 转染
编号	7-1
标题	**Transfection Techniques for Neuronal Cells**
期刊	J Neurosci
年度页码	2010，30（18）：6171-6177
作者	Daniela Karra[1]，Ralf Dahm
机构	1. Institute for Neuropathology，Heinrich-Heine-University Düsseldorf，Germany
PMID	20445041

续表

DOI	10.1523/JNEUROSCI.0183-10.2010
类别	Transfection/ 转染
编号	7-2
标题	**Evolutionary Characteristics of Morbilliviruses During Serial Passages in Vitro：Gradual Attenuation of Virus Virulence**
期刊	Comp Immunol Microbiol Infect Dis
年度页码	2016（47）：7-18
作者	Fuxiao Liu[1]，Xiaodong Wu[1]，Lin Li[1]，Yanli Zou[1]，Shan Liu[1]，Zhiliang Wang
机构	1. OIE Reference Laboratory for Peste des Petits Ruminants，National Research Center for Exotic Animal Diseases，China Animal Health and Epidemiology Center，Qingdao，China
PMID	27477502
DOI	10.1016/j.cimid.2016.05.007
类别	Serial passage/ 系列传代
编号	8-1
标题	**When Experimental Selection for Virulence Leads to Loss of Virulence**
期刊	Trends Parasitol
年度页码	2015，31（9）：426-434
作者	Charlotte Rafaluk[1]，Gunther Jansen，Hinrich Schulenburg，Gerrit Joop
机构	1. Department of Zoology，University of Oxford，Oxford，UK；Evolutionary Ecology and Genetics，Zoologisches Institut，CAU Kiel，Am Botanischen Garten Germany；Institute for Phytopathology and Applied Zoology，University of Giessen，Germany
PMID	26166750
DOI	10.1016/j.pt.2015.06.002
类别	Serial passage/ 系列传代
编号	8-2
标题	**Beyond Serial Passages：New Methods for Predicting the Emergence of Resistance to Novel Antibiotics**
期刊	Curr Opin Pharmacol
年度页码	2011，11（5）：439-445
作者	José Luis Martínez[1]，Fernando Baquero，Dan I. Andersson

续表

机构	1. Departamento de Biotecnología Microbiana，Centro Nacional de Biotecnología，CSIC，Madrid，Spain
PMID	21835695
DOI	10.1016/j.coph.2011.07.005
类别	Serial passage/ 系列传代
编号	8-3
标题	**Cell Fusion in the War on Cancer：A Perspective on the Inception of Malignancy**
期刊	Int J Mol Sci
年度页码	2016，17（7）：1118
作者	Jeffrey L. Platt，Xiaofeng Zhou，Adam R. Lefferts，Marilia Cascalho
机构	Departments of Surgery and of Microbiology &Amp; Immunology，University of Michigan，USA
PMID	27420051
DOI	10.3390/ijms17071118
类别	Cell fusion/ 细胞融合
编号	9-1
标题	**The Dark Side of Cell Fusion**
期刊	Int J Mol Sci
年度页码	2016，17（5）：638
作者	Daniel Bastida-Ruiz，Kylie Van Hoesen，Marie Cohen
机构	Department of Gynecology Obstetrics，Faculty of Medicine，University of Geneva，Switzerland
PMID	27136533
DOI	10.3390/ijms17050638
类别	Cell fusion/ 细胞融合
编号	9-2
标题	**Genetic Basis of Cell-cell Fusion Mechanisms**
期刊	Trends Genet
年度页码	2013，29（7）：427-437
作者	Pablo S. Aguilar[1]，Mary K. Baylies，Andre Fleissner，Laura Helming，Naokazu Inoue，Benjamin Podbilewicz，Hongmei Wang，Melissa Wong
机构	1. Cellular Membranes Laboratory，Institut Pasteur de Montevideo，Uruguay

续表

PMID	23453622
DOI	10.1016/j.tig.2013.01.011
类别	Cell fusion/ 细胞融合
编号	9-3
标题	**Cell-cell Fusion**
期刊	FEBS Lett
年度页码	2007，581（11）：2181-2193
作者	Elizabeth H. Chen[1]，Eric Grote，William Mohler，Agnès Vignery
机构	1. Department of Molecular Biology and Genetics，Johns Hopkins University School of Medicine，Baltimore，USA
PMID	17395182
DOI	10.1016/j.febslet.2007.03.033
类别	Cell fusion/ 细胞融合
编号	9-4
标题	**Biological Implications of Cell Fusion**
期刊	Nat Rev Mol Cell Biol
年度页码	2005，6（7）：567-575
作者	Brenda M. Ogle[1]，Marilia Cascalho，Jeffrey L. Platt
机构	1. Transplantation Biology and the Department of Physiology，Mayo Clinic，Rochester，USA
PMID	15957005
DOI	10.1038/nrm1678
类别	Cell fusion/ 细胞融合
编号	9-5
标题	**Fusion Proteins for Half-Life Extension of Biologics as a Strategy to Make Biobetters**
期刊	BioDrugs
年度页码	2015，29（4）：215-239
作者	William R. Strohl
机构	Janssen BioTherapeutics，Janssen Research and Development，LLC，Pharmaceutical Companies of Johnson & Johnson，Spring House，USA
PMID	26177629
DOI	10.1007/s40259-015-0133-6

续表

类别	Fusion proteins/ 融合蛋白
编号	10-1
标题	**Fc-Fusion Proteins：New Developments and Future Perspectives**
期刊	EMBO Mol Med
年度页码	2012，4（10）：1015-1028
作者	Daniel M. Czajkowsky[1]，Jun Hu，Zhifeng Shao，Richard J Pleass
机构	1. Key Laboratory of Systems Biomedicine（Ministry of Education）& State Key Laboratory of Oncogenes & Related Genes，Shanghai Jiao Tong University，Shanghai，China
PMID	22837174
DOI	10.1002/emmm.201201379
类别	Fusion proteins/ 融合蛋白
编号	10-2
标题	**Genetically Engineered Fusion Proteins for Treatment of Cancer**
期刊	Cancer Genomics Proteomics
年度页码	2012，9（6）：357-372
作者	Ulrich H. Weidle[1]，Britta Schneider，Guy Georges，Ulrich Brinkmann
机构	1. Roche Pharma Research and Early Development（pRED），Roche Diagnostics GmbH，Penzberg，Germany
PMID	23162075
类别	Fusion proteins/ 融合蛋白
编号	10-3
标题	**Antibody-Cytokine Fusion Proteins for the Therapy of Cancer**
期刊	J Immunol Methods
年度页码	2001，248（1-2）：91-101
作者	M. L. Penichet[1]，S. L. Morrison
机构	1. Department of Microbiology，Immunology and Molecular Genetics and The Molecular Biology Institute，University of California - Los Angeles，Los Angeles，USA
PMID	11223071
DOI	10.1016/s0022-1759（00）00345-8
类别	Fusion proteins/ 融合蛋白
编号	10-4

续表

标题	Fluorescence in Situ Hybridization：Cell-Based Genetic Diagnostic and Research Applications
期刊	Front Cell Dev Biol
年度页码	2016（4）：89
作者	Chenghua Cui[1]，Wei Shu，Peining Li
机构	1. Laboratory of Clinical Cytogenetics，Department of Genetics，Yale School of MedicineNew Haven，CT，USA；Department of Pathology，Institute of Hematology and Blood Diseases Hospital，Chinese Academy of Medical SciencesTianjin，China
PMID	27656642
DOI	10.3389/fcell.2016.00089
类别	Situ hybridization/ 原位杂交
编号	11-1
标题	**The Origin of in Situ Hybridization—A Personal History**
期刊	Methods
年度页码	2016（98）：4-9
作者	Joseph G. Gall
机构	Department of Embryology，Carnegie Institution for Science，Baltimore，USA
PMID	26655524
DOI	10.1016/j.ymeth.2015.11.026
类别	Situ hybridization/ 原位杂交
编号	11-2
标题	**Small RNA Detection by in Situ Hybridization Methods**
期刊	Int J Mol Sci
年度页码	2015，16（6）：13259-13286
作者	Martyna O. Urbanek，Anna U. Nawrocka，Wlodzimierz J. Krzyzosiak
机构	Department of Molecular Biomedicine，Institute of Bioorganic Chemistry，Polish Academy of Sciences，Poland
PMID	26068454
DOI	10.3390/ijms160613259
类别	Situ hybridization/ 原位杂交
编号	11-3

续表

标题	**Technical Review：In Situ Hybridization**
期刊	Anat Rec（Hoboken）
年度页码	2014，297（8）：1349-1353
作者	Ellen Jensen
机构	35Southern Cross Rd.，Kohimarama，Auckland，New Zealand
PMID	24810158
DOI	10.1002/ar.22944
类别	Situ hybridization/ 原位杂交
编号	11-4
标题	**New Horizons of Genomic in Situ Hybridization**
期刊	Cytogenet Genome Res
年度页码	2009，126（4）：368-375
作者	M. Markova[1]，B. Vyskot
机构	1. Department of Plant Developmental Genetics，Institute of Biophysics，Academy of Sciences of the Czech Republic，Czech Republic
PMID	20110676
DOI	10.1159/000275796
类别	Situ hybridization/ 原位杂交
编号	11-5
标题	**Fluorescence in Situ Hybridization（FISH）in the Microbiological Diagnostic Routine Laboratory：A Review**
期刊	Crit Rev Microbiol
年度页码	2017，43（3）：263-293
作者	Hagen Frickmann[1]，Andreas Erich Zautner，Annette Moter，Judith Kikhney，Ralf Matthias Hagen，Henrik Stender，Sven Poppert
机构	1. German Armed Forces Hospital of Hamburg，Department of Tropical Medicine at the Bernhard Nocht Institute，Hamburg，Germany
PMID	28129707
DOI	10.3109/1040841X.2016.1169990
类别	FISH/ 荧光原位杂交
编号	12-1

续表

标题	Single-cell Identification in Microbial Communities by Improved Fluorescence in Situ Hybridization Techniques
期刊	Nat Rev Microbiol
年度页码	2008，6（5）：339-348
作者	Rudolf Amann[1]，Bernhard M. Fuchs
机构	1. Department of Molecular Ecology，Max Planck Institute for Marine Microbiology，Bremen，Germany
PMID	18414500
DOI	10.1038/nrmicro1888
类别	FISH/ 荧光原位杂交
编号	12-2
标题	Yeast Two-hybrid Methods and Their Applications in Drug Discovery
期刊	Trends Pharmacol Sci
年度页码	2012，33（2）：109-118
作者	Amel Hamdi[1]，Pierre Colas
机构	1. Centre National de la Recherche Scientifique，Station Biologique，Place Georges Teissier，France
PMID	22130009
DOI	10.1016/j.tips.2011.10.008
类别	Yeast two-hybrid/ 酵母双杂交
编号	13-1
标题	Yeast Two-Hybrid，a Powerful Tool for Systems Biology
期刊	Int J Mol Sci
年度页码	2009，10（6）：2763-2788
作者	Anna Brückner[1]，Cécile Polge，Nicolas Lentze，Daniel Auerbach，Uwe Schlattner
机构	1. INSERM，Université Joseph Fourier，Grenoble，France
PMID	19582228
DOI	10.3390/ijms10062763
类别	Yeast two-hybrid/ 酵母双杂交
编号	13-2
标题	The Yeast Two-hybrid System and Its Role in Drug Discovery
期刊	Expert Opin Ther Targets

续表

年度页码	2008，12（4）：505-515
作者	Nicolas Lentze[1]，Daniel Auerbach
机构	1. Dualsystems Biotech AG，Schlieren，Switzerland
PMID	18348685
DOI	10.1517/14728222.12.4.505
类别	Yeast two-hybrid/ 酵母双杂交
编号	13-3
标题	**Chromatin Immunoprecipitation：Advancing Analysis of Nuclear Hormone Signaling**
期刊	J Mol Endocrinol
年度页码	2012，49（2）：R113-R123
作者	Aurimas Vinckevicius[1]，Debabrata Chakravarti
机构	1. Division of Reproductive Biology Research，Department of Obstetrics and Gynecology，Robert H. Lurie Comprehensive Cancer Center，Feinberg School of Medicine，Northwestern University，Chicago，USA
PMID	22872135
DOI	10.1530/JME-12-0016
类别	Chromatin immunoprecipitation/ 染色质免疫沉淀
编号	14-1
标题	**The Current State of Chromatin Immunoprecipitation**
期刊	Mol Biotechnol
年度页码	2010，45（1）：87-100
作者	Philippe Collas
机构	Institute of Basic Medical Sciences，Faculty of Medicine，Norwegian Center for Stem Cell Research，University of Oslo，Oslo，Norway
PMID	20077036
DOI	10.1007/s12033-009-9239-8
类别	Chromatin immunoprecipitation/ 染色质免疫沉淀
编号	14-2
标题	**Microinjection as a Tool of Mechanical Delivery**
期刊	Curr Opin Biotechnol
年度页码	2008，19（5）：506-510
作者	Yan Zhang[1]，Long-Chuan Yu

续表

机构	1. Laboratory of Neurobiology and State Key Laboratory of Biomembrane and Membrane Biotechnology，College of Life Sciences，Peking University，Beijing，China
PMID	18725294
DOI	10.1016/j.copbio.2008.07.005
类别	Microinjection/ 显微注射
编号	15–1
标题	**Phage Display as a Promising Approach for Vaccine Development**
期刊	J Biomed Sci
年度页码	2016，23（1）：66
作者	Leili Aghebati-Maleki[1,2,3]，Babak Bakhshinejad，Behzad Baradaran[1,3]，Morteza Motallebnezhad[1]，Ali Aghebati-Maleki[1]，Hamid Nickho[1]，Mehdi Yousefi，Jafar Majidi
机构	1. Immunology Research Center，Tabriz University of Medical sciences，Tabriz，Iran 2. Drug Applied Research Center，Tabriz University of Medical Sciences，Tabriz，Iran 3. Department of Immunology，Faculty of Medicine，Tabriz University of Medical Sciences，Tabriz，Iran
PMID	27680328
DOI	10.1186/s12929–016–0285–9
类别	Phage display/ 噬菌体展示
编号	16–1
标题	**Antibody Phage Display：Technique and Applications**
期刊	J Invest Dermatol
年度页码	2014，134（2）：1–5
作者	Christoph M. Hammers，John R. Stanley
机构	Department of Dermatology，University of Pennsylvania，Philadelphia，Pennsylvania，USA
PMID	24424458
DOI	10.1038/jid.2013.521
类别	Phage display/ 噬菌体展示
编号	16–2

续表

标题	The Role of Phage Display in Therapeutic Antibody Discovery
期刊	Int Immunol
年度页码	2014，26（12）：649-657
作者	Conrad E. Z. Chan[1]，Angeline P. C. Lim[1]，Paul A. MacAry，Brendon J. Hanson
机构	1. Biological Defence Program，Defense Medical and Environmental Research Institute，DSO National Laboratories，Singapore
PMID	25135889
DOI	10.1093/intimm/dxu082
类别	Phage display/ 噬菌体展示
编号	16-3
标题	Gene Targeting，Genome Editing：From Dolly to Editors
期刊	Transgenic Res
年度页码	2016，25（3）：273-287
作者	Wenfang Tan[1]，Chris Proudfoot[1]，Simon G. Lillico[1]，C. Bruce A. Whitelaw
机构	1. The Roslin Institute and Royal（Dick）School of Veterinary Studies，University of Edinburgh，Easter Bush Campus，Midlothian，UK
PMID	26847670
DOI	10.1007/s11248-016-9932-x
类别	Gene targeting/ 基因打靶
编号	17-1
标题	Gene Targeting Using Homologous Recombination in Embryonic Stem Cells：The Future for Behavior Genetics?
期刊	Front Genet
年度页码	2016（7）：43
作者	Robert Gerlai
机构	Department of Cell & Systems Biology and Department of Psychology，University of Toronto Mississauga Mississauga，Canada
PMID	27148349
DOI	10.3389/fgene.2016.00043
类别	Gene targeting/ 基因打靶
编号	17-2

续表

标题	From Gene Targeting to Genome Editing：Transgenic Animals Applications and Beyond
期刊	An Acad Bras Cienc
年度页码	2015，87（2）：1323-1348
作者	Maurício Rocha-Martins，Gabriel R. Cavalheiro，Gabriel E. Matos-Rodrigues，Rodrigo A. P. Martins
机构	Instituto de Ciências Biomédicas，Universidade Federal do Rio de Janeiro，Rio de Janeiro，BR
PMID	26397828
DOI	10.1590/0001-3765201520140710
类别	Gene targeting/ 基因打靶
编号	17-3
标题	**Gene Targeting in Mice：A Review**
期刊	Methods Mol Biol
年度页码	2013（1064）：315-336
作者	Hicham Bouabe[1]，Klaus Okkenhaug
机构	1. Laboratory of Lymphocyte Signalling and Development，Babraham Institute，Cambridge，UK
PMID	23996268
DOI	10.1007/978-1-62703-601-6_23
类别	Gene targeting/ 基因打靶
编号	17-4
标题	**Gene Targeting in the Rat：Advances and Opportunities**
期刊	Trends Genet
年度页码	2010，26（12）：510-518
作者	Howard J. Jacob[1]，Jozef Lazar，Melinda R. Dwinell，Carol Moreno，Aron M. Geurts
机构	1. Department of Dermatology，Medical College of Wisconsin，Milwaukee，USA
PMID	20869786
DOI	10.1016/j.tig.2010.08.006
类别	Gene targeting/ 基因打靶
编号	17-5

续表

标题	**Next-generation Gene Targeting in the Mouse for Functional Genomics**
期刊	BMB Rep
年度页码	2009，42（6）：315-323
作者	Yoichi Gondo[1]，Ryutaro Fukumura，Takuya Murata，Shigeru Makino
机构	1. Mutagenesis and Genomics Team，RIKEN BioResource Center，Tsukuba，Japan
PMID	19558788
DOI	10.5483/bmbrep.2009.42.6.315
类别	Gene targeting/ 基因打靶
编号	17-6
标题	**Genome Editing Using CRISPR/Cas9-based Knock-in Approaches in Zebrafish**
期刊	Methods
年度页码	2017（121-122）：77-85
作者	Shahad Albadri[1]，Filippo Del Bene，Céline Revenu[1]
机构	1. Institut Curie，PSL Research University，France
PMID	28300641
DOI	10.1016/j.ymeth.2017.03.005
类别	Knock in/ 敲入
编号	18-1
标题	**Genetically Engineered Knock-in and Conditional Knock-in Mouse Models of Cancer**
期刊	Cold Spring Harb Protoc
年度页码	2014（9）：897-911
作者	Amy Rappaport，Leisa Johnson
机构	Genentech，Inc.，South San Francisco，California
PMID	25183823
DOI	10.1101/pdb.top069799
类别	Knock in/ 敲入
编号	18-2
标题	**Human Knockout Carriers：Dead，Diseased，Healthy，or Improved?**
期刊	Trends Mol Med
年度页码	2016，22（4）：341-351

续表

作者	Vagheesh M. Narasimhan[1]，Yali Xue[1]，Chris Tyler-Smith
机构	1. Wellcome Trust Sanger Institute，Hinxton，UK
PMID	26988438
DOI	10.1016/j.molmed.2016.02.006
类别	Knock out/ 敲除
编号	19-1
标题	**Human Knockout Research：New Horizons and Opportunities**
期刊	Trends Genet
年度页码	2015，31（2）：108-115
作者	Fowzan S. Alkuraya
机构	Department of Genetics，King Faisal Specialist Hospital and Research Center，Riyadh，Saudi Arabia；Department of Anatomy and Cell Biology，College of Medicine，Alfaisal University，Riyadh，Saudi Arabia
PMID	25497971
DOI	10.1016/j.tig.2014.11.003
类别	Knock out/ 敲除
编号	19-2
标题	**15 Years of Genetic Approaches in Vivo for Addiction Research：Opioid Receptor and Peptide Gene Knockout in Mouse Models of Drug Abuse**
期刊	Neuropharmacology
年度页码	2014（76）：204-217
作者	Pauline Charbogne[1]，Brigitte L. Kieffer，Katia Befort
机构	1. IGBMC Institut de Génétique et de Biologie Moléculaire et Cellulaire，France
PMID	24035914
DOI	10.1016/j.neuropharm.2013.08.028
类别	Knock out/ 敲除
编号	19-3
标题	**Targeted Protein Knockdown Using Small Molecule Degraders**
期刊	Curr Opin Chem Biol
年度页码	2017（39）：46-53
作者	Kanak Raina[1]，Craig M. Crews
机构	1. Arvinas LLC，New Haven，USA

续表

PMID	28605671
DOI	10.1016/j.cbpa.2017.05.016
类别	Knock down/ 敲低
编号	20-1
标题	**The Use of RNAi Technologies for Gene Knockdown in Zebrafish**
期刊	Brief Funct Genomics
年度页码	2011，10（4）：189-196
作者	Amanda Kelly[1]，Adam F. Hurlstone
机构	1. Michael Smith Building，The University of Manchester，UK
PMID	21525144
DOI	10.1093/bfgp/elr014
类别	Knock down/ 敲低
编号	20-2
标题	**RNA Interference as a Gene Knockdown Technique**
期刊	Int J Biochem Cell Biol
年度页码	2010，42（8）：1243-1251
作者	Ge Shan
机构	Department of Molecular，Cellular，and Developmental Biology，Yale University，New Haven，USA
PMID	19442757
DOI	10.1016/j.biocel.2009.04.023
类别	Knock down/ 敲低
编号	20-3
标题	**RNAi-mediated Knockdown of Target Genes：A Promising Strategy for Pancreatic Cancer Research**
期刊	Cancer Gene Ther
年度页码	2007，14（8）：677-685
作者	Hong Chang
机构	Department of Surgery，Shandong Provincial Hospital；Medical School of Shandong University，Jinan，Shandong，China
PMID	17541422
DOI	10.1038/sj.cgt.7701063
类别	Knock down/ 敲低

续表

编号	20-4
标题	**The Use and Abuse of Cre/Lox Recombination to Identify Adult Cardiomyocyte Renewal Rate and Origin**
期刊	Pharmacol Res
年度页码	2018（127）：116-128
作者	Iolanda Aquila[1]，Fabiola Marino[1]，Eleonora Cianflone[1]，Pina Marotta[1]，Michele Torella，Vincenzo Mollace，Ciro Indolfi[1]，Bernardo Nadal-Ginard[1]，Daniele Torella
机构	1. Molecular and Cellular Cardiology，Department of Medical and Surgical Sciences，Magna Graecia University，Catanzaro，Italy
PMID	28655642
DOI	10.1016/j.phrs.2017.06.012
类别	CRE/Cre 重组
编号	21-1
标题	**Cre Recombinase and Other Tyrosine Recombinases**
期刊	Chem Rev
年度页码	2016，116（20）：12785-12820
作者	Gretchen Meinke[1]，Andrew Bohm[1]，Joachim Hauber，M. Teresa Pisabarro，Frank Buchholz
机构	1. Department of Developmental，Molecular & Chemical Biology，Tufts University School of Medicine，Boston，USA
PMID	27163859
DOI	10.1021/acs.chemrev.6b00077
类别	CRE/Cre 重组
编号	21-2
标题	**Cre Recombinase**
期刊	Microbiol Spectr
年度页码	2015，3（1）：MDNA3-0014-2014
作者	Gregory D. Van Duyne
机构	Perelman School of Medicine，University of Pennsylvania，Philadelphia
PMID	26104563
DOI	10.1128/microbiolspec.MDNA3-0014-2014
类别	CRE/Cre 重组

续表

编号	21-3
标题	**Cre-LoxP Biochemistry**
期刊	Methods
年度页码	2002，28（3）：374-383
作者	Kaushik Ghosh[1]，Gregory D. Van Duyne
机构	1. Department of Biochemistry and Biophysics，University of Pennsylvania School of Medicine，Philadelphia，USA
PMID	12431441
DOI	10.1016/s1046-2023（02）00244-x
类别	CRE/Cre 重组
编号	21-4
标题	**The FLP-Side of Nematodes**
期刊	Trends Parasitol
年度页码	2006，22（8）：385-396
作者	Paul McVeigh[1]，Timothy G. Geary，Nikki J. Marks，Aaron G. Maule
机构	1. Parasitology，School of Biological Sciences，Queen's University Belfast，UK
PMID	16824799
DOI	10.1016/j.pt.2006.06.010
类别	FLP/FLP 重组
编号	22-1
标题	**New Insight into Site-Specific Recombination from Flp Recombinase-DNA Structures**
期刊	Annu Rev Biophys Biomol Struct
年度页码	2003（32）：135-159
作者	Yu Chen[1]，Phoebe A. Rice
机构	1. Department of Biochemistry and Molecular Biology，The University of Chicago，Chicago，USA
PMID	12598365
DOI	10.1146/annurev.biophys.32.110601.141732
类别	FLP/FLP 重组
编号	22-2

续表

标题	**CRISPR-Cas9 Structures and Mechanisms**
期刊	Annu Rev Biophys
年度页码	2017（46）：505−529
作者	Fuguo Jiang[1,2]，Jennifer A. Doudna[1,2]
机构	1. Department of Molecular and Cell Biology，University of California，Berkeley，California 2. California Institute for Quantitative Biosciences，University of California，Berkeley，California
PMID	28375731
DOI	10.1146/annurev-biophys−062215−010822
类别	CRISPR
编号	23−1
标题	**Diversity，Classification and Evolution of CRISPR-Cas Systems**
期刊	Curr Opin Microbiol
年度页码	2017（37）：67−78
作者	Eugene V. Koonin[1]，Kira S. Makarova，Feng Zhang
机构	1. National Center for Biotechnology Information，National Library of Medicine，Bethesda，USA
PMID	28605718
DOI	10.1016/j.mib.2017.05.008
类别	CRISPR
编号	23−2
标题	**Using CRISPR-Cas Systems as Antimicrobials**
期刊	Curr Opin Microbiol
年度页码	2017（37）：155−160
作者	David Bikard[1]，Rodolphe Barrangou[2]
机构	1. Synthetic Biology Group，Microbiology Department，Institute Pasteur，France 2. Department of Food，Processing and Nutritional Sciences，North Carolina State University，USA
PMID	28888103
DOI	10.1016/j.mib.2017.08.005
类别	CRISPR
编号	23−3

续表

标题	Exploring the Potential of Genome Editing CRISPR-Cas9 Technology
期刊	Gene
年度页码	2017（599）：1-18
作者	Vijai Singh[1]，Darren Braddick，Pawan Kumar Dhar
机构	1. Institute of Systems and Synthetic Biology，Genopole，CNRS，UEVE，Université Paris-Saclay，France
PMID	27836667
DOI	10.1016/j.gene.2016.11.008
类别	CRISPR
编号	23-4
标题	CRISPR-Based Technologies for the Manipulation of Eukaryotic Genomes
期刊	Cell
年度页码	2017，168（1-2）：20-36
作者	Alexis C. Komor[1]，Ahmed H. Badran[1]，David R. Liu
机构	1. Department of Chemistry and Chemical Biology，Harvard University，Cambridge，USA；Howard Hughes Medical Institute，Harvard University，Cambridge，USA；Broad Institute of MIT and Harvard，Cambridge，USA
PMID	27866654
DOI	10.1016/j.cell.2016.10.044
类别	CRISPR
编号	23-5
标题	CRISPR-Cas 9：From Genome Editing to Cancer Research
期刊	Int J Biol Sci
年度页码	2016，12（12）：1427-1436
作者	Si Chen，Heng Sun，Kai Miao，Chu-Xia Deng
机构	Faculty of Health Sciences，University of Macau，Macau SAR，China
PMID	27994508
DOI	10.7150/ijbs.17421
类别	CRISPR
编号	23-6
标题	Expanding the Genetic Editing Tool Kit：ZFNs，TALENs，and CRISPR-Cas 9
期刊	J Clin Invest

续表

年度页码	2014，124（10）：4154-4161
作者	Rajat M. Gupta，Kiran Musunuru
PMID	25271723
DOI	10.1172/JCI7299
类别	TALENs
编号	24-1
标题	**TALENs：Customizable Molecular DNA Scissors for Genome Engineering of Plants**
期刊	J Genet Genomics
年度页码	2013，40（6）：271-279
作者	Kunling Chen[1]，Caixia Gao
机构	1. State Key Laboratory of Plant Cell and Chromosome Engineering，Institute of Genetics and Developmental Biology，Chinese Academy of Sciences，Beijing，China
PMID	23790626
DOI	10.1016/j.jgg.2013.03.009
类别	TALENs
编号	24-2
标题	**TALENs：A Widely Applicable Technology for Targeted Genome Editing**
期刊	Nat Rev Mol Cell Biol
年度页码	2013，14（1）：49-55
作者	J. Keith Joung[1]，Jeffry D. Sander
机构	1. Massachusetts General Hospital，Molecular Pathology Unit，the Center for Computational and Integrative Biology，and the Center for Cancer Research，Harvard Medical School，Department of Pathology，Charlestown，USA
PMID	23169466
DOI	10.1038/nrm3486
类别	TALENs
编号	24-3
标题	**Progress in Genome Editing Technology and Its Application in Plants**
期刊	Front Plant Sci
年度页码	2017（8）：177
作者	Kai Zhang[1,2]，Nadia Raboanatahiry[1]，Bin Zhu[1]，Maoteng Li[1,2]

续表

机构	1. Department of Biotechnology，College of Life Science and Technology，Huazhong University of Science and Technology，Wuhan，China 2. Hubei Collaborative Innovation Center for the Characteristic Resources Exploitation of Dabie Mountains，Huanggang Normal University，Huanggang，China
PMID	28261237
DOI	10.3389/fpls.2017.00177
类别	ZFN/ 锌指核酸酶
编号	25-1
标题	**Basics of Genome Editing Technology and Its Application in Livestock Species**
期刊	Reprod Domest Anim
年度页码	2017，52（3）：4-13
作者	Bjoern Petersen
机构	Friedrich-Loeffler-Institut，Institute of Farm Animal Genetics，Neustadt am Rbge，Germany
PMID	28815851
DOI	10.1111/rda.13012
类别	ZFN/ 锌指核酸酶
编号	25-2
标题	**Advances in Genetic Modification of Farm Animals Using Zinc-finger Nucleases（ZFN）**
期刊	Chromosome Res
年度页码	2015，23（1）：7-15
作者	Bjoern Petersen[1]，Heiner Niemann
机构	1. Institute of Farm Animal Genetics，Friedrich-Loeffler-Institute，Mariensee，Neustadt，Germany
PMID	25596823
DOI	10.1007/s10577-014-9451-7
类别	ZFN/ 锌指核酸酶
编号	25-3
标题	**ZFN，TALEN，and CRISPR/Cas-Based Methods for Genome Engineering**
期刊	Trends Biotechnol
年度页码	2013，31（7）：397-405

续表

作者	Thomas Gaj[1]，Charles A. Gersbach，Carlos F. Barbas Ⅲ
机构	1. The Skaggs Institute for Chemical Biology，The Scripps Research Institute，La Jolla，USA
PMID	23664777
DOI	10.1016/j.tibtech.2013.04.004
类别	ZFN/ 锌指核酸酶
编号	25-4
标题	**RNAi Therapeutic and Its Innovative Biotechnological Evolution**
期刊	Biotechnol Adv
年度页码	2019，37（5）：801-825
作者	Yuhua Weng[1]，Haihua Xiao，Jinchao Zhang，Xing-Jie Liang，Yuanyu Huang
机构	1. Advanced Research Institute of Multidisciplinary Science，School of Life Science，Key Laboratory of Molecular Medicine and Biotherapy，Beijing Institute of Technology，Beijing，China
PMID	31034960
DOI	10.1016/j.biotechadv.2019.04.012
类别	RNAi/RNA 干扰
编号	26-1
标题	**RNAi-mediated Antiviral Immunity in Mammals**
期刊	Curr Opin Virol
年度页码	2018（32）：9-14
作者	Ben Berkhout
机构	Laboratory of Experimental Virology，Department of Medical Microbiology，University of Amsterdam，Amsterdam，The Netherlands
PMID	30015014
DOI	10.1016/j.coviro.2018.07.008
类别	RNAi/RNA 干扰
编号	26-2
标题	**RNAi Screening Comes of Age：Improved Techniques and Complementary Approaches**
期刊	Nat Rev Mol Cell Biol
年度页码	2014，15（9）：591-600

续表

作者	Stephanie E. Mohr[1]，Jennifer A. Smith[2]，Caroline E. Shamu，Ralph A. Neumüller，Norbert Perrimon[1,2]
机构	1. Drosophila RNAi Screening Center，Harvard Medical School，Boston，Massachusetts，USA 2. Department of Genetics，Harvard Medical School，Boston，Massachusetts，USA
PMID	25145850
DOI	10.1038/nrm3860
类别	RNAi/RNA 干扰
编号	26-3
标题	**DNA Shuffling and Screening Strategies for Improving Vaccine Efficacy**
期刊	DNA Cell Biol
年度页码	2005，24（4）：256-263
作者	Christopher P. Locher[1]，Madan Paidhungat，Robert G. Whalen，Juha Punnonen
机构	1. Division of Infectious Diseases，Maxygen，Inc.，Redwood City，USA
PMID	15812242
DOI	10.1089/dna.2005.24.256
类别	DNA shuffling/DNA 改组
编号	27-1
标题	**Overcoming Antigenic Diversity and Improving Vaccines Using DNA Shuffling and Screening Technologies**
期刊	Expert Opin Biol Ther
年度页码	2004，4（4）：589-597
作者	Christopher P. Locher[1]，Volker Heinrichs，Doris Apt，Robert G. Whalen
机构	1. Division of Infectious Diseases，Maxygen，Inc.，Redwood City，USA
PMID	15102607
DOI	10.1517/14712598.4.4.589
类别	DNA shuffling DNA 改组
编号	27-2
标题	**Anticipatory Evolution and DNA Shuffling**
期刊	Genome Biol
年度页码	2002，3（8）：1021

续表

作者	Jamie M. Bacher[1]，Brian D. Reiss，Andrew D. Ellington
机构	1. Institute for Cellular and Molecular Biology，University of Texas at Austin，Austin，USA
PMID	12186650
DOI	10.1186/gb-2002-3-8-reviews1021
类别	DNA shuffling/DNA 改组
编号	27-3
标题	**Gene Drive for Mosquito Control：Where Did It Come from and Where Are We Headed?**
期刊	Int J Environ Res Public Health
年度页码	2017，14（9）：1006
作者	Vanessa M. Macias[1]，Johanna R. Ohm，Jason L. Rasgon
机构	1. Department of Entomology，Pennsylvania State University，University Park，USA
PMID	28869513
DOI	10.3390/ijerph14091006
类别	Gene drive/ 基因驱动
编号	28-1
标题	**Control of Mosquito-Borne Infectious Diseases：Sex and Gene Drive**
期刊	Trends Parasitol
年度页码	2016，32（3）：219-229
作者	Zach N. Adelman[1]，Zhijian Tu
机构	1. Department of Entomology，Virginia Tech，Blacksburg，VA，USA；Fralin Life Science Institute，Virginia Tech，Blacksburg，USA
PMID	26897660
DOI	10.1016/j.pt.2015.12.003
类别	Gene drive/ 基因驱动
编号	28-2
标题	**Gene Drive Systems in Mosquitoes：Rules of the Road**
期刊	Trends Parasitol
年度页码	2005，21（2）：64-67
作者	Anthony A James
机构	Department of Microbiology，University of California，Irvine，USA

续表

PMID	15664528
DOI	10.1016/j.pt.2004.11.004
类别	Gene drive/ 基因驱动
编号	28-3
标题	**Recent Advances in Large-Scale Transposon Mutagenesis**
期刊	Curr Opin Chem Biol
年度页码	2001，5（1）：67-73
作者	L. Hamer[1]，T. M. DeZwaan，M. V. Montenegro-Chamorro，S. A. Frank，J. E. Hamer
机构	1. Paradigm Genetics Inc.，Research Triangle Park，USA
PMID	11166651
DOI	10.1016/s1367-5931（00）00162-9
类别	Transposon mutagenesis/ 转座突变
编号	29-1
标题	**Reverse Genetics Approaches for the Development of Influenza Vaccines**
期刊	Int J Mol Sci
年度页码	2016，18（1）：20
作者	Aitor Nogales[1]，Luis Martínez-Sobrido
机构	1. Department of Microbiology and Immunology，University of Rochester，Rochester，USA
PMID	28025504
DOI	10.3390/ijms18010020
类别	Reverse genetics/ 反向遗传学
编号	30-1
标题	**Reverse Genetics Systems as Tools for the Development of Novel Therapies Against Filoviruses**
期刊	Expert Rev Anti Infect Ther
年度页码	2014，12（10）：1253-1263
作者	Thomas Hoenen[1]，Heinz Feldmann
机构	1. Division of Intramural Research，Laboratory of Virology，National Institutes of Health，Hamilton，USA
PMID	25169588
DOI	10.1586/14787210.2014.948848

续表

类别	Reverse genetics/ 反向遗传学
编号	30-2
标题	**RNA Virus Reverse Genetics and Vaccine Design**
期刊	Viruses
年度页码	2014，6（7）：2531-2550
作者	Christopher C. Stobart，Martin L. Moore
机构	Department of Pediatrics，Emory University School of Medicine，Atlanta，USA
PMID	24967693
DOI	10.3390/v6072531
类别	Reverse genetics/ 反向遗传学
编号	30-3
标题	**Many Ways to Make an Influenza Virus-Review of Influenza Virus Reverse Genetics Methods**
期刊	Influenza Other Respir Viruses
年度页码	2013，7（3）：249-256
作者	Othmar G. Engelhardt
机构	Division of Virology，National Institute for Biological Standards and Control，Health Protection Agency，Potters Bar，UK
PMID	22712782
DOI	10.1111/j.1750-2659.2012.00392.x
类别	Reverse genetics/ 反向遗传学
编号	30-4
标题	**Comprehensive Molecular Screening：From the RT-PCR to the RNA-seq**
期刊	Transl Lung Cancer Res
年度页码	2013，2（2）：87-91
作者	Carlota Costa[1]，Ana Giménez-Capitán[1]，Niki Karachaliou[1]，Rafael Rosell
机构	1. Breakthrough Cancer Research Unit，Pangaea Biotech S.L，USP Dexeus University Institute，Barcelona，Spain
PMID	25806219
DOI	10.3978/j.issn.2218-6751.2013.02.05
类别	RT-PCR/ 逆转录 PCR
编号	31-1

续表

标题	**Improvement of a Real-Time RT-PCR Assay for the Detection of Enterovirus RNA**
期刊	Virol J
年度页码	2009（6）：95
作者	Marian A. C. Piqueur[1]，Walter A. Verstrepen，Peggy Bruynseels，An H. Mertens
机构	1. Department of Microbiology，ZNA Hospitals，Belgium
PMID	19583870
DOI	10.1186/1743-422X-6-95
类别	RT-PCR/ 逆转录 PCR
编号	31-2
标题	**A Basic Guide to Real Time PCR in Microbial Diagnostics：Definitions，Parameters，and Everything**
期刊	Front Microbiol
年度页码	2017（8）：108
作者	Petr Kralik[1]，Matteo Ricchi
机构	1. Department of Food and Feed Safety，Veterinary Research Institute Brno，Czechia
PMID	28210243
DOI	10.3389/fmicb.2017.00108
类别	Real Time PCR/ 实时 PCR
编号	32-1
标题	**Real-time PCR as a Diagnostic Tool for Bacterial Diseases**
期刊	Expert Rev Mol Diagn
年度页码	2012，12（7）：731-754
作者	Max Maurin
机构	Laboratoire de Bactériologie，Département des Agents Infectieux，Institut de Biologie et Pathologie，CHU de Grenoble，Université Joseph Fourier Grenoble1，France
PMID	23153240
DOI	10.1586/erm.12.53
类别	Real Time PCR/ 实时 PCR
编号	32-2

续表

标题	The Evolution of Real-time PCR Machines to Real-time PCR Chips
期刊	Biosens Bioelectron
年度页码	2010，25（7）：1820-1824
作者	Dasheng Lee[1]，Pei-Jer Chen，Gwo-Bin Lee
机构	1. Department of Energy and Refrigerating Air-Conditioning Engineering，National Taipei University of Technology，Taiwan，China
PMID	20022485
DOI	10.1016/j.bios.2009.11.021
类别	Real Time PCR/ 实时 PCR
编号	32-3

标题	Loop-mediated Isothermal Amplification（LAMP）：A Novel Rapid Detection Platform for Pathogens
期刊	Microb Pathog
年度页码	2017（107）：54-61
作者	Yanmei Li[1]，Penghui Fan，Shishui Zhou，Li Zhang
机构	1. Department of Haematology，Guangzhou Women and Children's Medical Centre，Guangzhou Medical University，Guangzhou，China
PMID	28323152
DOI	10.1016/j.micpath.2017.03.016
类别	LAMP 环介导的等温扩增
编号	33-1

标题	Loop Mediated Isothermal Amplification：An Innovative Gene Amplification Technique for Animal Diseases
期刊	Vet World
年度页码	2016，9（5）：465-469
作者	Pravas Ranjan Sahoo[1]，Kamadev Sethy，Swagat Mohapatra，Debasis Panda
机构	1. Department of Veterinary Biochemistry，Odisha University of Agriculture & Technology，Bhubaneswar，Odisha，India
PMID	27284221
DOI	10.14202/vetworld.2016.465-469
类别	LAMP/ 环介导的等温扩增
编号	33-2

续表

标题	Loop-Mediated Isothermal Amplification（LAMP）：Principle，Features，and Future Prospects
期刊	J Microbiol
年度页码	2015，53（1）：1-5
作者	Tsugunori Notomi[1]，Yasuyoshi Mori，Norihiro Tomita，Hidetoshi Kanda
机构	1. Biochemical Research Laboratory，Research & Development Division，Eiken Chemical Co.，Ltd. Ohtawara，Tochigi，Japan
PMID	25557475
DOI	10.1007/s12275-015-4656-9
类别	LAMP/ 环介导的等温扩增
编号	33-3
标题	Loop-Mediated Isothermal Amplification Test for the Molecular Diagnosis of Malaria
期刊	Expert Rev Mol Diagn
年度页码	2013，13（2）：205-218
作者	Eun-Taek Han
机构	Department of Medical Environmental Biology and Tropical Medicine，School of Medicine，Kangwon National University，Chuncheon，ROK
PMID	23477559
DOI	10.1586/erm.12.144
类别	LAMP/ 环介导的等温扩增
编号	33-4
标题	Loop-Mediated Isothermal Amplification Technology：Towards Point of Care Diagnostics
期刊	PLoS Negl Trop Dis
年度页码	2012，6（6）：e1572
作者	Zablon Kithinji Njiru
机构	The University of Queensland，The School of Veterinary Sciences，Gatton Campus，Queensland，Australia
PMID	22745836
DOI	10.1371/journal.pntd.0001572
类别	LAMP/ 环介导的等温扩增
编号	33-5

续表

标题	DNA-Chip Technology and Infectious Diseases
期刊	Virus Res
年度页码	2002，82（1-2）：65-71
作者	Gary Vernet
机构	Molecular Biology Department，BioMerieux，Marcy-l'etoile，France
PMID	PMID：11885953
DOI	10.1016/s0168-1702（01）00435-x
类别	DNA chip/DNA 芯片
编号	34-1
标题	Current Status of Protein Chip Development in Terms of Fabrication and Application
期刊	Proteomics
年度页码	2003，3（11）：2176-2189
作者	Seung-yong Seong[1]，Cheol-young Choi
机构	1. Department of Microbiology and Immunology，Seoul National University College of Medicine，Seoul，ROK
PMID	14595817
DOI	10.1002/pmic.200300609
类别	Protein chip/ 蛋白质芯片
编号	35-1
标题	Protein Chip Technology
期刊	Curr Opin Chem Biol
年度页码	2003，7（1）：55-63
作者	Heng Zhu[1]，Michael Snyder
机构	1. Department of Molecular，Cellular，and Developmental Biology，Yale University，New Haven，USA
PMID	12547427
DOI	10.1016/s1367-5931（02）00005-4
类别	Protein chip/ 蛋白质芯片
编号	35-2
标题	ELISA in the Multiplex Era：Potentials and Pitfalls
期刊	Proteomics Clin Appl
年度页码	2015，9（3-4）：406-422

续表

作者	Patrick J. Tighe[1]，Richard R. Ryder，Ian Todd，Lucy C. Fairclough
机构	1. School of Life Sciences，The University of Nottingham，Nottingham，UK
PMID	25644123
DOI	10.1002/prca.201400130
类别	ELISA/ 酶联免疫吸附试验
编号	36-1
标题	**Application of PCR-ELISA in Molecular Diagnosis**
期刊	Biomed Res Int
年度页码	2014（2014）：653014
作者	Mei Jean Sue，Swee Keong Yeap，Abdul Rahman Omar，Sheau Wei Tan
机构	Laboratory of Vaccines and Immunotherapeutics，Institute of Bioscience，Universiti Putra Malaysia（UPM），Selangor，Malaysia
PMID	24971343
DOI	10.1155/2014/653014
类别	ELISA/ 酶联免疫吸附试验
编号	36-2
标题	**Methods in Virus Diagnostics：From ELISA to Next Generation Sequencing**
期刊	Virus Res
年度页码	2014（186）：20-31
作者	Neil Boonham[1]，Jan Kreuze，Stephan Winter，René van der Vlugt，Jan Bergervoet，Jenny Tomlinson[1]，Rick Mumford
机构	1. The Food & Environment Research Agency（FERA），Sand Hutton，UK
PMID	24361981
DOI	10.1016/j.virusres.2013.12.007
类别	ELISA/ 酶联免疫吸附试验
编号	36-3
标题	**An Overview on ELISA Techniques for FMD**
期刊	Virol J
年度页码	2011（8）：419
作者	Li-na Ma[1]，Jie Zhang，Hao-tai Chen，Jian-hua Zhou，Yao-zhong Ding，Yong-sheng Liu

续表

机构	1. State Key Laboratory of Veterinary Etiological Biology，National Foot and Mouth Disease Reference Laboratory，Lanzhou Veterinary Research Institute，Chinese Academy of Agricultural Sciences，Lanzhou，China
PMID	21888667
DOI	10.1186/1743-422X-8-419
类别	ELISA/ 酶联免疫吸附试验
编号	36-4
标题	**ELISA Microarray Technology as a High-Throughput System for Cancer Biomarker Validation**
期刊	Expert Rev Proteomics
年度页码	2006，3（1）：37-44
作者	Richard C. Zangar[1]，Don S. Daly，Amanda M. White
机构	1. Pacific Northwest National Laboratory，Richland，USA
PMID	16445349
DOI	10.1586/14789450.3.1.37
类别	ELISA/ 酶联免疫吸附试验
编号	36-5
标题	**DNA Fingerprinting in the Criminal Justice System：An Overview**
期刊	DNA Cell Biol
年度页码	2006，25（3）：181-188
作者	Varsha
机构	Laboratory of DNA Fingerprinting Services，Centre for DNA Fingerprinting and Diagnostics，Hyderabad，India
PMID	16569197
DOI	10.1089/dna.2006.25.181
类别	DNA fingerprinting/DNA 指纹
编号	37-1
标题	**Technicalities and Glitches of Terminal Restriction Fragment Length Polymorphism（T-RFLP）**
期刊	Indian J Microbiol
年度页码	2014，54（3）：255-261
作者	Om Prakash，Prashant K. Pandey，Girish J. Kulkarni，Kiran N. Mahale，Yogesh S. Shouche

续表

机构	Microbial Culture Collection，National Centre for Cell Science，NCCS Complex，Ganeshkhind，Pune，Maharashtra India
PMID	24891731
DOI	10.1007/s12088-014-0461-0
类别	RFLP/ 限制片段长度多态性
编号	38-1
标题	**Identification of Brucella Species and Biotypes Using Polymerase Chain Reaction-restriction Fragment Length Polymorphism（PCR-RFLP）**
期刊	Crit Rev Microbiol
年度页码	2005，31（4）：191-196
作者	Sascha Al Dahouk[1]，Herbert Tomaso，Ellen Prenger-Berninghoff，Wolf D. Splettstoesser，Holger C. Scholz，Heinrich Neubauer
机构	1. Department of Bacteriology，Bundeswehr Institute of Microbiology，Germany
PMID	16417200
DOI	10.1080/10408410500304041
类别	RFLP/ 限制片段长度多态性
编号	38-2
标题	**Amplified Restriction Fragment Length Polymorphism in Parasite Genetics**
期刊	Parasitol Today
年度页码	2000，16（8）：350-353
作者	D. K. Masiga[1]，A.Tait，C. M. Turner
机构	1. Division of Infection and Immunity，Institute of Biomedical and Life Sciences，Joseph Black Building，University of Glasgow，UK
PMID	10900484
DOI	10.1016/s0169-4758（00）01706-3
类别	RFLP/ 限制片段长度多态性
编号	38-3
标题	**The Application of Restriction Fragment Length Polymorphism Mapping to Parentage Testing**
期刊	Transfusion
年度页码	1990，30（6）：552-564
作者	R. W. Allen[1]，M. Wallhermfechtel，W. V. Miller

续表

机构	1. American Red Cross，St. Louis，Missouri
PMID	1974091
DOI	10.1046/j.1537-2995.1990.30690333488.x
类别	RFLP/ 限制片段长度多态性
编号	38-4
标题	**Genetic Analysis with Random Amplified Polymorphic DNA Markers**
期刊	Plant Physiol
年度页码	1993，101（2）：349-352
作者	S. V. Tingey[1]，J. P. del Tufo
机构	1. Du Pont Agricultural Products，E.I. du Pont de Nemours & Company，Wilmington，Delaware
PMID	8278503
DOI	10.1104/pp.101.2.349
类别	RAPD/ 多态性 DNA 随机扩增
编号	39-1
标题	**Applications of Random Amplified Polymorphic DNA（RAPD）in Molecular Ecology**
期刊	Mol Ecol
年度页码	1992，1（1）：55-63
作者	H. Hadrys[1]，M. Balick，B. Schierwater
机构	1. Yale University，Department of Biology，New Haven
PMID	1344984
DOI	10.1111/j.1365-294x.1992.tb00155.x
类别	RAPD/ 多态性 DNA 随机扩增
编号	39-2
标题	**Amplified Fragment Length Polymorphism：An Adept Technique for Genome Mapping，Genetic Differentiation，and Intraspecific Variation in Protozoan Parasites**
期刊	Parasitol Res
年度页码	2013，112（2）：457-466
作者	Awanish Kumar[1]，Pragya Misra，Anuradha Dube
机构	1. Division of Parasitology，Central Drug Research Institute，India
PMID	23254590

续表

DOI	10.1007/s00436-012-3238-6
类别	AFLP/ 扩增片段长度多态性
编号	40-1
标题	**Statistical Analysis of Amplified Fragment Length Polymorphism Data: A Toolbox for Molecular Ecologists and Evolutionists**
期刊	Mol Ecol
年度页码	2007，16（18）：3737-3758
作者	A. Bonin[1]，D. Ehrich，S. Manel
机构	1. Diversity Arrays Technology P/L，Yarralumla，Australia
PMID	17850542
DOI	10.1111/j.1365-294X.2007.03435.x
类别	AFLP/ 扩增片段长度多态性
编号	40-2
标题	**Amplified-Fragment Length Polymorphism Analysis: The State of an Art**
期刊	J Clin Microbiol
年度页码	1999，37（10）：3083-3091
作者	P. H. Savelkoul[1]，H. J. Aarts，J. de Haas，L. Dijkshoorn，B. Duim，M. Otsen，J. L. Rademaker，L. Schouls，J. A. Lenstra
机构	1. Department of Medical Microbiology and Infection Control，University Hospital Vrije Universiteit，Amsterdam，The Netherlands
PMID	10488158
DOI	10.1128/JCM.37.10.3083-3091.1999
类别	AFLP/ 扩增片段长度多态性
编号	40-3
标题	**Advances in Point-of-care Technologies for Molecular Diagnostics**
期刊	Biosens Bioelectron
年度页码	2017（98）：494-506
作者	Mohammad Zarei
机构	Department of Chemical and Civil Engineering，University of Kurdistan，Iran
PMID	28728010
DOI	10.1016/j.bios.2017.07.024
类别	Molecular diagnostics/ 分子诊断

续表

编号	41-1
标题	**Democratizing Molecular Diagnostics for the Developing World**
期刊	Am J Clin Pathol
年度页码	2014，141（1）：17-24
作者	Ahmad N. Abou Tayoun[1]，Paul R. Burchard，Imran Malik，Axel Scherer，Gregory J. Tsongalis
机构	1. Department of Pathology，Dartmouth Hitchcock Medical Center，Medical Center Dr，Lebanon
PMID	24343733
DOI	10.1309/AJCPA1L4KPXBJNPG
类别	Molecular diagnostics/ 分子诊断
编号	41-2
标题	**Liquid Biopsy：A Step Forward Towards Precision Medicine in Urologic Malignancies**
期刊	Mol Cancer
年度页码	2017，16（1）：80
作者	Ashley Di Meo[1,2]，Jenni Bartlett[1,2]，Yufeng Cheng，Maria D. Pasic[1]，George M. Yousef
机构	1. Department of Laboratory Medicine and Pathobiology，University of Toronto，Toronto，Canada 2. Department of Laboratory Medicine，Keenan Research Centre for Biomedical Science，Li Ka Shing Knowledge Institute，St. Michael's Hospital，Toronto，Canada
PMID	28410618
DOI	10.1186/s12943-017-0644-5
类别	Liquid biopsy/ 液体活检
编号	42-1
标题	**Cell-free Circulating Tumour DNA as a Liquid Biopsy in Breast Cancer**
期刊	Mol Oncol
年度页码	2016，10（3）：464-474
作者	Leticia De Mattos-Arruda[1]，Carlos Caldas
机构	1. Cancer Research UK Cambridge Institute，University of Cambridge，Cambridge，UK；Vall d'Hebron Institute of Oncology，Vall d'Hebron University Hospital，Barcelona，Spain；Universitat Autònoma de Barcelona，Barcelona，Spain

续表

PMID	26776681
DOI	10.1016/j.molonc.2015.12.001
类别	Liquid biopsy/ 液体活检
编号	42-2
标题	**Liquid Biopsy：Will it be the 'Magic Tool' for Monitoring Response of Solid Tumors to Anticancer Therapies?**
期刊	Curr Opin Oncol
年度页码	2015，27（6）：560-567
作者	Isabelle Gingras[1]，Roberto Salgado[2]，Michail Ignatiadis[3]
机构	1. Departement of medicine，BrEAST Data Centre 2. Department of Pathology，GZA Antwerp，Breast Cancer Translational Research Laboratory J. C. Heuson 3. Department of Medical Oncology and Breast Cancer Translational Research Laboratory J. C. Heuson，Institut Jules Bordet，Université libre de Bruxelles，Brussels，Belgium
PMID	26335664
DOI	10.1097/CCO.0000000000000223
类别	Liquid biopsy/ 液体活检
编号	42-3
标题	**Circulating Tumor Cells：Liquid Biopsy of Cancer**
期刊	Clin Chem
年度页码	2013，59（1）：110-118
作者	Catherine Alix-Panabières[1]，Klaus Pantel
机构	1. Laboratory of Rare Human Circulating Cells，Institute of Research in Biotherapy，University Medical Centre，Saint-Eloi Hospital，Montpellier，France
PMID	23014601
DOI	10.1373/clinchem.2012.194258
类别	Liquid biopsy/ 液体活检
编号	42-4
标题	**Liquid Biopsy Monitoring Cancer-Genetics in the Blood**
期刊	Nat Rev Clin Oncol
年度页码	2013，10（8）：472-484

续表

作者	Emily Crowley[1]，Federica Di Nicolantonio，Fotios Loupakis，Alberto Bardelli
机构	1. Department of Oncology，University of Turin，Institute for Cancer Research and Treatment，Turin，Italy
PMID	23836314
DOI	10.1038/nrclinonc.2013.110
类别	Liquid biopsy/ 液体活检
编号	42-5
标题	**Discordant Non-invasive Prenatal Testing（NIPT）—A Systematic Review**
期刊	Prenat Diagn
年度页码	2017，37（6）：527-539
作者	Tanja Schlaikjaer Hartwig[1]，Louise Ambye，Steen Sørensen，Finn Stener Jørgensen[1]
机构	1. Fetal Medicine Unit，Department of Obstetrics and Gynecology，Copenhagen University Hospital，Hvidovre，Denmark
PMID	28382695
DOI	10.1002/pd.5049
类别	Non invasive prenatal testing/ 无创产前检测
编号	43-1
标题	**Non-Invasive Prenatal Testing for Fetal Chromosome Abnormalities：Review of Clinical and Ethical Issues**
期刊	Appl Clin Genet
年度页码	2016（9）：15-26
作者	Jean Gekas[1]，Sylvie Langlois，Vardit Ravitsky，Fran Çois Audibert，David Gradus van den Berg，Hazar Haidar，Fran Çois Rousseau
机构	1. Prenatal Diagnosis Unit，Department of Medical Genetics and Pediatrics，Faculty of Medicine，Université Laval，Québec City，QC，Canada；Department of Medical Biology，CHU de Québec，Québec City，Canada
PMID	26893576
DOI	10.2147/TACG.S85361
类别	Non invasive prenatal testing/ 无创产前检测
编号	43-2

续表

标题	**Expanding Non-Invasive Prenatal Testing Beyond Chromosomes 21，18，13，X and Y**
期刊	Clin Genet
年度页码	2016，90（6）：477-485
作者	P. Benn
机构	Department of Genetics and Genome Sciences，University of Connecticut Health Center，Farmington，USA
PMID	27283893
DOI	10.1111/cge.12818
类别	Non invasive prenatal testing/ 无创产前检测
编号	43-3
标题	**Non-invasive Prenatal Testing：A Review of International Implementation and Challenges**
期刊	Int J Womens Health
年度页码	2015（7）：113-126
作者	Megan Allyse[1]，Mollie A. Minear，Elisa Berson，Shilpa Sridhar，Margaret Rote，Anthony Hung，Subhashini Chandrasekharan
机构	1. Institute for Health and Aging，University of California San Francisco，San Francisco，California，USA
PMID	25653560
DOI	10.2147/IJWH.S67124
类别	Non invasive prenatal testing/ 无创产前检测
编号	43-4
标题	**Non-invasive Prenatal Testing for Down Syndrome**
期刊	Semin Fetal Neonatal Med
年度页码	2014，19（1）：9-14
作者	Philip Twiss[1]，Melissa Hill[1]，Rebecca Daley[1]，Lyn S. Chitty
机构	1. NE Thames Regional Genetics Service，Great Ormond Street Hospital for Children NHS Foundation Trust，London，UK
PMID	24210903
DOI	10.1016/j.siny.2013.10.003
类别	Non invasive prenatal testing/ 无创产前检测
编号	43-5

续表

标题	**Recent Advances in Biosensor Technology in Assessment of Early Diabetes Biomarkers**
期刊	Biosens Bioelectron
年度页码	2018（99）：122-135
作者	Armin Salek-Maghsoudi[1]，Faezeh Vakhshiteh，Raheleh Torabi，Shokoufeh Hassani，Mohammad Reza Ganjali，Parviz Norouzi，Morteza Hosseini，Mohammad Abdollahi
机构	1. Toxicology and Diseases Group，Pharmaceutical Sciences Research Center，Tehran University of Medical Science，Tehran，Iran；Department of Toxicology and Pharmacology，Faculty of Pharmacy，Tehran University of Medical Science，Tehran，Iran
PMID	28750336
DOI	10.1016/j.bios.2017.07.047
类别	Biosensor/ 生物传感器
编号	44-1
标题	**Recent Advances in Biosensor Development for the Detection of Cancer Biomarkers**
期刊	Biosens Bioelectron
年度页码	2017（91）：15-23
作者	V. S. P. K.Sankara Aditya Jayanthi，Asim Bikas Das，Urmila Saxena
机构	Department of Biotechnology，National Institute of Technology Warangal，Telangana，India
PMID	27984706
DOI	10.1016/j.bios.2016.12.014
类别	Biosensor 生物传感器
编号	44-2
标题	**Biosensor Technology for Pesticides—A Review**
期刊	Appl Biochem Biotechnol
年度页码	2015，175（6）：3093-3119
作者	Neelam Verma[1]，Atul Bhardwaj
机构	1. Biosensor Technology Laboratory，Department of Biotechnology，Punjabi University，Patiala，India
PMID	25595494
DOI	10.1007/s12010-015-1489-2

续表

类别	Biosensor/ 生物传感器
编号	44-3
标题	**Biosensor Technology：Recent Advances in Threat Agent Detection and Medicine**
期刊	Chem Soc Rev
年度页码	2013，42（22）：8733-8768
作者	Jeffrey Kirsch[1]，Christian Siltanen，Qing Zhou，Alexander Revzin，Aleksandr Simonian
机构	1. Department of Materials Engineering，Auburn University，Auburn，USA
PMID	23852443
DOI	10.1039/c3cs60141b
类别	Biosensor/ 生物传感器
编号	44-4
标题	**Biosensor Technology：Technology Push Versus Market Pull**
期刊	Biotechnol Adv
年度页码	2008，26（5）：492-500
作者	John H. T. Luong[1]，Keith B. Male，Jeremy D. Glennon
机构	1. Biotechnology Research Institute，National Research Council Canada，Montreal，Quebec，Canada
PMID	18577442
DOI	10.1016/j.biotechadv.2008.05.007
类别	Biosensor/ 生物传感器
编号	44-5
标题	**Update on Molecular Companion Diagnostics—A Future in Personalized Medicine Beyond Sanger Sequencing**
期刊	Expert Rev Mol Diagn
年度页码	2020，20（6）：637-644
作者	Michelle Renee Campbell
机构	Department of Laboratory Medicine and Pathology，Mayo Clinic，Rochester，USA
PMID	32167388
DOI	10.1080/14737159.2020.1743177

续表

类别	Sanger sequencing/ 桑格测序
编号	45-1
标题	**Shotgun Metagenomics, from Sampling to Analysis**
期刊	Nat Biotechnol
年度页码	2017，35（9）：833-844
作者	Christopher Quince[1]，Alan W. Walker，Jared T. Simpson，Nicholas J. Loman，Nicola Segata
机构	1. Warwick Medical School，University of Warwick，Warwick，UK
PMID	28898207
DOI	10.1038/nbt.3935
类别	Shotgun/ 鸟枪测序
编号	46-1
标题	**Novel Advances in Shotgun Lipidomics for Biology and Medicine**
期刊	Prog Lipid Res
年度页码	2016（61）：83-108
作者	Miao Wang[1]，Chunyan Wang[1]，Rowland H. Han[1]，Xianlin Han
机构	1. Center for Metabolic Origins of Disease，Sanford Burnham Prebys Medical Discovery Institute；Orlando，USA
PMID	26703190
DOI	10.1016/j.plipres.2015.12.002
类别	Shotgun/ 鸟枪测序
编号	46-2
标题	**An Introduction to the Analysis of Shotgun Metagenomic Data**
期刊	Front Plant Sci
年度页码	2014（5）：209
作者	Thomas J. Sharpton
机构	Department of Microbiology and Department of Statistics，Oregon State University Corvallis，USA
PMID	24982662
DOI	10.3389/fpls.2014.00209
类别	Shotgun/ 鸟枪测序
编号	46-3

续表

标题	Comparison of Next-Generation Sequencing Systems
期刊	J Biomed Biotechnol
年度页码	2012（251364）：1-11
作者	Lin Liu[1]，Yinhu Li，Siliang Li，Ni Hu，Yimin He，Ray Pong，Danni Lin，Lihua Lu，Maggie Law
机构	1. NGS Sequencing Department，Beijing Genomics Institute，Guangdong，Shenzhen，China
PMID	22829749
DOI	10.1155/2012/251364
类别	455 sequencing/454 测序
编号	47-1
标题	Next-generation Sequencing and Its Applications in Molecular Diagnostics
期刊	Expert Rev Mol Diagn
年度页码	2011，11（3）：333-343
作者	Zhenqiang Su[1]，Baitang Ning，Hong Fang，Huixiao Hong，Roger Perkins，Weida Tong，Leming Shi
机构	1. Z-Tech，an ICF International Company at US FDA's National Center for Toxicological Research，Jefferson，USA
PMID	21463242
DOI	10.1586/erm.11.3
类别	456 sequencing/454 测序
编号	47-2
标题	A User Guide to the Brassica 60K Illumina Infinium™ SNP Genotyping Array
期刊	Theor Appl Genet
年度页码	2017，130（4）：621-633
作者	Annaliese S. Mason[1]，Erin E. Higgins，Rod J. Snowdon，Jacqueline Batley，Anna Stein，Christian Werner，Isobel A. P. Parkin
机构	1. Department of Plant Breeding，IFZ for Biosystems，Land Use and Nutrition，Justus Liebig University Giessen，Giessen，Germany
PMID	28220206
DOI	10.1007/s00122-016-2849-1
类别	Illumina/Illumina 测序
编号	48-1

续表

标题	The Evolution of Nanopore Sequencing
期刊	Front Genet
年度页码	2015（5）：449
作者	Yue Wang，Qiuping Yang，Zhimin Wang
机构	Department of Plant Science，School of Agriculture and Biology，Shanghai Jiao Tong University，Shanghai，China
PMID	25610451
DOI	10.3389/fgene.2014.00449
类别	Nanopore/ 纳米孔测序
编号	49-1
标题	Nanopore-based Fourth-Generation DNA Sequencing Technology
期刊	Genomics Proteomics Bioinformatics
年度页码	2015，13（1）：4-16
作者	Yanxiao Feng[1]，Yuechuan Zhang，Cuifeng Ying，Deqiang Wang，Chunlei Du[1]
机构	1. Chongqing Key Laboratory of Multi-scale Manufacturing Technology，Chongqing Institute of Green and Intelligent Technology，Chinese Academy of Sciences，Chongqing，China；University of Chinese Academy of Sciences，Beijing，China
PMID	25743089
DOI	10.1016/j.gpb.2015.01.009
类别	Nanopore/ 纳米孔测序
编号	49-2
标题	The Potential and Challenges of Nanopore Sequencing
期刊	Nat Biotechnol
年度页码	2008，26（10）：1146-1153
作者	Daniel Branton[1]，David W. Deamer，Andre Marziali，Hagan Bayley，Steven A. Benner，Thomas Butler，Massimiliano Di Ventra，Slaven Garaj，Andrew Hibbs，Xiaohua Huang，Stevan B. Jovanovich，Predrag S. Krstic，Stuart Lindsay，Xinsheng Sean Ling，Carlos H. Mastrangelo，Amit Meller，John S. Oliver，Yuriy V. Pershin，J. Michael Ramsey，Robert Riehn，Gautam V. Soni，Vincent Tabard-Cossa，Meni Wanunu，Matthew Wiggin，Jeffery A. Schloss
机构	1. Department of Molecular and Cell Biology，Harvard University，Cambridge，USA

续表

PMID	18846088
DOI	10.1038/nbt.1495
类别	Nanopore/ 纳米孔测序
编号	49-3
标题	**Exploring Viral Infection Using Single-Cell Sequencing**
期刊	Virus Res
年度页码	2017（239）：55-68
作者	Sylvie Rato[1]，Monica Golumbeanu，Amalio Telenti，Angela Ciuffi
机构	1. Institute of Microbiology，University Hospital Center and University of Lausanne，Switzerland
PMID	27816430
DOI	10.1016/j.virusres.2016.10.016
类别	Single cell/ 单细胞测序
编号	50-1
标题	**Single-Cell Sequencing and Tumorigenesis：Improved Nnderstanding of Tumor Evolution and Metastasis**
期刊	Clin Transl Med
年度页码	2017，6（1）：15
作者	Darrell L. Ellsworth[1]，Heather L. Blackburn[1]，Craig D. Shriver，Shahrooz Rabizadeh，Patrick Soon-Shiong，Rachel E. Ellsworth
机构	1. Chan Soon-Shiong Institute of Molecular Medicine at Windber，Windber，USA
PMID	28405930
DOI	10.1186/s40169-017-0145-6
类别	Single cell/ 单细胞测序
编号	50-2
标题	**Single Cell Sequencing：A Distinct New Field**
期刊	Clin Transl Med
年度页码	2017，6（1）：10
作者	Jian Wang[1]，Yuanlin Song
机构	1. Department of Pulmonary Medicine，Zhongshan Hospital，Fudan University，Shanghai，China
PMID	28220395

续表

DOI	10.1186/s40169-017-0139-4
类别	Single cell/ 单细胞测序
编号	50-3
标题	**Unravelling Biology and Shifting Paradigms in Cancer with Single-Cell Sequencing**
期刊	Nat Rev Cancer
年度页码	2017，17（9）：557-569
作者	Timour Baslan[1]，James Hicks
机构	1. Cancer Biology and Genetics Program，Memorial Sloan Kettering Cancer Center，New York，USA，Cold Spring Harbor Laboratory，Cold Spring Harbor，New York，USA
PMID	28835719
DOI	10.1038/nrc.2017.58
类别	Single cell/ 单细胞测序
编号	50-4
标题	**Recent Advances and Current Issues in Single-Cell Sequencing of Tumors**
期刊	Cancer Lett
年度页码	2015，365（1）：1-10
作者	Hai-Jian Sun，Jian Chen，Bing Ni，Xia Yang，Yu-Zhang Wu
机构	Institute of Immunology，Third Military Medical University，Chongqing，China
PMID	26003306
DOI	10.1016/j.canlet.2015.04.022
类别	Single cell/ 单细胞测序
编号	50-5
标题	**Single-Cell Sequencing Technologies：Current and Future**
期刊	J Genet Genomics
年度页码	2014，41（10）：513-528
作者	Jialong Liang[1]，Wanshi Cai[1]，Zhongsheng Sun
机构	1. Beijing Institutes of Life Science，Chinese Academy of Sciences，Beijing，China；University of Chinese Academy of Sciences，Beijing，China
PMID	25438696
DOI	10.1016/j.jgg.2014.09.005

续表

类别	Single cell/ 单细胞测序
编号	50-6
标题	**Single-cell Sequencing-Based Technologies will Revolutionize Whole-organism Science**
期刊	Nat Rev Genet
年度页码	2013，14（9）：618-630
作者	Ehud Shapiro[1,2]，Tamir Biezuner，Sten Linnarsson
机构	1. Department of Computer Science and Applied Math，Weizmann Institute of Science，Rehovot，Israel 2. Department of Biological Chemistry，Weizmann Institute of Science，Rehovot，Israel
PMID	23897237
DOI	10.1038/nrg3542
类别	Single cell/ 单细胞测序
编号	50-7
标题	**Metagenome-wide Association Studies：Fine-Mining the Microbiome**
期刊	Nat Rev Microbiol
年度页码	2016，14（8）：508-522
作者	Jun Wang[1,2]，Huijue Jia[2]
机构	1. iCarbonX，Shahe Industrial Zone，Shenzhen，China 2. Shenzhen Key Laboratory of Human Commensal Microorganisms and Health Research，BGI-Shenzhen，Shenzhen，China
PMID	27396567
DOI	10.1038/nrmicro.2016.83
类别	Metagenome/ 宏基因组
编号	51-1
标题	**Ten Years of Maintaining and Expanding a Microbial Genome and Metagenome Analysis System**
期刊	Trends Microbiol
年度页码	2015，23（11）：730-741
作者	Victor M. Markowitz[1]，I-Min A. Chen，Ken Chu，Amrita Pati，Natalia N. Ivanova，Nikos C. Kyrpides
机构	1. Biosciences Computing，Computing Research Division，Berkeley National Lab，Berkeley，USA

续表

PMID	26439299
DOI	10.1016/j.tim.2015.07.012
类别	Metagenome/ 宏基因组
编号	51-2
标题	**Current Opportunities and Challenges in Microbial Metagenome Analysis—A Bioinformatic Perspective**
期刊	Brief Bioinform
年度页码	2012，13（6）：728-742
作者	Hanno Teeling[1]，Frank Oliver Glöckner
机构	1. Max Planck Institute for Marine Microbiology，Bremen，Germany
PMID	22966151
DOI	10.1093/bib/bbs039
类别	Metagenome/ 宏基因组
编号	51-3
标题	**The Human Metagenome：Our Other Genome?**
期刊	Hum Mol Genet
年度页码	2011，20（R2）：142-148
作者	Thomas Brüls[1]，Jean Weissenbach
机构	1. DSV/IG/Genoscope，CEA，Evry，France
PMID	21840927
DOI	10.1093/hmg/ddr353
类别	Metagenome/ 宏基因组
编号	51-4
标题	**The Human Gut Mobile Metagenome：A Metazoan Perspective**
期刊	Gut Microbes
年度页码	2010，1（6）：415-431
作者	Brian V. Jones
机构	Centre for Biomedical and Health Science Research，School of Pharmacy and Biomolecular Sciences，University of Brighton，Brighton，UK
PMID	21468227
DOI	10.4161/gmic.1.6.14087
类别	Metagenome/ 宏基因组
编号	51-5

续表

标题	**The Soil Metagenome—A Rich Resource for the Discovery of Novel Natural Products**
期刊	Curr Opin Biotechnol
年度页码	2004，15（3）：199–204
作者	Rolf Daniel
机构	Institut efür Mikrobiologie und Genetik der Georg-August-Universität，Germany
PMID	15193327
DOI	10.1016/j.copbio.2004.04.005
类别	Metagenome/ 宏基因组
编号	51–6
标题	**Two's Company：Studying Interspecies Relationships with Dual RNA-seq**
期刊	Curr Opin Microbiol
年度页码	2018（42）：7–12
作者	Thomas Wolf[1]，Philipp Kammer，Sascha Brunke，Jorg Linde
机构	1. Research Group Systems Biology and Bioinformatics，Leibniz Institute for Natural Product Research and Infection Biology，Hans-Knoell-Institute，Jena，Germany
PMID	28957710
DOI	10.1016/j.mib.2017.09.001
类别	RNA-Seq/RNA 测序
编号	52–1
标题	**Characterizing and Annotating the Genome Using RNA-seq Data**
期刊	Sci China Life Sci
年度页码	2017，60（2）：116–125
作者	Geng Chen[1]，Tieliu Shi，Leming Shi[1]
机构	1. Center for Pharmacogenomics，School of Pharmacy and School of Life Sciences，Fudan University，Shanghai，China
PMID	27294835
DOI	10.1007/s11427–015–0349–4
类别	RNA-Seq/RNA 测序
编号	52–2
标题	**New RNA-seq Approaches for the Study of Bacterial Pathogens**
期刊	Curr Opin Microbiol

续表

年度页码	2017（35）：78-87
作者	Antoine-Emmanuel Saliba[1]，Sara C. Santos[1]，Jorg Vogel
机构	1. RNA Biology Group，Institute for Molecular Infection Biology，University of Würzburg，Germany
PMID	28214646
DOI	10.1016/j.mib.2017.01.001
类别	RNA-Seq/RNA 测序
编号	52-3
标题	**The Power and Promise of RNA-seq in Ecology and Evolution**
期刊	Mol Ecol
年度页码	2016，25（6）：1224-1241
作者	Erica V. Todd[1]，Michael A. Black，Neil J. Gemmell[1]
机构	1. Department of Anatomy，University of Otago，New Zealand
PMID	26756714
DOI	10.1111/mec.13526
类别	RNA-Seq/RNA 测序
编号	52-4
标题	**RNA-Seq：Improving Our Understanding of Retinal Biology and Disease**
期刊	Cold Spring Harb Perspect Med
年度页码	2015，5（9）：a017152
作者	Michael H. Farkas，Elizabeth D. Au，Maria E. Sousa，Eric A. Pierce
机构	Ocular Genomics Institute，Department of Ophthalmology，Massachusetts Eye and Ear Infirmary，Harvard Medical School，Boston
PMID	25722474
DOI	10.1101/cshperspect.a017152
类别	RNA-Seq/RNA 测序
编号	52-5
标题	**Three-dimensional Genome Architecture and Emerging Technologies：Looping in Disease**
期刊	Genome Med
年度页码	2017，9（1）：87
作者	Arpit Mishra[1]，R. David Hawkins

续表

机构	1. Division of Medical Genetics，Department of Medicine，Department of Genome Sciences，Institute for Stem Cell and Regenerative Medicine，University of Washington School of Medicine，Seattle，USA
PMID	28964259
DOI	10.1186/s13073-017-0477-2
类别	4C/ 染色体构象捕获
编号	53-1
标题	**The Second Decade of 3C Technologies：Detailed Insights into Nuclear Organization**
期刊	Genes Dev
年度页码	2016，30（12）：1357-1382
作者	Annette Denker，Wouter de Laat
机构	Hubrecht Institute-Koninklijke Nederlandse Akademie van Wetenschappen（KNAW）and University Medical Center Utrecht，Netherlands
PMID	27340173
DOI	10.1101/gad.281964.116
类别	5C/ 染色体构象捕获
编号	53-2
标题	**A Decade of 3C Technologies：Insights into Nuclear Organization**
期刊	Genes Dev
年度页码	2012，26（1）：11-24
作者	Elzo de Wit[1]，Wouter de Laat
机构	1. Hubrecht Institute-KNAW，University Medical Center Utrecht，CT Utrecht，Netherlands
PMID	22215806
DOI	10.1101/gad.179804.111
类别	6C/ 染色体构象捕获
编号	53-3
标题	**Reducing GWAS Complexity**
期刊	Cell Cycle
年度页码	2016，15（1）：22-24
作者	Dennis J. Hazelett[1]，David V. Conti，Ying Han，Ali Amin Al Olama，Doug Easton，Rosalind A. Eeles，Zsofia Kote-Jarai，Christopher A. Haiman，Gerhard A. Coetzee

续表

机构	1. Bioinformatics and Computational Biology Research Center，Biomedical Sciences，Cedars-Sinai Medical Center，Los Angeles，USA
PMID	26771711
DOI	10.1080/15384101.2015.1120928
类别	GWAS/ 全基因组关联分析
编号	54-1
标题	**Asthma Genetics in the Post-GWAS Era**
期刊	Ann Am Thorac Soc
年度页码	2016，13（1S）：85-90
作者	Carole Ober
机构	Department of Human Genetics，University of Chicago，Chicago，Illinois
PMID	27027959
DOI	10.1513/AnnalsATS.201507-459MG
类别	GWAS/ 全基因组关联分析
编号	54-2
标题	**Genetic Study of Complex Diseases in the Post-GWAS Era**
期刊	J Genet Genomics
年度页码	2015，42（3）：87-98
作者	Qingyang Huang
机构	College of Life Sciences，Central China Normal University，Wuhan，China
PMID	25819085
DOI	10.1016/j.jgg.2015.02.001
类别	GWAS/ 全基因组关联分析
编号	54-3
标题	**Post-GWAS：Where Next？More Samples，More SNPs or More Biology?**
期刊	Heredity（Edinb）
年度页码	2014，112（1）：79-88
作者	P. Marjoram[1]，A. Zubair[2]，S. V. Nuzhdin[2]
机构	1. Department of Preventive Medicine，Keck School of Medicine，University of Southern California，Los Angeles，USA 2. Program in Molecular and Computational Biology，University of Southern California，Los Angeles，USA
PMID	23759726

续表

DOI	10.1038/hdy.2013.52
类别	GWAS/ 全基因组关联分析
编号	54-4
标题	**The Advantages and Limitations of Trait Analysis with GWAS：A Review**
期刊	Plant Methods
年度页码	2013（9）：29
作者	Arthur Korte，Ashley Farlow
机构	Gregor Mendel Institute of Molecular Plant Biology，Vienna，Austria
PMID	23876160
DOI	10.1186/1746-4811-9-29
类别	GWAS/ 全基因组关联分析
编号	54-5
标题	**A Review of Post-GWAS Prioritization Approaches**
期刊	Front Genet
年度页码	2013（4）：280
作者	Lin Hou，Hongyu Zhao
机构	Department of Biostatistics，Yale School of Public Health New Haven，USA
PMID	24367376
DOI	10.3389/fgene.2013.00280
类别	GWAS/ 全基因组关联分析
编号	54-6
标题	**IXIARO Updated：Overview of Clinical Trials and Developments with the Inactivated Vaccine Against Japanese Encephalitis**
期刊	Expert Rev Vaccines
年度页码	2013，12（8）：859-869
作者	Tomas Jelinek
机构	Berlin Center for Travel and Tropical Medicine，Berlin，Germany
PMID	23984958
DOI	10.1586/14760584.2013.835638
类别	Inactivated vaccine/ 灭活疫苗
编号	55-1

续表

标题	**Yellow Fever Live Attenuated Vaccine：A very Successful Live Attenuated Vaccine but Still We have Problems Controlling the Disease**
期刊	Vaccine
年度页码	2017，35（44）：5951-5955
作者	Alan D. T. Barrett
机构	Department of Pathology，University of Texas Medical Branch，Galveston，USA；Sealy Center for Vaccine Development，University of Texas Medical Branch，Galveston，USA
PMID	28366605
DOI	10.1016/j.vaccine.2017.03.032
类别	Attenuated vaccine/ 减毒疫苗
编号	56-1
标题	**Raising Expectations for Subunit Vaccine**
期刊	J Infect Dis
年度页码	2015，211（9）：1373-1375
作者	John T. Schiller，Douglas R. Lowy
机构	Laboratory of Cellular Oncology，Center for Cancer Research，National Cancer Institute，Bethesda，Maryland
PMID	25420478
DOI	10.1093/infdis/jiu648
类别	Subunit vaccine/ 亚单位疫苗
编号	57-1
标题	**Newcastle Disease Virus Vectored Vaccines as Bivalent or Antigen Delivery Vaccines**
期刊	Clin Exp Vaccine Res1
年度页码	2017，6（2）：72-82
作者	Kang-Seuk Choi
机构	OIE Reference Laboratory for Newcastle Disease，Avian Disease Research Division，Animal and Plant Quarantine Agency，Gimcheon，ROK
PMID	28775971
DOI	10.7774/cevr.2017.6.2.72
类别	Vector vaccine/ 载体疫苗
编号	58-1

续表

标题	**Multivalent and Multipathogen Viral Vector Vaccines**
期刊	Clin Vaccine Immunol
年度页码	2017，24（1）：e00298−e00316
作者	Katharina B. Lauer[1,2]，Ray Borrow，Thomas J. Blanchard
机构	1. University of Manchester，Institute of Inflammation and Repair，Manchester，UK 2. University of Cambridge，Department of Pathology，Cambridge，UK
PMID	27535837
DOI	10.1128/CVI.00298−16
类别	Vector vaccine/ 载体疫苗
编号	58−2
标题	**Molecular Mechanisms for Enhanced DNA Vaccine Immunogenicity**
期刊	Expert Rev Vaccines
年度页码	2016，15（3）：313−329
作者	Lei Li[1,2]，Nikolai Petrovsky[1,2]
机构	1. Vaxine Pty Ltd，Bedford Park，Adelaide，Australia 2. Department of Diabetes and Endocrinology，Flinders University，Flinders Medical Centre，Adelaide，Australia
PMID	26707950
DOI	10.1586/14760584.2016.1124762
类别	DNA vaccine/DNA 疫苗
编号	59−1
标题	**DNA Vaccine Manufacture：Scale and Quality**
期刊	Expert Rev Vaccines
年度页码	2009，8（9）：1277−1291
作者	Ying Cai[1]，Stephen Rodriguez，Henry Hebel
机构	1. VGX Pharmaceuticals，Inc.，The Woodlands，USA
PMID	19722898
DOI	10.1586/erv.09.84
类别	DNA vaccine/DNA 疫苗
编号	59−2
标题	**Current Progress of DNA Vaccine Studies in Humans**
期刊	Expert Rev Vaccines

续表

年度页码	2008，7（2）：175-191
作者	Shan Lu[1]，Shixia Wang，Jill M. Grimes-Serrano
机构	1. Department of Medicine，University of Massachusetts Medical School，Worcester，USA
PMID	18324888
DOI	10.1586/14760584.7.2.175
类别	DNA vaccine/DNA 疫苗
编号	59-3
标题	**Replicon RNA Viral Vectors as Vaccines**
期刊	Vaccines（Basel）
年度页码	2016，4（4）：39
作者	Kenneth Lundstrom
机构	PanTherapeutics，Switzerland
PMID	27827980
DOI	10.3390/vaccines4040039
类别	Replicon vaccine/ 复制子疫苗
编号	60-1
标题	**Self-Replicating Alphavirus RNA Vaccines**
期刊	Expert Rev Vaccines
年度页码	2015，14（2）：177-194
作者	Karl Ljungberg[1]，Peter Liljeström
机构	1. Department of Microbiology，Tumor and Cell Biology Karolinska Institutet，Stockholm，Sweden
PMID	25269775
DOI	10.1586/14760584.2015.965690
类别	Replicon vaccine/ 复制子疫苗
编号	60-2
标题	**Exploiting Virus-Like Particles as Innovative Vaccines Against Emerging Viral Infections**
期刊	J Microbiol
年度页码	2017，55（3）：220-230
作者	Hotcherl Jeong[1]，Baik Lin Seong
机构	1. Department of Pharmacy，Ewha Womans University，Seoul，ROK

续表

PMID	28243941
DOI	10.1007/s12275-017-7058-3
类别	VLP/ 病毒样颗粒疫苗
编号	61-1
标题	**Progress in Developing Virus-Like Particle Influenza Vaccines**
期刊	Expert Rev Vaccines
年度页码	2016，15（10）：1281-1293
作者	Fu-Shi Quan[1]，Young-Tae Lee，Ki-Hye Kim，Min-Chul Kim，Sang-Moo Kang
机构	1. Department of Medical Zoology，Kyung Hee University School of Medicine，Seoul，ROK
PMID	27058302
DOI	10.1080/14760584.2016.1175942
类别	VLP/ 病毒样颗粒疫苗
编号	61-2
标题	**Engineering Virus-Like Particles as Vaccine Platforms**
期刊	Curr Opin Virol
年度页码	2016（18）：44-49
作者	Kathryn M. Frietze，David S. Peabody，Bryce Chackerian
机构	Department of Molecular Genetics and Microbiology，School of Medicine，University of New Mexico，USA
PMID	27039982
DOI	10.1016/j.coviro.2016.03.001
类别	VLP/ 病毒样颗粒疫苗
编号	61-3
标题	**Virus Like Particle-Based Vaccines Against Emerging Infectious Disease Viruses**
期刊	Virol Sin
年度页码	2016，31（4）：279-287
作者	Jinliang Liu，Shiyu Dai，Manli Wang，Zhihong Hu，Hualin Wang，Fei Deng
机构	State Key Laboratory of Virology，Wuhan Institute of Virology，Chinese Academy of Sciences，Wuhan，China
PMID	27405928

续表

DOI	10.1007/s12250-016-3756-y
类别	VLP/ 病毒样颗粒疫苗
编号	61-4
标题	**Therapeutic Vaccine Strategies Against Human Papillomavirus**
期刊	Vaccines（Basel）
年度页码	2014，2（2）：422-462
作者	Hadeel Khallouf，Agnieszka K. Grabowska，Angelika B. Riemer
机构	Immunotherapy and -prevention，German Cancer Research Center（DKFZ），Germany
PMID	26344626
DOI	10.3390/vaccines2020422
类别	Therapeutic vaccine/ 治疗性疫苗
编号	62-1
标题	**Accelerating the Development of a Therapeutic Vaccine for Human Chagas Disease：Rationale and Prospects**
期刊	Expert Rev Vaccines
年度页码	2012，11（9）：1043-1055
作者	Eric Dumonteil[1]，Maria Elena Bottazzi[2]，Bin Zhan，Michael J. Heffernan，Kathryn Jones[2]，Jesus G. Valenzuela，Shaden Kamhawi，Jaime Ortega，Samuel Ponce de Leon Rosales，Bruce Y. Lee，Kristina M.Bacon，Bernhard Fleischer，B. T. Slingsby，Miguel Betancourt Cravioto，Roberto Tapia-Conyer，Peter J. Hotez[2]
机构	1. Laboratorio de Parasitología Centro De Investigaciones Regional，"Dr. Hideo Noguchi" Autonomous University of Yucatan（UADY），Merida，Mexico 2. Sabin Vaccine Institute and Texas Children's Hospital Center for Vaccine Development，Departments of Pediatrics（Section of Pediatric Tropical Medicine）and Molecular Virology & Microbiology，National School of Tropical Medicine，Baylor College of Medicine，Houston，USA
PMID	23151163
DOI	10.1586/erv.12.85
类别	Therapeutic vaccine/ 治疗性疫苗
编号	62-2
标题	**The Therapeutic Vaccine：Is It Feasible?**
期刊	Arch Med Res

续表

年度页码	2009，40（6）：493-498
作者	Lutz Gissmann[1]，Karen Nieto
机构	1. Deutsches Krebsforschungszentrum，Heidelberg，Germany
PMID	19853190
DOI	10.1016/j.arcmed.2009.07.003
类别	Therapeutic vaccine/ 治疗性疫苗
编号	62-3
标题	**Vaccine Adjuvant Materials for Cancer Immunotherapy and Control of Infectious Disease**
期刊	Clin Exp Vaccine Res
年度页码	2015，4（1）：54-58
作者	Yong Taik Lim
机构	SKKU Advanced Institute of Nanotechnology，School of Chemical Engineering，Sungkyunkwan University，Suwon，ROK
PMID	25648865
DOI	10.7774/cevr.2015.4.1.54
类别	Adjuvant/ 佐剂
编号	63-1
标题	**Vaccine Adjuvant Formulations：A Pharmaceutical Perspective**
期刊	Semin Immunol
年度页码	2013，25（2）：130-145
作者	Luis A. Brito[1]，Padma Malyala，Derek T. O'Hagan
机构	1. Novartis Vaccines，Cambridge，USA
PMID	23850011
DOI	10.1016/j.smim.2013.05.007
类别	Adjuvant/ 佐剂
编号	63-2
标题	**CpG DNA as a Vaccine Adjuvant**
期刊	Expert Rev Vaccines
年度页码	2011，10（4）：499-511
作者	Christian Bode[1]，Gan Zhao，Folkert Steinhagen，Takeshi Kinjo，Dennis M. Klinman

续表

机构	1. Cancer and Inflammation Program，National Cancer Institute，Frederick，USA
PMID	21506647
DOI	10.1586/erv.10.174
类别	Adjuvant/ 佐剂
编号	63-3
标题	**The Path to a Successful Vaccine Adjuvant— 'the Long and Winding Road'**
期刊	Drug Discov Today
年度页码	2009，14（11-12）：541-551
作者	Derek T. O'Hagan[1]，Ennio De Gregorio
机构	1. Novartis Vaccines，Cambridge，USA
PMID	19508916
DOI	10.1016/j.drudis.2009.02.009
类别	Adjuvant/ 佐剂
编号	63-4
标题	**Vaccine Adjuvant Systems：Enhancing the Efficacy of Sub-Unit Protein Antigens**
期刊	Int J Pharm
年度页码	2008，364（2）：272-280
作者	Yvonne Perrie[1]，Afzal R. Mohammed，Daniel J. Kirby，Sarah E. McNeil，Vincent W. Bramwell
机构	1. Medicines Research Unit，School of Life and Health Sciences，University of Aston，UK
PMID	18555624
DOI	10.1016/j.ijpharm.2008.04.036
类别	Adjuvant/ 佐剂
编号	63-5
标题	**Vaccine Adjuvant Technology：From Mechanistic Concepts to Practical Applications**
期刊	Expert Rev Vaccines
年度页码	2003，2（2）：327-335
作者	Winfried G. J. Degen[1]，Theo Jansen，Virgil E. J. C. Schijns

续表

机构	1. Department of Vaccine Technology and Immunology R&D，Boxmeer，The Netherlands
PMID	12899582
DOI	10.1586/14760584.2.2.327
类别	Adjuvant/ 佐剂
编号	63-6
标题	**CpG Oligodeoxynucleotides as Mucosal Adjuvants**
期刊	Hum Vaccin Immunother
年度页码	2015，11（3）：755-760
作者	Sumiko Iho[1]，Jun-ichi Maeyama，Fumiko Suzuki
机构	1. Host Defense Laboratory；Faculty of Medical Sciences；University of Fukui；Yoshida-gun，Fukui，Japan
PMID	25751765
DOI	10.1080/21645515.2014.1004033
类别	CpG/CpG 佐剂
编号	64-1
标题	**CpG Islands and the Regulation of Transcription**
期刊	Genes Dev
年度页码	2011，25（10）：1010-1022
作者	Aimée M. Deaton[1]，Adrian Bird
机构	1. The Wellcome Trust Centre for Cell Biology，University of Edinburgh，Edinburgh，UK
PMID	21576262
DOI	10.1101/gad.2037511
类别	CpG/CpG 佐剂
编号	64-2
标题	**CpG Islands—‘A Rough Guide’**
期刊	FEBS Lett
年度页码	2009，583（11）：1713-1720
作者	Robert S. Illingworth[1]，Adrian P. Bird
机构	1. Wellcome Trust Centre for Cell Biology，Michael Swann Building，University of Edinburgh，UK
PMID	19376112

续表

DOI	10.1016/j.febslet.2009.04.012
类别	CpG/CpG 佐剂
编号	64-3
标题	**CpG Islands：Their Potential as Biomarkers for Cancer**
期刊	Expert Rev Mol Diagn
年度页码	2007，7（5）：519-531
作者	Huidong Shi[1]，Michael X. Wang，Charles W. Caldwell
机构	1. University of Missouri-Columbia，School of Medicine，Department of Pathology and Anatomical Sciences，Columbia，USA
PMID	17892361
DOI	10.1586/14737159.7.5.519
类别	CpG/CpG 佐剂
编号	64-4
标题	**CpG Oligonucleotides Accelerate and Boost the Immune Response Elicited by AVA，the Licensed Anthrax Vaccine**
期刊	Expert Rev Vaccines
年度页码	2006，5（3）：365-369
作者	Dennis M. Klinman
机构	Center for Biologics Evaluation and Research/Food and Drug Administration，Bethesda，USA
PMID	16827620
DOI	10.1586/14760584.5.3.365
类别	CpG/CpG 佐剂
编号	64-5
标题	**CpG Island Methylator Phenotype in Cancer**
期刊	Nat Rev Cancer
年度页码	2004，4（12）：988-993
作者	Jean-Pierre Issa
机构	Jean-Pierre Issa is at the Department of Leukemia，M. D. Anderson Cancer Center，Houston，USA
PMID	15573120
DOI	10.1038/nrc1507
类别	CpG/CpG 佐剂

续表

编号	64-6
标题	**Plant Expression Systems for Production of Hemagglutinin as a Vaccine Against Influenza Virus**
期刊	Acta Biochim Pol
年度页码	2014，61（3）：551-560
作者	Patrycja Redkiewicz[1]，Agnieszka Sirko，Katarzyna Anna Kamel[1]，Anna Góra-Sochacka[1]
机构	1. Institute of Biochemistry and Biophysics，Polish Academy of Sciences，Warsaw，Poland
PMID	25203219
类别	Plant vaccine/ 植物表达疫苗
编号	65-1
标题	**Overview of Plant-derived Vaccine Antigens：Dengue Virus**
期刊	J Pharm Pharm Sci
年度页码	2011，14（3）：400-413
作者	Ravindra B. Malabadi[1]，Advaita Ganguly，Jaime A. Teixeira da Silva，Archana Parashar，Mavanur R. Suresh，Hoon Sunwoo
机构	1. Faculty of Pharmacy and Pharmaceutical Sciences，University of Alberta，Edmonton，Canada
PMID	22202223
DOI	10.18433/j3401k
类别	Plant vaccine/ 植物表达疫苗
编号	65-2
标题	**Plants as Bioreactors for the Production of Vaccine Antigens**
期刊	Biotechnol Adv
年度页码	2009，27（4）：449-467
作者	Siddharth Tiwari[1]，Praveen C. Verma，Pradhyumna K. Singh，Rakesh Tuli
机构	1. Plant Molecular Biology and Genetic Engineering Division，National Botanical Research Institute，Council of Scientific and Industrial Research，Rana Pratap Marg，India
PMID	19356740
DOI	10.1016/j.biotechadv.2009.03.006
类别	Plant vaccine/ 植物表达疫苗
编号	65-3

续表

标题	**Plant-made Vaccine Antigens and Biopharmaceuticals**
期刊	Trends Plant Sci
年度页码	2009，14（12）：669-679
作者	Henry Daniell[1]，Nameirakpam D. Singh，Hugh Mason，Stephen J. Streatfield
机构	1. Department of Molecular Biology and Microbiology，University of Central Florida，College of Medicine，Orlando，USA
PMID	19836291
DOI	10.1016/j.tplants.2009.09.009
类别	Plant vaccine/ 植物表达疫苗
编号	65-4
标题	**Aerosol Vaccines for Tuberculosis：A Fine Line between Protection and Pathology**
期刊	Tuberculosis（Edinb）
年度页码	2011，91（1）：82-85
作者	David A. Hokey[1]，Amit Misra
机构	1. Aeras Global TB Vaccine Foundation，Vaccine Assessment，Rockville，USA
PMID	21067975
DOI	10.1016/j.tube.2010.09.007
类别	Aerosol vaccines/ 气溶胶疫苗
编号	66-1
标题	**Of Mice and Men：Hybridoma and Recombinant Antibodies**
期刊	Immunol Today
年度页码	2000，21（8）：364-370
作者	M. Little[1]，S. M. Kipriyanov，F. Le Gall，G. Moldenhauer
机构	1. Affirmed Therapeutics AG，Dr-Albert-Reimann-Strabetae 2，Germany
PMID	10916138
DOI	10.1016/s0167-5699（00）01668-6
类别	Hybridoma/ 杂交瘤细胞
编号	67-1
标题	**Adverse Effects of the Humanized Antibodies Used as Cancer Therapeutics**
期刊	Curr Opin Oncol
年度页码	2006，18（4）：316-320

续表

作者	Jean Klastersky
机构	Institut Jules Bordet，Tumour Centre Université Libre de Bruxelles，Brussels，Belgium
PMID	16721123
DOI	10.1097/01.cco.0000228734.32261.62
类别	Humanized antibodies/ 人源化抗体
编号	68－1
标题	**Antibody Phage Display Libraries：Contributions to Oncology**
期刊	Int J Mol Sci
年度页码	2012，13（5）：5420－5440
作者	Carmela Dantas-Barbosa[1]，Marcelo de Macedo Brigido，Andrea Queiroz Maranhao
机构	1. Centre de Recherche en Cancérologie de Lyon，France
PMID	22754305
DOI	10.3390/ijms13055420
类别	Antibody library/ 抗体文库
编号	69－1
标题	**Design of Synthetic Antibody Libraries**
期刊	Expert Opin Biol Ther
年度页码	2007，7（5）：763－779
作者	Itai Benhar
机构	Tel-Aviv University，Department of Molecular Microbiology and Biotechnology，The George S. Wise Faculty of Life Sciences，Green Building，Israel
PMID	17477812
DOI	10.1517/14712598.7.5.763
类别	Antibody library/ 抗体文库
编号	69－2
标题	**Selecting and Screening Recombinant Antibody Libraries**
期刊	Nat Biotechnol
年度页码	2005，23（9）：1105－1116
作者	Hennie R. Hoogenboom
机构	Ablynx NV，Technologiepark 4，Belgium

续表

PMID	16151404
DOI	10.1038/nbt1126
类别	Antibody library/ 抗体文库
编号	69-3
标题	**From Rabbit Antibody Repertoires to Rabbit Monoclonal Antibodies**
期刊	Exp Mol Med
年度页码	2017，49（3）：e305
作者	Justus Weber，Haiyong Peng，Christoph Rader
机构	Department of Immunology and Microbiology，The Scripps Research Institute，Jupiter，USA
PMID	28336958
DOI	10.1038/emm.2017.23
类别	Antibody repertoires/ 抗体组库
编号	70-1
标题	**High-Throughput DNA Sequencing Analysis of Antibody Repertoires**
期刊	Microbiol Spectr
年度页码	2014，2（5）：245-263
作者	Scott D. Boyd，Shilpa A. Joshi
机构	Department of Pathology，Stanford University，Stanford
PMID	26104353
DOI	10.1128/microbiolspec.AID-0017-2014
类别	Antibody repertoires/ 抗体组库
编号	70-2
标题	**The Application of Next Generation Sequencing to the Understanding of Antibody Repertoires**
期刊	Front Immunol
年度页码	2013（4）：265
作者	Pascale Mathonet[1]，Christopher G. Ullman
机构	1. Isogenica Ltd.，Chesterford Research Park，Essex，UK
PMID	24062737
DOI	10.3389/fimmu.2013.00265
类别	Antibody repertoires/ 抗体组库
编号	70-3

续表

标题	Mining Human Antibody Repertoires
期刊	MAbs
年度页码	2010，2（4）：365-378
作者	Roger R. Beerli[1]，Christoph Rader
机构	1. Cytos Biotechnology，Schlieren，Switzerland
PMID	20505349
DOI	10.4161/mabs.12187
类别	Antibody repertoires/ 抗体组库
编号	70-4
标题	**Recent Advances of Bispecific Antibodies in Solid Tumors**
期刊	J Hematol Oncol
年度页码	2017，10（1）：155
作者	Shengnan Yu[1]，Anping Li，Qian Liu[1]，Xun Yuan[1]，Hanxiao Xu[1]，Dechao Jiao，Richard G.Pestell，Xinwei Han，Kongming Wu
机构	1. Department of Oncology，Tongji Hospital of Tongji Medical College，Huazhong University of Science and Technology，Wuhan，China
PMID	28931402
DOI	10.1186/s13045-017-0522-z
类别	Bispecific antibody/ 双特异性抗体
编号	71-1
标题	**Bispecific Antibody Platforms for Cancer Immunotherapy**
期刊	Crit Rev Oncol Hematol
年度页码	2014，92（3）：153-165
作者	Roeland Lameris[1]，Renée C. G. de Bruin[1]，Famke L Schneiders[1]，Paul M. P. van Bergen en Henegouwen，Henk M. W. Verheul[1]，Tanja D. de Gruijl[1]，Hans J. van der Vliet
机构	1. Department of Medical Oncology，VU University Medical Center，The Netherlands
PMID	25195094
DOI	10.1016/j.critrevonc.2014.08.003
类别	Bispecific antibody/ 双特异性抗体
编号	71-2

续表

标题	**Bispecific Antibody Conjugates in Therapeutics**
期刊	Adv Drug Deliv Rev
年度页码	2003，55（2）：171-197
作者	Ying Cao[1]，Laura Lam
机构	1. Abbott Laboratories，Abbott Park，USA
PMID	12564976
DOI	10.1016/s0169-409x（02）00178-3
类别	Bispecific antibody/ 双特异性抗体
编号	71-3
标题	**Bispecific Antibody：A Tool for Diagnosis and Treatment of Disease**
期刊	Clin Exp Immunol
年度页码	1990，79（3）：315-321
作者	S. Songsivilai[1]，P. J. Lachmann
机构	1. Molecular Immunopathology Unit，Medical Research Council Centre，Cambridge，England
PMID	2180597
DOI	10.1111/j.1365-2249.1990.tb08089.x
类别	Bispecific antibody/ 双特异性抗体
编号	71-4
标题	**Antibody-Drug Conjugates（ADCs）for Personalized Treatment of Solid Tumors：A Review**
期刊	Adv Ther
年度页码	2017，34（5）：1015-1035
作者	John M. Lambert，Charles Q. Morris
机构	ImmunoGen，Inc.，Waltham，MA，USA
PMID	28361465
DOI	10.1007/s12325-017-0519-6
类别	Antibody drug conjugate/ 抗体药物耦联
编号	72-1
标题	**New Developments for Antibody-Drug Conjugate-Based Therapeutic Approaches**
期刊	Curr Opin Immunol
年度页码	2016（40）：14-23

续表

作者	Bart Ecg de Goeij[1]，John M. Lambert
机构	1. Genmab，The Netherlands
PMID	26963132
DOI	10.1016/j.coi.2016.02.008
类别	Antibody drug conjugate/ 抗体药物耦联
编号	72-2
标题	**Antibody-Drug Conjugates for Cancer Therapy**
期刊	Biomedicines
年度页码	2016，4（3）：14
作者	Adam C. Parslow[1,2]，Sagun Parakh，Fook-Thean Lee，Hui K. Gan，Andrew M. Scott
机构	1. Tumour Targeting Laboratory，Olivia Newton-John Cancer Research Institute，Heidelberg，Australia 2. School of Cancer Medicine，La Trobe University，Heidelberg，Australia
PMID	28536381
DOI	10.3390/biomedicines4030014
类别	Antibody drug conjugate/ 抗体药物耦联
编号	72-3
标题	**Gene Therapy Research in Asia**
期刊	Gene Ther
年度页码	2017，24（9）：572-577
作者	H. X. Deng[1]，Y. Wang[1]，Q. R. Ding，D. L. Li，Yu-Quan Wei[1]
机构	1. State Key Laboratory of Biotherapy and Cancer Center，West China Hospital，Sichuan University and Collaborative Innovation Center，Chengdu，China
PMID	28726798
DOI	10.1038/gt.2017.62
类别	Gene therapy/ 基因治疗
编号	73-1
标题	**Public Attitudes toward Gene Therapy in China**
期刊	Mol Ther Methods Clin Dev
年度页码	2017（6）：40-42

续表

作者	Jiang-Hui Wang[1,2], Rong Wang, Jia Hui Lee[1], Tiara W. U. Iao, Xiao Hu, Yu-Meng Wang, Lei-Lei Tu, Yi Mou, Wen-Li Zhu, Ai-Yong He, Shen-Yu Zhu, Di Cao, Lei Yang, Xiao-Bo Tan, Qing Zhang, Guan-Lu Liang, Shu-Min Tang, Ye-Di Zhou, Li-Jun Feng, Li-Jun Zhan, Nan-Nan Tian, Ming-Jie Tang, Ya-Ping Yang, Moeen Riaz[1,2], Peter van Wijngaarden[1,2], Gregory J. Dusting[1,2], Guei-Sheung Liu[1,2], Yan He
机构	1. Centre for Eye Research Australia, Royal Victorian Eye and Ear Hospital, East Melbourne, Australia 2. Ophthalmology, Department of Surgery, University of Melbourne, East Melbourne, Australia
PMID	28664164
DOI	10.1016/j.omtm.2017.05.008
类别	Gene therapy/ 基因治疗
编号	73-2
标题	**Gene Therapy 2017: Progress and Future Directions**
期刊	Clin Transl Sci
年度页码	2017, 10（4）: 242-248
作者	A. M. Keeler, M. K. ElMallah, T. R. Flotte
机构	Horae Gene Therapy Center and Department of Pediatrics, University of Massachusetts Medical School, Worcester, Massachusetts, USA
PMID	28383804
DOI	10.1111/cts.12466
类别	Gene therapy/ 基因治疗
编号	73-3
标题	**Twenty-five Years of Gene Therapy for Genetic Diseases and Leukemia: The Road to Marketing Authorization of the First ex Vivo Gene Therapies**
期刊	J Autoimmun
年度页码	2017（85）: 98-102
作者	Claudio Bordignon
机构	Università Vita-Salute San Raffaele, Italy
PMID	28724503
DOI	10.1016/j.jaut.2017.07.005
类别	Gene therapy/ 基因治疗
编号	73-4

续表

标题	10th Anniversary of iPS Cells：The Challenges that Lie Ahead
期刊	J Biochem
年度页码	2016，160（3）：121-129
作者	Takashi Aoi
机构	Division of Advanced Medical Science，Graduate School of Science，Technology and Innovation Department of iPS Cell Applications，Graduate School of Medicine，Kobe University，Kobe，Japan Center for Human Resource Development for Regenerative Medicine，Kobe University Hospital，Kobe，Japan
PMID	27387749
DOI	10.1093/jb/mvw044
类别	iPS/ 诱导性多能干细胞
编号	74-1
标题	**iPS Cells：A Game Changer for Future Medicine**
期刊	EMBO J
年度页码	2014，33（5）：409-417
作者	Haruhisa Inoue[1]，Naoki Nagata，Hiromi Kurokawa，Shinya Yamanaka
机构	1. Center for iPS Cell Research and Application（CiRA），Kyoto University，Kyoto，Japan
PMID	24500035
DOI	10.1002/embj.201387098
类别	iPS/ 诱导性多能干细胞
编号	74-2
标题	**A Review of the Emerging Potential Therapy for Neurological Disorders：Human Embryonic Stem Cell Therapy**
期刊	Am J Stem Cells
年度页码	2017，6（1）：1-12
作者	Geeta Shroff，Jyoti Dhanda Titus，Rhea Shroff
机构	Department of Stem Cell Therapy，Nutech Mediworld，New Delhi，India
PMID	28533935
类别	Stem-cell therapy/ 干细胞治疗
编号	75-1

续表

标题	**Stem Cell Therapy：A Prospective Treatment for Alzheimer's Disease**
期刊	Psychiatry Investig
年度页码	2016，13（6）：583-589
作者	Ji Han Lee[1]，Il-Hoan Oh，Hyun Kook Lim
机构	1. Washington University in St. Louis，St. Louis，USA
PMID	27909447
DOI	10.4306/pi.2016.13.6.583
类别	Stem-cell therapy/ 干细胞治疗
编号	75-2
标题	**Recent Progress in Stem Cell Therapy for Diabetic Nephropathy**
期刊	Kidney Dis（Basel）
年度页码	2016，2（1）：20-27
作者	Yang Liu，Sydney C. W. Tang
机构	Division of Nephrology，Department of Medicine，The University of Hong Kong，Queen Mary Hospital，Hong Kong，China
PMID	27536688
DOI	10.1159/000441913
类别	Stem-cell therapy/ 干细胞治疗
编号	75-3
标题	**Adoptive T Cell Therapy：An Overview of Obstacles and Opportunities**
期刊	Cancer
年度页码	2017，123（S11）：2154-2162
作者	Erez Nissim Baruch[1,2]，Amy Lauren Berg[1]，Michal Judith Besser[1,2]，Jacob Schachter[1,2]，Gal Markel[1,2]
机构	1. The Ella Lemelbaum Institute of Immuno-oncology，Institute of Oncology，Sheba Medical Center，Tel Hashomer，Israel 2. Sackler Faculty of Medicine，Tel Aviv University，Israel
PMID	28543698
DOI	10.1002/cncr.30491
类别	Adoptive T-cell therapy/ 过继性 T 细胞治疗
编号	76-1
标题	**Reassessing Target Antigens for Adoptive T-Cell Therapy**
期刊	Nat Biotechnol

续表

年度页码	2013，31（11）：999-1008
作者	Christian S. Hinrichs[1]，Nicholas P. Restifo
机构	1. National Cancer Institute，Surgery Branch，National Institutes of Health，Bethesda，Maryland，USA
PMID	24142051
DOI	10.1038/nbt.2725
类别	Adoptive T-cell therapy/ 过继性 T 细胞治疗
编号	76-2
标题	**Adoptive T Cell Therapy of Cancer**
期刊	Curr Opin Immunol
年度页码	2010，22（2）：251-257
作者	Malcolm K. Brenner[1]，Helen E. Heslop
机构	1. Center for Cell and Gene Therapy，Baylor College of Medicine，The Methodist Hospital and Texas Children's Hospital，Houston，USA
PMID	20171074
DOI	10.1016/j.coi.2010.01.020
类别	Adoptive T-cell therapy/ 过继性 T 细胞治疗
编号	76-3
标题	**Adoptive T-Cell Therapy for the Treatment of Solid Tumours**
期刊	Expert Opin Biol Ther
年度页码	2002，2（1）：55-66
作者	Keith L. Knutson[1]，Bond Almand，David A. Mankoff，Kathy Schiffman，Mary L. Disis
机构	1. Division of Oncology，University of Washington，Seattle，USA
PMID	11772340
DOI	10.1517/14712598.2.1.55
类别	Adoptive T-cell therapy/ 过继性 T 细胞治疗
编号	76-4
标题	**Prospects for Adoptive T Cell Therapy**
期刊	Curr Opin Immunol
年度页码	1997，9（5）：702-708
作者	C. Yee[1]，S. R. Riddell，P. D. Greenberg

续表

机构	1. Clinical Research Division，Fred Hutchinson Cancer Research Center，Seattle，USA
PMID	9368780
DOI	10.1016/s0952-7915（97）80052-0
类别	Adoptive T-cell therapy/ 过继性 T 细胞治疗
编号	76-5
标题	**Clinical Development of CAR T Cells-Challenges and Opportunities in Translating Innovative Treatment Concepts**
期刊	EMBO Mol Med
年度页码	2017，9（9）：1183-1197
作者	Jessica Hartmann[1]，Martina Schüßler-Lenz，Attilio Bondanza，Christian J Buchholz[1]
机构	1. Molecular Biotechnology and Gene Therapy，Paul-Ehrlich-Institut，Langen，Germany
PMID	28765140
DOI	10.15252/emmm.201607485
类别	CAR-T/ 嵌合抗原受体 T 细胞免疫疗法
编号	77-1
标题	**Development of CAR T cells Designed to Improve Antitumor Efficacy and Safety**
期刊	Pharmacol Ther
年度页码	2017（178）：83-91
作者	Janneke E. Jaspers[1]，Renier J. Brentjens
机构	1. Department of Medicine，Memorial Sloan Kettering Cancer Center，New York，USA
PMID	28342824
DOI	10.1016/j.pharmthera.2017.03.012
类别	CAR-T/ 嵌合抗原受体 T 细胞免疫疗法
编号	77-2
标题	**Engineering CAR-T Cells**
期刊	Biomark Res
年度页码	2017（5）：22
作者	Cheng Zhang[1]，Jun Liu[1]，Jiang F. Zhong，Xi Zhang[1]

续表

机构	1. Department of Hematology，Xinqiao Hospital，Third Military Medical University，Chongqing，China
PMID	28652918
DOI	10.1186/s40364-017-0102-y
类别	CAR-T/ 嵌合抗原受体 T 细胞免疫疗法
编号	77-3
标题	**Global Manufacturing of CAR T Cell Therapy**
期刊	Mol Ther Methods Clin Dev
年度页码	2016（4）：92-101
作者	Bruce L. Levine[1]，James Miskin，Keith Wonnacott，Christopher Keir
机构	1. Department of Pathology and Laboratory Medicine，University of Pennsylvania，Philadelphia，USA
PMID	28344995
DOI	10.1016/j.omtm.2016.12.006
类别	CAR-T/ 嵌合抗原受体 T 细胞免疫疗法
编号	77-4
标题	**Taking a Stab at Cancer；Oncolytic Virus-Mediated Anti-Cancer Vaccination Strategies**
期刊	Biomedicines
年度页码	2017，5（1）：3
作者	Amelia Sadie Aitken[1,2]，Dominic Guy Roy，Marie-Claude Bourgeois-Daigneault
机构	1. Ottawa Hospital Research Institute，Center for Cancer Therapeutic，Ottawa，Canada 2. Department of Biochemistry，Microbiology and Immunology，Ottawa，Canada
PMID	28536346
DOI	10.3390/biomedicines5010003
类别	Oncolytic virus/ 溶瘤病毒
编号	78-1
标题	**Oncolytic Virus Therapy：A New Era of Cancer Treatment at Dawn**
期刊	Cancer Sci
年度页码	2016，107（10）：1373-1379
作者	Hiroshi Fukuhara[1]，Yasushi Ino，Tomoki Todo

续表

机构	1. Department of Urology，Graduate School of Medicine，The University of Tokyo，Tokyo，Japan
PMID	27486853
DOI	10.1111/cas.13027
类别	Oncolytic virus/ 溶瘤病毒
编号	78-2
标题	**The Oncolytic Virus，Pelareorep，as a Novel Anticancer Agent：A Review**
期刊	Invest New Drugs
年度页码	2015，33（3）：761-774
作者	Romit Chakrabarty[1]，Hue Tran，Giovanni Selvaggi，Allison Hagerman，Brad Thompson，Matt Coffey
机构	1. Oncolytics Biotech Inc.，Calgary，Canada
PMID	25693885
DOI	10.1007/s10637-015-0216-8
类别	Oncolytic virus/ 溶瘤病毒
编号	78-3
标题	**Targeting Cancer Stem Cells with Oncolytic Virus**
期刊	Stem Cell Investig
年度页码	2014（1）：20
作者	Yin Tong[1,2]，Wenbin Qian[2]
机构	1. Department of Hematology，Shanghai General Hospital，Shanghai，China 2. Institute of Hematology，the First Afflilated Hospital，College of Medicine，Zhejiang University，Hangzhou，China
PMID	27358866
DOI	10.3978/j.issn.2306-9759.2014.11.01
类别	Oncolytic virus/ 溶瘤病毒
编号	78-4
标题	**Tumor Restrictions to Oncolytic Virus**
期刊	Biomedicines
年度页码	2014，2（2）：163-194
作者	Markus Vähä-Koskela[1]，Ari Hinkkanen
机构	1. Institute of Biotechnology，University of Helsinki，Helsinki，Finland
PMID	28548066

续表

DOI	10.3390/biomedicines2020163
类别	Oncolytic virus/ 溶瘤病毒
编号	78-5
标题	**Oncolytic Virus Therapy for Cancer**
期刊	Oncolytic Virother
年度页码	2013（2）：31-46
作者	Joe Goldufsky[1]，Shanthi Sivendran，Sara Harcharik，Michael Pan，Sebastian Bernardo，Richard H. Stern，Philip Friedlander，Carl E. Ruby，Yvonne Saenger，Howard L. Kaufman
机构	1. Department of Immunology & Microbiology，Rush University Medical Center，Chicago，USA
PMID	27512656
DOI	10.2147/OV.S38901
类别	Oncolytic virus/ 溶瘤病毒
编号	78-6
标题	**Phage Therapy in Bacterial Infections Treatment：One Hundred Years After the Discovery of Bacteriophages**
期刊	Curr Microbiol
年度页码	2017，74（2）：277-283
作者	Agata Anna Cisek[1]，Iwona Dąbrowska，Karolina Paulina Gregorczyk，Zbigniew Wyzewski
机构	1. Division of Microbiology，Department of Preclinical Sciences，Faculty of Veterinary Medicine，Warsaw University of Life Sciences-SGGW，Poland
PMID	27896482
DOI	10.1007/s00284-016-1166-x
类别	Phage therapy/ 噬菌体治疗
编号	79-1
标题	**Phage Therapy：An Alternative to Antibiotics in the Age of Multi-drug Resistance**
期刊	World J Gastrointest Pharmacol Ther
年度页码	2017，8（3）：162-173
作者	Derek M. Lin，Britt Koskella，Henry C. Lin
机构	Section of Gastroenterology，New Mexico VA Health Care System，Albuquerque，USA

续表

PMID	28828194
DOI	10.4292/wjgpt.v8.i3.162
类别	Phage therapy/ 噬菌体治疗
编号	79-2
标题	**Phage Therapy in the Era of Synthetic Biology**
期刊	Cold Spring Harb Perspect Biol
年度页码	2016，8（10）：a023879
作者	E. Magda Barbu，Kyle C. Cady，Bolyn Hubby
机构	Synthetic Genomics，La Jolla，California
PMID	27481531
DOI	10.1101/cshperspect.a023879
类别	Phage therapy/ 噬菌体治疗
编号	79-3
标题	**Phage Therapy—Constraints and Possibilities**
期刊	Ups J Med Sci
年度页码	2014，119（2）：192-198
作者	Anders S. Nilsson
机构	Department of Molecular Biosciences，The Wenner-Gren Institute，Stockholm University，Sweden
PMID	24678769
DOI	10.3109/03009734.2014.902878
类别	Phage therapy/ 噬菌体治疗
编号	79-4
标题	**Phage Therapy**
期刊	Drug Discov Today
年度页码	2009，14（11-12）：536-540
作者	John N. Housby[1]，Nicholas H. Mann
机构	1. Novolytics Ltd.，Barclays Venture Centre，Coventry，UK
PMID	19508915
DOI	10.1016/j.drudis.2009.03.006
类别	Phage therapy/ 噬菌体治疗
编号	79-5

续表

标题	**Biotechnological Challenges of Phage Therapy**
期刊	Biotechnol Lett
年度页码	2007，29（7）：995-1003
作者	Mikael Skurnik[1]，Maria Pajunen，Saija Kiljunen
机构	1. Department of Bacteriology and Immunology，Haartman Institute，University of Helsinki，Helsinki，Finland
PMID	17364214
DOI	10.1007/s10529-007-9346-1
类别	Phage therapy/ 噬菌体治疗
编号	79-6
标题	**Strategies for Optimization of Heterologous Protein Expression in E. coli：Roadblocks and Reinforcements**
期刊	Int J Biol Macromol
年度页码	2018（106）：803-822
作者	Jashandeep Kaur[1]，Arbind Kumar，Jagdeep Kaur
机构	1. Department of Biotechnology，BMS Block-1，South Campus，Panjab University，Chandigarh，India
PMID	28830778
DOI	10.1016/j.ijbiomac.2017.08.080
类别	*E.coli* expression/ 大肠杆菌表达
编号	80-1
标题	**The Challenges of Recombinant Endostatin in Clinical Application：Focus on the Different Expression Systems and Molecular Bioengineering**
期刊	Adv Pharm Bull
年度页码	2017，7（1）：21-34
作者	Abbas Mohajeri[1,2]，Sarvin Sanaei[2]，Farhad Kiafar[1]，Amir Fattahi，Majid Khalili，Nosratollah Zarghami[2]
机构	1. Department of Biotechnology，Zahravi Pharmaceutical Company，Tabriz，Iran 2. Tuberculosis and Lung Disease Research Center，Tabriz University of Medical Sciences，Tabriz，Iran
PMID	28507934
DOI	10.15171/apb.2017.004
类别	*E.coli* expression/ 大肠杆菌表达

续表

编号	80-2
标题	**Yeast as an Expression System for Producing Virus-like Particles：What Factors do we Need to Consider?**
期刊	Lett Appl Microbiol
年度页码	2017，64（2）：111-123
作者	H. J. Kim，H. J. Kim
机构	Laboratory of Virology，College of Pharmacy，Chung-Ang University，Seoul，ROK
PMID	27859400
DOI	10.1111/lam.12695
类别	Yeast expression/ 酵母表达
编号	81-1
标题	**Yeast Expression Platforms**
期刊	Appl Microbiol Biotechnol
年度页码	2007，77（3）：513-523
作者	Erik Böer[1]，Gerhard Steinborn，Gotthard Kunze，Gerd Gellissen
机构	1. Leibniz-Institut für Pflanzengenetik und Kulturpflanzenforschung，Gatersleben，Germany
PMID	17924105
DOI	10.1007/s00253-007-1209-0
类别	Yeast expression/ 酵母表达
编号	81-2
标题	**Thirty Years of Baculovirus-insect Cell Protein Expression：From Dark Horse to Mainstream Technology**
期刊	J Gen Virol
年度页码	2015，96（1）：6-23
作者	Monique M. van Oers，Gorben P. Pijlman，Just M. Vlak
机构	Laboratory of Virology，Wageningen University，Wageningen，The Netherlands
PMID	25246703
DOI	10.1099/vir.0.067108-0
类别	Insect baculovirus/ 昆虫杆状病毒表达
编号	82-1

续表

标题	**Baculovirus-mediated Gene Delivery and RNAi Applications**
期刊	Viruses
年度页码	2015，7（4）：2099-2125
作者	Kaisa-Emilia Makkonen[1]，Kari Airenne，Seppo Ylä-Herttulala
机构	1. Virtanen Institute，Department of Biotechnology and Molecular Medicine，University of Eastern Finland，Finland
PMID	25912715
DOI	10.3390/v7042099
类别	Insect baculovirus/ 昆虫杆状病毒表达
编号	82-2
标题	**Recombinant Protein Vaccines Produced in Insect Cells**
期刊	Vaccine
年度页码	2012，30（10）：1759-1766
作者	Manon M. J. Cox
机构	Protein Sciences Corporation，Meriden，USA
PMID	22265860
DOI	10.1016/j.vaccine.2012.01.016
类别	Insect baculovirus/ 昆虫杆状病毒表达
编号	82-3
标题	**Baculovirus as a Vaccine Vector**
期刊	Bioengineered
年度页码	2012，3（5）：271-274
作者	Hsin-Yu Lu[1]，Yi-Hsuan Chen，Hung-Jen Liu
机构	1. Institute of Molecular Biology，National Chung Hsing University，Taichung，Taiwan，China
PMID	22705893
DOI	10.4161/bioe.20679
类别	Insect baculovirus/ 昆虫杆状病毒表达
编号	82-4
标题	**Synthetic Gene Design— The Rationale for Codon Optimization and Implications for Molecular Pharming in Plants**
期刊	Biotechnol Bioeng
年度页码	2017，114（3）：492-502

续表

作者	Gina R. Webster，Audrey YH. Teh，Julian KC. Ma
机构	Molecular Immunology Unit，Institute for Infection and Immunity，St. George's University of London，London，UK
PMID	27618314
DOI	10.1002/bit.26183
类别	Codon optimization/ 密码子优化
编号	83-1
标题	**A Critical Analysis of Codon Optimization in Human Therapeutics**
期刊	Trends Mol Med
年度页码	2014，20（11）：604-613
作者	Vincent P. Mauro，Stephen A. Chappell
机构	Department of Cell and Molecular Biology，The Scripps Research Institute，La Jolla，USA
PMID	25263172
DOI	10.1016/j.molmed.2014.09.003
类别	Codon optimization/ 密码子优化
编号	83-2
标题	**Expression of Codon Optimized Genes in Microbial Systems：Current Industrial Applications and Perspectives**
期刊	Front Microbiol
年度页码	2014（5）：21
作者	Claudia Elena，Pablo Ravasi，María E. Castelli，Salvador Peirú，Hugo G. Menzella
机构	Genetic Engineering and Fermentation Technology，Facultad de Ciencias Bioquímicas y Farmacéuticas，Universidad Nacional de Rosario-Conicet Rosario，Argentina
PMID	24550894
DOI	10.3389/fmicb.2014.00021
类别	Codon optimization/ 密码子优化
编号	83-3
标题	**High-Throughput Screening Technologies for Enzyme Engineering**
期刊	Curr Opin Biotechnol
年度页码	2017（48）：196-202

续表

作者	Chelsea K. Longwell[1]，Louai Labanieh，Jennifer R. Cochran
机构	1. Department of Chemical and Systems Biology，Stanford University，USA
PMID	28624724
DOI	10.1016/j.copbio.2017.05.012
类别	High-throughput screening/ 高通量筛选
编号	84-1
标题	**High-Throughput Screening in Protein Engineering：Recent Advances and Future Perspectives**
期刊	Int J Mol Sci
年度页码	2015，16（10）：24918-24945
作者	Magdalena Wójcik[1]，Aline Telzerow，Wim J. Quax，Ykelien L. Boersma
机构	1. Groningen Research Institute of Pharmacy，Department of Pharmaceutical Biology，University of Groningen，The Netherlands
PMID	26492240
DOI	10.3390/ijms161024918
类别	High-throughput screening/ 高通量筛选
编号	84-2
标题	**Impact of High-throughput Screening in Biomedical Research**
期刊	Nat Rev Drug Discov
年度页码	2011，10（3）：188-195
作者	Ricardo Macarron[1]，Martyn N. Banks，Dejan Bojanic，David J. Burns，Dragan A. Cirovic，Tina Garyantes，Darren V. S Green，Robert P. Hertzberg，William P. Janzen，Jeff W. Paslay，Ulrich Schopfer，G Sitta Sittampalam
机构	1. Department of Sample Management Technologies，GlaxoSmithKline，Collegeville，USA
PMID	21358738
DOI	10.1038/nrd3368
类别	High-throughput screening/ 高通量筛选
编号	84-3
标题	**Combinatorial Chemistry in Drug Discovery**
期刊	Curr Opin Chem Biol
年度页码	2017（38）：117-126
作者	Ruiwu Liu[1]，Xiaocen Li[1]，Kit S. Lam

续表

机构	1. Department of Biochemistry and Molecular Medicine，University of California Davis，Sacramento，USA；University of California Davis Comprehensive Cancer Center，Sacramento，USA
PMID	28494316
DOI	10.1016/j.cbpa.2017.03.017
类别	Combinatorial chemistry/ 组合化学
编号	85-1
标题	**The Rise，Fall and Reinvention of Combinatorial Chemistry**
期刊	Chem Commun（Camb）
年度页码	2011，47（35）：9757-9763
作者	Thomas Kodadek
机构	Department of Chemistry，The Scripps Research Institute，Scripps Florida，USA
PMID	21701754
DOI	10.1039/c1cc12102b
类别	Combinatorial chemistry/ 组合化学
编号	85-2
标题	**Combinatorial Chemistry：Oh what a Decade or Two Can do**
期刊	Mol Divers
年度页码	2009，13（2）：241-245
作者	Walter H. Moos[1]，Clarence R. Hurt，Guillermo A. Morales
机构	1. SRI International，USA
PMID	19255865
DOI	10.1007/s11030-009-9127-y
类别	Combinatorial chemistry/ 组合化学
编号	85-3
标题	**Combinatorial Chemistry in the Agrosciences**
期刊	Bioorg Med Chem
年度页码	2009，17（12）：4035-4046
作者	Stephen D. Lindell[1]，Lisa C. Pattenden，Jonathan Shannon
机构	1. Bayer CropScience AG，Germany
PMID	19349185
DOI	10.1016/j.bmc.2009.03.027

续表

类别	Combinatorial chemistry/ 组合化学
编号	85-4
标题	**Combinatorial Chemistry and High-throughput Screening for the Discovery of Organocatalysts**
期刊	Curr Opin Chem Biol
年度页码	2004，8（3）：319-326
作者	María Hechavarría Fonseca[1]，Benjamin List
机构	1. Max Planck Institut für Kohlenforschung，Germany
PMID	15183331
DOI	10.1016/j.cbpa.2004.04.013
类别	Combinatorial chemistry/ 组合化学
编号	85-5
标题	**Natural Products and Combinatorial Chemistry：Back to the Future**
期刊	Curr Opin Chem Biol
年度页码	2004，8（3）：271-280
作者	Jean-Yves Ortholand[1]，A. Ganesan
机构	1. Merck Santé，France
PMID	15183325
DOI	10.1016/j.cbpa.2004.04.011
类别	Combinatorial chemistry/ 组合化学
编号	85-6
标题	**From Combinatorial Chemistry to Chemical Microarray**
期刊	Curr Opin Chem Biol
年度页码	2002，6（3）：353-358
作者	Kit S. Lam[1]，Manat Renil
机构	1. Division of Hematology and Oncology，UCD Cancer Center，Sacramento，USA
PMID	12023117
DOI	10.1016/s1367-5931（02）00326-5
类别	Combinatorial chemistry/ 组合化学
编号	85-7
标题	**Combinatorial Chemistry in Anti-Infectives Research**
期刊	Drug Discov Today

续表

年度页码	2002，7（2）：126-132
作者	Jac C. H. M. Wijkmans[1]，R. Paul Beckett
机构	1. OSI Pharmaceuticals，Oxford，UK
PMID	11790623
DOI	10.1016/s1359-6446（01）02092-x
类别	Combinatorial chemistry/ 组合化学
编号	85-8
标题	**First Principle-Based Models in Plant Suspension Cell Cultures：A Review**
期刊	Crit Rev Biotechnol
年度页码	2017，37（8）：1077-1089
作者	Adriana Villegas[1,2]，Juan Pablo Arias，Daira Aragón，Silvia Ochoa[1]，Mario Arias
机构	1. Research Group in Simulation，Design，Control and Optimization of chemical processes（SIDCOP），Faculty of Engineering，Universidad de Antioquia，Medellín，Colombia 2. Termomec Research Group，Faculty of Engineering，Universidad Cooperativa de Colombia，Medellín，Colombia
PMID	28427274
DOI	10.1080/07388551.2017.1304891
类别	Suspension culture/ 悬浮培养
编号	86-1
标题	**Bioreactor Concepts for Cell Culture-Based Viral Vaccine Production**
期刊	Expert Rev Vaccines
年度页码	2015，14（9）：1181-1195
作者	Lilí Esmeralda Gallo-Ramírez[1]，Alexander Nikolay，Yvonne Genzel，Udo Reichl
机构	1. Max Planck Institute for Dynamics of Complex Technical Systems，Bioprocess Engineering，Magdeburg，Germany
PMID	26178380
DOI	10.1586/14760584.2015.1067144
类别	Bioreactor/ 生物反应器
编号	87-1

续表

标题	**Tobacco，a Highly Efficient Green Bioreactor for Production of Therapeutic Proteins**
期刊	Biotechnol Adv
年度页码	2010，28（2）：214-221
作者	Reynald Tremblay[1]，David Wang，Anthony M. Jevnikar，Shengwu Ma
机构	1. Department of Biology，University of Western Ontario，London，Ontario，Canada
PMID	19961918
DOI	10.1016/j.biotechadv.2009.11.008
类别	Bioreactor/ 生物反应器
编号	87-2
标题	**Dexpanthenol：An Overview of its Contribution to Symptom Relief in Acute Rhinitis Treated with Decongestant Nasal Sprays**
期刊	led Clinical Trial Adv Ther
年度页码	2017，34（8）：1850-1858
作者	Ralph Mösges[1]，Kija Shah-Hosseini[1]，Hans-Peter Hucke，Marie-Josefine Joisten
机构	1. Faculty of Medicine，Institute of Medical Statistics，Informatics and Epidemiology，University of Cologne，Cologne，Germany
PMID	28695477
DOI	10.1007/s12325-017-0581-0
类别	Nasal sprays/ 鼻喷剂
编号	88-1
标题	**Cell Microencapsulation with Synthetic Polymers**
期刊	J Biomed Mater Res A
年度页码	2015，103（2）：846-859
作者	Ronke M. Olabisi
机构	Department of Biomedical Engineering，Rutgers University，Piscataway，New Jersey
PMID	24771675
DOI	10.1002/jbm.a.35205
类别	Microencapsulation/ 微囊
编号	89-1

续表

标题	**Advanced Progress of Microencapsulation Technologies：In Vivo and in Vitro Models for Studying Oral and Transdermal Drug Deliveries**
期刊	J Control Release
年度页码	2014（178）：25-45
作者	P. L. Lam[1]，R. Gambari
机构	1. State Key Laboratory of Chirosciences，Department of Applied Biology and Chemical Technology，The Hong Kong Polytechnic University，Kowloon，Hong Kong，China
PMID	24417967
DOI	10.1016/j.jconrel.2013.12.028
类别	Microencapsulation/ 微囊
编号	89-2
标题	**Cancer-on-a-Chip Systems at the Frontier of Nanomedicine**
期刊	Drug Discov Today
年度页码	2017，22（9）：1392-1399
作者	Yu Shrike Zhang[1]，Yi-Nan Zhang，Weijia Zhang
机构	1. Division of Engineering in Medicine，Department of Medicine，Brigham and Women's Hospital，Harvard Medical School，Cambridge，USA
PMID	28390929
DOI	10.1016/j.drudis.2017.03.011
类别	Organ chip/ 芯片上的器官
编号	90-1
标题	**A Review of the Application of Body-on-a-Chip for Drug Test and Its Latest Trend of Incorporating Barrier Tissue**
期刊	J Lab Autom
年度页码	2016，21（5）：615-624
作者	Haoyi Jin[1]，Yanqiu Yu
机构	1. Department of Pathophysiology，College of Basic Medicine，China Medical University，Undergraduate，Shenyang，China
PMID	26721822
DOI	10.1177/2211068215619126
类别	Organ chip/ 芯片上的器官
编号	90-2

续表

标题	**Organ-on-a-Chip：New Platform for Biological Analysis**
期刊	Anal Chem Insights
年度页码	2015（10）：39–45
作者	Fan An[1]，Yueyang Qu[1]，Xianming Liu，Runtao Zhong，Yong Luo[1]
机构	1. School of Pharmaceutical Science and Technology，Dalian University of Technology，Dalian，China.；State Key Laboratory of Fine Chemicals，Department of Chemical Engineering，Dalian University of Technology，Dalian，China
PMID	26640364
DOI	10.4137/ACI.S28905
类别	Organ chip/ 芯片上的器官
编号	90–3
标题	**Recent Advances in Synthetic Biology for Engineering Isoprenoid Production in Yeast**
期刊	Curr Opin Chem Biol
年度页码	2017（40）：47–56
作者	Claudia E. Vickers[1]，Thomas C. Williams，Bingyin Peng，Joel Cherry
机构	1. Australian Institute for Bioengineering and Nanotechnology，The University of Queensland，St Lucia，QLD，Australia；Commonwealth Research Organization（CSIRO），Land and Water，Ecosciences Precinct，Queensland，Australia
PMID	28623722
DOI	10.1016/j.cbpa.2017.05.017
类别	Synthetic biology/ 合成生物学
编号	91–1
标题	**Synthetic Biology：Engineering Living Systems from Biophysical Principles**
期刊	Biophys J
年度页码	2017，112（6）：1050–1058
作者	Bryan A. Bartley，Kyung Kim，J. Kyle Medley，Herbert M. Sauro
机构	Department of Bioengineering，University of Washington，Seattle，Washington
PMID	28355534
DOI	10.1016/j.bpj.2017.02.013
类别	Synthetic biology/ 合成生物学

续表

编号	91-2
标题	**Synthetic Biology Era：Improving Antibiotic's World**
期刊	Biochem Pharmacol
年度页码	2017（134）：99-113
作者	Silvia Guzmán-Trampe[1]，Corina D. Ceapa，Monserrat Manzo-Ruiz，Sergio Sánchez
机构	1. Departamento de Biología Molecular y Biotecnología，Instituto de Investigaciones Biomédicas，Universidad Nacional Autónoma de México，Mexico
PMID	28159623
DOI	10.1016/j.bcp.2017.01.015
类别	Synthetic biology/ 合成生物学
编号	91-3
标题	**Synthetic Biology：From Mainstream to Counterculture**
期刊	Arch Microbiol
年度页码	2016，198（7）：711-713
作者	Roy D. Sleator
机构	Department of Biological Sciences，Cork Institute of Technology，Bishopstown，Cork，Ireland
PMID	27316777
DOI	10.1007/s00203-016-1257-x
类别	Synthetic biology/ 合成生物学
编号	91-4
标题	**Tools and Applications in Synthetic Biology**
期刊	Adv Drug Deliv Rev
年度页码	2016（105A）：20-34
作者	I. Cody MacDonald[1]，Tara L. Deans
机构	1. Department of Bioengineering，University of Utah，Salt Lake City，USA
PMID	27568463
DOI	10.1016/j.addr.2016.08.008
类别	Synthetic biology/ 合成生物学
编号	91-5

续表

标题	Synthetic Biology to Access and Expand Nature's Chemical Diversity
期刊	Nat Rev Microbiol
年度页码	2016，14（3）：135-149
作者	Michael J. Smanski[1,2]，Hui Zhou[2]，Jan Claesen，Ben Shen，Michael A. Fischbach，Christopher A. Voigt[2]
机构	1. Department of Biochemistry，Molecular Biology，and Biophysics and the BioTechnology Institute，University of Minnesota Twin Cities，Saint Paul，USA 2. Synthetic Biology Center，Department of Biological Engineering，Massachusetts Institute of Technology，Cambridge，USA
PMID	26876034
DOI	10.1038/nrmicro.2015.24
类别	Synthetic biology/ 合成生物学
编号	91-6
标题	**Standardization for Natural Product Synthetic Biology**
期刊	Nat Prod Rep
年度页码	2016，33（8）：920-924
作者	Huimin Zhao[1]，Marnix H. Medema
机构	1. Department of Chemical and Biomolecular Engineering，Carl R. Woese Institute for Genomic Biology，University of Illinois at Urbana-Champaign，Urbana，USA
PMID	27313083
DOI	10.1039/c6np00030d
类别	Synthetic biology/ 合成生物学
编号	91-7
标题	**Recent Developments in Systems Biology and Metabolic Engineering of Plant-Microbe Interactions**
期刊	Front Plant Sci
年度页码	2016（7）：1421
作者	Vishal Kumar，Mehak Baweja，Puneet K Singh，Pratyoosh Shukla
机构	Enzyme Technology and Protein Bioinformatics Laboratory，Department of Microbiology，Maharshi Dayanand University Rohtak，India
PMID	27725824
DOI	10.3389/fpls.2016.01421

续表

类别	Metabolic engineering/ 代谢工程
编号	92-1
标题	**Recent Trends in Metabolic Engineering of Microorganisms for the Production of Advanced Biofuels**
期刊	Curr Opin Chem Biol
年度页码	2016（35）：10-21
作者	Seungwoo Cheon[1]，Hye Mi Kim[1]，Martin Gustavsson，Sang Yup Lee
机构	1. Metabolic and Biomolecular Engineering National Research Laboratory，Department of Chemical and Biomolecular Engineering，BioProcess Engineering Research Center，Center for Systems and Synthetic Biotechnology，and Institute for the BioCentury，KAIST，ROK
PMID	27552559
DOI	10.1016/j.cbpa.2016.08.003
类别	Metabolic engineering/ 代谢工程
编号	92-2
标题	**Advancing Metabolic Engineering Through Systems Biology of Industrial Microorganisms**
期刊	Curr Opin Biotechnol
年度页码	2015（36）：8-15
作者	Zongjie Dai[1]，Jens Nielsen
机构	1. Novo Nordisk Foundation Center for Biosustainability，Chalmers University of Technology，Gothenburg，Sweden；Department of Biology and Biological Engineering，Chalmers University of Technology，Sweden
PMID	26318074
DOI	10.1016/j.copbio.2015.08.006
类别	Metabolic engineering/ 代谢工程
编号	92-3
标题	**Metabolic Engineering of Microorganisms for the Production of Higher Alcohols**
期刊	mBio
年度页码	2014，5（5）：e01524-14
作者	Yong Jun Choi[1]，Joungmin Lee[1]，Yu-Sin Jang[1]，Sang Yup Lee

续表

机构	1. Department of Chemical and Biomolecular Engineering（BK21 Plus Program），Metabolic and Biomolecular Engineering National Research Laboratory，BioProcess Engineering Research Center，Center for Systems and Synthetic Biotechnology，Institute for the BioCentury，KAIST，Daejeon，ROK
PMID	25182323
DOI	10.1128/mBio.01524-14
类别	Metabolic engineering/ 代谢工程
编号	92-4
标题	**Competent Processing Techniques for Scaffolds in Tissue Engineering**
期刊	Biotechnol Adv
年度页码	2017，35（2）：240-250
作者	Ranjna C. Dutta[1]，Madhuri Dey，Aroop K. Dutta，Bikramjit Basu
机构	1. ExCel Matrix Biological Devices（P）Ltd，Hyderabad，India；Laboratory for Biomaterilas，Materials Research Centre，Indian Institute of Science，Bangalore，India
PMID	28095322
DOI	10.1016/j.biotechadv.2017.01.001
类别	Tissue engineering/ 组织工程
编号	93-1
标题	**Cutting-edge Platforms in Cardiac Tissue Engineering**
期刊	Curr Opin Biotechnol
年度页码	2017（47）：23-29
作者	Sharon Fleischer[1]，Ron Feiner[1]，Tal Dvir
机构	1. The Laboratory for Tissue Engineering and Regenerative Medicine，Department of Molecular Microbiology and Biotechnology，George S. Wise Faculty of Life Science，Tel Aviv University，Israel；Center for Nanoscience and Nanotechnology，Tel Aviv University，Israel
PMID	28578251
DOI	10.1016/j.copbio.2017.05.008
类别	Tissue engineering/ 组织工程
编号	93-2

续表

标题	**Concise Review：Embryonic Stem Cells Derived by Somatic Cell Nuclear Transfer：A Horse in the Race?**
期刊	Stem Cells
年度页码	2017，35（1）：26-34
作者	Don P. Wolf [1,2]，Robert Morey，Eunju Kang[1,2]，Hong Ma[1,2]，Tomonari Hayama[1,2]，Louise C. Laurent，Shoukhrat Mitalipov[1,2]
机构	1. Center for Embryonic Cell and Gene Therapy，Oregon Health & Science University，Portland，Oregon，USA 2. Division of Reproductive & Developmental Sciences，Oregon National Primate Research Center，Oregon Health & Science University，Beaverton，Oregon，USA
PMID	27612640
DOI	10.1002/stem.2496
类别	Somatic cell nuclear transfer/ 体细胞核转移
编号	94-1
标题	**Reprogramming Enhancers in Somatic Cell Nuclear Transfer，iPSC Technology，and Direct Conversion**
期刊	Stem Cell Rev Rep
年度页码	2017，13（1）：24-34
作者	Daekee Kwon[1]，Minjun Ji[1]，Seunghee Lee[1]，Kwang Won Seo，Kyung-Sun Kang
机构	1. Stem Cells and Regenerative Bioengineering Institute in Kangstem Biotech，Seoul National University，Seoul，ROK
PMID	27817181
DOI	10.1007/s12015-016-9697-x
类别	Somatic cell nuclear transfer/ 体细胞核转移
编号	94-2
标题	**A New，Dynamic Era for Somatic Cell Nuclear Transfer?**
期刊	Trends Biotechnol
年度页码	2016，34（10）：791-797
作者	Pasqualino Loi[1]，Domenico Iuso，Marta Czernik，Atsuo Ogura
机构	1. Faculty of Veterinary Medicine，University of Teramo，Campus Sant'Agostino，Italy
PMID	27118511

续表

DOI	10.1016/j.tibtech.2016.03.008
类别	Somatic cell nuclear transfer/ 体细胞核转移
编号	94-3
标题	**Somatic Cell Nuclear Transfer：Origins，the Present Position and Future Opportunities**
期刊	Philos Trans R Soc Lond B Biol Sci
年度页码	2015，370（1680）：20140366
作者	Ian Wilmut，Yu Bai，Jane Taylor
机构	MRC Centre for Regenerative Medicine，University of Edinburgh，UK
PMID	26416677
DOI	10.1098/rstb.2014.0366
类别	Somatic cell nuclear transfer/ 体细胞核转移
编号	94-4
标题	**Interspecies Somatic Cell Nuclear Transfer：Advancements and Problems**
期刊	Cell Reprogram
年度页码	2013，15（5）：374-384
作者	Irina Lagutina[1]，Helena Fulka，Giovanna Lazzari，Cesare Galli
机构	1. Avantea，Laboratorio di Tecnologie della Riproduzione，Cremona，Italy
PMID	24033141
DOI	10.1089/cell.2013.0036
类别	Somatic cell nuclear transfer/ 体细胞核转移
编号	94-5
标题	**Recent Advancements in Cloning by Somatic Cell Nuclear Transfer**
期刊	Philos Trans R Soc Lond B Biol Sci
年度页码	2013，368（1609）：20110329
作者	Atsuo Ogura[1]，Kimiko Inoue，Teruhiko Wakayama
机构	1. RIKEN BioResource Center，Tsukuba，Ibaraki，Japan
PMID	23166393
DOI	10.1098/rstb.2011.0329
类别	Somatic cell nuclear transfer/ 体细胞核转移
编号	94-6

续表

标题	**Bioprinting and Its Applications in Tissue Engineering and Regenerative Medicine**
期刊	Int J Biol Macromol
年度页码	2018,（107A）：261-275
作者	Waeljumah Aljohani[1]，Muhammad Wajid Ullah，Xianglin Zhang，Guang Yang
机构	1. Department of Biomedical Engineering，Huazhong University of Science and Technology，Wuhan，China；National Engineering Research Center for Nano-Medicine，Huazhong University of Science and Technology，Wuhan，China；School of Materials Science and Engineering，Huazhong University of Science and Technology，Wuhan，China
PMID	28870749
DOI	10.1016/j.ijbiomac.2017.08.171
类别	Bioprinting/ 生物打印
编号	95-1
标题	**3D Bioprinting for Reconstructive Surgery：Principles，Applications and Challenges**
期刊	J Plast Reconstr Aesthet Surg
年度页码	2017，70（9）：1155-1170
作者	Zita M. Jessop[1]，Ayesha Al-Sabah，Matthew D. Gardiner，Emman Combellack[1]，Karl Hawkins，Iain S. Whitaker
机构	1. Reconstructive Surgery & Regenerative Medicine Group，Institute of Life Science，Swansea University Medical School，Swansea，UK；The Welsh Centre for Burns and Plastic Surgery，Morriston Hospital，Swansea，UK
PMID	28734756
DOI	10.1016/j.bjps.2017.06.001
类别	Bioprinting/ 生物打印
编号	95-2
标题	**3D Bioprinting for Drug Discovery and Development in Pharmaceutics**
期刊	Acta Biomater
年度页码	2017（57）：26-46
作者	Weijie Peng[1]，Pallab Datta，Bugra Ayan，Veli Ozbolat，Donna Sosnoski，Ibrahim T. Ozbolat

续表

机构	1. Jiangxi Academy of Medical Science，Hospital of Nanchang University，Nanchang，Jiangxi，China；Department of Pharmacology，Nanchang University，Nanchang，Jiangxi，China；Engineering Science and Mechanics Department，Penn State University，University Park，USA
PMID	28501712
DOI	10.1016/j.actbio.2017.05.025
类别	Bioprinting/ 生物打印
编号	95-3
标题	**4D Bioprinting for Biomedical Applications**
期刊	Trends Biotechnol
年度页码	2016，34（9）：746-756
作者	Bin Gao[1]，Qingzhen Yang，Xin Zhao，Guorui Jin，Yufei Ma，Feng Xu
机构	1. Department of Endocrinology and Metabolism，Xijing Hospital，Fourth Military Medical University，Xi'an，China
PMID	27056447
DOI	10.1016/j.tibtech.2016.03.004
类别	Bioprinting/ 生物打印
编号	95-4
标题	**Application Areas of 3D Bioprinting**
期刊	Drug Discov Today
年度页码	2016，21（8）：1257-1271
作者	Ibrahim T. Ozbolat[1]，Weijie Peng，Veli Ozbolat
机构	1. Engineering Science and Mechanics Department，The Pennsylvania State University，State College，USA；The Huck Institutes of the Life Sciences，The Pennsylvania State University，State College，USA
PMID	27086009
DOI	10.1016/j.drudis.2016.04.006
类别	Bioprinting/ 生物打印
编号	95-5
标题	**Bioprinting Technology and Its Applications**
期刊	Eur J Cardiothorac Surg
年度页码	2014，46（3）：342-348
作者	Young-Joon Seol[1]，Hyun-Wook Kang[1]，Sang Jin Lee[1]，Anthony Atala[1]，James J. Yoo

续表

机构	1. Wake Forest Institute for Regenerative Medicine，Wake Forest School of Medicine Medical Center Boulevard，Winston-Salem，USA
PMID	25061217
DOI	10.1093/ejcts/ezu148
类别	Bioprinting/ 生物打印
编号	95-6
标题	**Bioprinting：A Beginning**
期刊	Tissue Eng
年度页码	2006，12（4）：631-634
作者	Vladimir Mironov[1]，Nuno Reis，Brian Derby
机构	1. Department of Cell Biology and Anatomy，Medical University of South Carolina，Charleston，USA
PMID	16674278
DOI	10.1089/ten.2006.12.631
类别	Bioprinting/ 生物打印
编号	95-7
标题	**Optogenetics：Turning the Microscope on Its Head**
期刊	Biophys J
年度页码	2016，110（5）：997-1003
作者	Adam E. Cohen
机构	Departments of Chemistry and Chemical Biology and Physics，Howard Hughes Medical Institute，Harvard University，Cambridge，Massachusetts
PMID	26958872
DOI	10.1016/j.bpj.2016.02.011
类别	Optogenetics/ 光遗传学
编号	96-1
标题	**Optogenetics：10 Years of Microbial Opsins in Neuroscience**
期刊	Nat Neurosci
年度页码	2015，18（9）：1213-1225
作者	Karl Deisseroth
机构	Departments of Bioengineering and of Psychiatry and Behavioral Sciences and the Howard Hughes Medical Institute，Stanford University，Stanford，California，USA

续表

PMID	26308982
DOI	10.1038/nn.4091
类别	Optogenetics/ 光遗传学
编号	96-2
标题	**Optogenetics**
期刊	Proc Natl Acad Sci USA
年度页码	2013，110（41）：16287
作者	Sarah C. P. Williams[1]，Karl Deisseroth
机构	1. Science Writer Department of Bioengineering and Psychiatry and Department of Behavioral Sciences，Howard Hughes Medical Institute，Stanford University，Stanford
PMID	24106299
DOI	10.1073/pnas.1317033110
类别	Optogenetics/ 光遗传学
编号	96-3
标题	**Biomineralization：From Material Tactics to Biological Strategy**
期刊	Adv Mater
年度页码	2017，29（14）
作者	Shasha Yao[1]，Biao Jin[1]，Zhaoming Liu[1]，Changyu Shao[1]，Ruibo Zhao[1]，Xiaoyu Wang，Ruikang Tang[1]
机构	1. Department of Chemistry，Zhejiang University，Hangzhou，Zhejiang，China
PMID	28229486
DOI	10.1002/adma.201605903
类别	Biomineralization/ 生物矿化
编号	97-1
标题	**Biomineralization—An Active or Passive Process?**
期刊	Connect Tissue Res
年度页码	2012，53（6）：438-445
作者	Thorsten Kirsch
机构	Department of Orthopaedic Surgery，Musculoskeletal Research Center，NYU Hospital for Joint Diseases，New York，USA
PMID	22992051

续表

DOI	10.3109/03008207.2012.730081
类别	Biomineralization/ 生物矿化
编号	97-2
标题	**Biomineralization in Humans：Making the Hard Choices in Life**
期刊	Annu Rev Genet
年度页码	2009（43）：119-142
作者	Kazuhiko Kawasaki[1]，Anne V. Buchanan，Kenneth M. Weiss
机构	1. Department of Anthropology，Pennsylvania State University，University Park，USA
PMID	19659443
DOI	10.1146/annurev-genet-102108-134242
类别	Biomineralization/ 生物矿化
编号	97-3
标题	**Designer Nanoparticle：Nanobiotechnology Tool for Cell Biology**
期刊	Nano Converg
年度页码	2016，3（1）：22
作者	Deepak B. Thimiri Govinda Raj[1]，Niamat Ali Khan
机构	1. European Molecular Biology Laboratory（EMBL），Grenoble Outstation and Unit of Virus Host-Cell Interactions（UVHCI），UJF-EMBL-CNRS，Grenoble，France；Envirotransgene Bio-solutions Global，Chennai，India；Biotechnology Centre for Oslo，Centre for Molecular Medicine Norway（NCMM），Norway
PMID	28191432
DOI	10.1186/s40580-016-0082-x
类别	Nanobiotechnology/ 纳米生物技术
编号	98-1
标题	**Recent Advances in Nanobiotechnology and High-throughput Molecular Techniques for Systems Biomedicine**
期刊	Mol Cells
年度页码	2013，36（6）：477-484
作者	Eung-Sam Kim[1]，Eun Hyun Ahn，Euiheon Chung，Deok-Ho Kim
机构	1. Department of Bioengineering，University of Washington，Seattle，USA
PMID	24258011

续表

DOI	10.1007/s10059-013-0304-6
类别	Nanobiotechnology/ 纳米生物技术
编号	98-2
标题	**Bioremediation at a Global Scale：From the Test Tube to Planet Earth**
期刊	Microb Biotechnol
年度页码	2016，9（5）：618-625
作者	Víctor de Lorenzo[1]，Philippe Marlière，Ricard Solé
机构	1. Systems Biology Program，Centro Nacional de Biotecnología（CNB-CSIC），Campus de Cantoblanco，Madrid，Spain
PMID	27489146
DOI	10.1111/1751-7915.12399
类别	Bioremediation/ 生物修复
编号	99-1
标题	**Systems Biology Approach to Bioremediation**
期刊	Curr Opin Biotechnol
年度页码	2012，23（3）：483-490
作者	Romy Chakraborty[1]，Cindy H. Wu，Terry C. Hazen
机构	1. Ecology Department，Earth Sciences Division，Lawrence Berkeley National Laboratory，Berkeley，USA
PMID	22342400
DOI	10.1016/j.copbio.2012.01.015
类别	Bioremediation/ 生物修复
编号	99-2
标题	**Biodegradation of Bioplastics in Natural Environments**
期刊	Waste Manag
年度页码	2017（59）：526-536
作者	S. Mehdi Emadian[1]，Turgut T. Onay，Burak Demirel[1]
机构	1. Institute of Environmental Sciences，Boğazici University，Turkey
PMID	27742230
DOI	10.1016/j.wasman.2016.10.006
类别	Biodegradation/ 生物降解
编号	100-1

续表

标题	**Biodegradation of Ionic Liquids—A Critical Review**
期刊	Chem Soc Rev
年度页码	2015，44（22）：8200-8237
作者	Andrew Jordan[1]，Nicholas Gathergood
机构	1. School of Chemical Sciences，Dublin City University，Ireland
PMID	26239761
DOI	10.1039/c5cs00444f
类别	Biodegradation/ 生物降解
编号	100-2
标题	**Pharmaceuticals in the Environment：Biodegradation and Effects on Natural Microbial Communities. A Review**
期刊	J Pharm Biomed Anal
年度页码	2015（106）：25-36
作者	Anna Barra Caracciolo[1]，Edward Topp，Paola Grenni
机构	1. Istituto di Ricerca sulle Acque，Consiglio Nazionale delle Ricerche，Via Salaria Monterotondo，Italy
PMID	25534003
DOI	10.1016/j.jpba.2014.11.040
类别	Biodegradation/ 生物降解
编号	100-3

诺贝尔奖获奖者文献

获奖者	**James P. Allison**
标题	**Dissecting the Mechanisms of Immune Checkpoint Therapy**
期刊	Nat Rev Immunol
年度页码	2020，20（2）：75-76
作者	Padmanee Sharma[1,2]，James P. Allison
机构	1. Department of Genitourinary Medical Oncology，The University of Texas，MD Anderson Cancer Center，Houston，USA 2. Department of Immunology，The University of Texas，MD Anderson Cancer Center，Houston，USA
类型	Review
PMID	31925406
DOI	10.1038/s41577-020-0275-8
序号	1
获奖者	**James P. Allison**
标题	**Immune Checkpoint Targeting in Cancer Therapy：Toward Combination Strategies with Curative Potential**
期刊	Cell
年度页码	2015，161（2）：205-214
作者	Padmanee Sharma[1]，James P. Allison
机构	1. Department of Immunology，MD Anderson Cancer Center，Houston，USA；Department of Genitourinary Medical Oncology，MD Anderson Cancer Center，Houston，USA
类型	Review
PMID	25860605
DOI	10.1016/j.cell.2015.03.030
序号	2
获奖者	**James P. Allison**
标题	**The Future of Immune Checkpoint Therapy**
期刊	Science
年度页码	2015，348（6230）：56-61
作者	Padmanee Sharma[1]，James P. Allison

续表

机构	1. Department of Immunology，M.D. Anderson Cancer Center，Houston，USA. Genitourinary Medical Oncology，M.D. Anderson Cancer Center，Houston，USA
类型	Review
PMID	25838373
DOI	10.1126/science.aaa8172
序号	3
获奖者	**Tasuku Honjo**
标题	**A Rheostat for Immune Responses：The Unique Properties of PD-1 and Their Advantages for Clinical Application**
期刊	Nat Immunol
年度页码	2013，14（12）：1212-1218
作者	Taku Okazaki[1]，Shunsuke Chikuma，Yoshiko Iwai，Sidonia Fagarasan，Tasuku Honjo
机构	1. Division of Immune Regulation，Institute for Genome Research，University of Tokushima，Tokushima，Japan
类型	Review
PMID	24240160
DOI	10.1038/ni.2762
序号	4
获奖者	**Tasuku Honjo**
标题	**Regulation of Lymphocyte Development by Notch Signaling**
期刊	Nat Immunol
年度页码	2007，8（5）：451-456
作者	Kenji Tanigaki[1]，Tasuku Honjo
机构	1. Research Institute，Shiga Medical Center，Moriyama-shi，Japan
类型	Review
PMID	17440450
DOI	10.1038/ni1453
序号	5
获奖者	**Tasuku Honjo**
标题	**Intestinal IgA Synthesis：Regulation of Front-Line Body Defences**
期刊	Nat Rev Immunol

续表

年度页码	2003，3（1）：63-72
作者	Sidonia Fagarasan[1]，Tasuku Honjo
机构	1. Department of Medical Chemistry，Graduate School of Medicine，Kyoto University，Yoshida，Sakyo-ku，Japan
类型	Review
PMID	12511876
DOI	10.1038/nri982
序号	6
获奖者	**John Gurdon**
标题	**Cell Fate Determination by Transcription Factors**
期刊	Curr Top Dev Biol
年度页码	2016（116）：445-454
作者	John B Gurdon
机构	Wellcome Trust/Cancer Research UK Gurdon Institute，University of Cambridge，Cambridge，UK；Department of Zoology，University of Cambridge，Cambridge，UK
类型	Review
PMID	26970633
DOI	10.1016/bs.ctdb.2015.10.005
序号	7
获奖者	**John Gurdon**
标题	**The Egg and the Nucleus：A Battle for Supremacy（Nobel Lecture）**
期刊	Angew Chem Int Ed Engl
年度页码	2013，52（52）：13890-13899
作者	John B. Gurdon
机构	University of Cambridge，UK
类型	Review
PMID	24311340
DOI	10.1002/anie.201306722
序号	8
获奖者	**John Gurdon**
标题	**Epigenetic Inheritance of Cell Differentiation Status**
期刊	Cell Cycle

续表

年度页码	2008，7（9）：1173-1177
作者	Ray K. Ng[1]，John B. Gurdon
机构	1. Laboratory of Developmental Genetics and Imprinting，The Babraham Institute，Cambridge，UK
类型	Review
PMID	18418041
DOI	10.4161/cc.7.9.5791
序号	9
获奖者	**Shinya Yamanaka**
标题	**Induced Pluripotent Stem Cell Technology：A Decade of Progress**
期刊	Nat Rev Drug Discov
年度页码	2017，16（2）：115-130
作者	Yanhong Shi[1]，Haruhisa Inoue，Joseph C. Wu，Shinya Yamanaka
机构	1. Division of Stem Cell Biology Research，Department of Developmental and Stem Cell Biology，Beckman Research Institute of City of Hope，Duarte，USA
类型	Review
PMID	27980341
DOI	10.1038/nrd.2016.245
序号	10
获奖者	**Shinya Yamanaka**
标题	**A Decade of Transcription Factor-Mediated Reprogramming to Pluripotency**
期刊	Nat Rev Mol Cell Biol
年度页码	2016，17（3）：183-193
作者	Kazutoshi Takahashi，Shinya Yamanaka
机构	Center for iPS Cell Research and Application，Kyoto University，Kyoto，Japan，and the Gladstone Institute of Cardiovascular Disease，University of California，San Francisco，USA
类型	Review
PMID	26883003
DOI	10.1038/nrm.2016.8
序号	11

续表

获奖者	Shinya Yamanaka
标题	**IPS Cells：A Game Changer for Future Medicine**
期刊	EMBO J
年度页码	2014，33（5）：409-417
作者	Haruhisa Inoue[1]，Naoki Nagata，Hiromi Kurokawa，Shinya Yamanaka
机构	1. Center for iPS Cell Research and Application（CiRA），Kyoto University，Kyoto，Japan
类型	Review
PMID	24500035
DOI	10.1002/embj.201387098
序号	12
获奖者	**Shinya Yamanaka**
标题	**Rethinking Differentiation：Stem Cells，Regeneration，and Plasticity**
期刊	Cell
年度页码	2014，157（1）：110-119
作者	Alejandro Sánchez Alvarado[1]，Shinya Yamanaka
机构	1. Stowers Institute for Medical Research and Howard Hughes Medical Institute，Kansas City，USA
类型	Review
PMID	24679530
DOI	10.1016/j.cell.2014.02.041
序号	13
获奖者	**Shinya Yamanaka**
标题	**Stem Cells Assessed**
期刊	Nat Rev Mol Cell Biol
年度页码	2012，13（7）：471-476
作者	Cédric Blanpain[1]，George Q. Daley，Konrad Hochedlinger，Emmanuelle Passegué，Janet Rossant，Shinya Yamanaka
机构	1. Walloon Excellence in Life Science and Biotechnology，Interdisciplinary Research Institute，Université Libre de Bruxelles，Belgium
类型	Review
PMID	22678486
DOI	10.1038/nrm3371

续表

序号	14
获奖者	**Shinya Yamanaka**
标题	**Nuclear Reprogramming to a Pluripotent State by Three Approaches**
期刊	Nature
年度页码	2010，465（7299）：704–712
作者	Shinya Yamanaka[1]，Helen M. Blau
机构	1. Center for iPS Cell Research and Application，Kyoto University，Japan
类型	Review
PMID	20535199
DOI	10.1038/nature09229
序号	15
获奖者	**Shinya Yamanaka**
标题	**Genetics of Polarity in Mammalian Embryos**
期刊	Reprod Biomed Online
年度页码	2005，11（1）：104–114
作者	Robert G. Edwards
机构	Editorial Office，Reproductive BioMedicine Online，Park Lane，Dry Drayton，Cambridge，UK
类型	Review
PMID	16102297
DOI	10.1016/s1472–6483（10）61305–3
序号	16
获奖者	**Shinya Yamanaka**
标题	**Cell Differentiation in the Preimplantation Human Embryo**
期刊	Reprod Biomed Online
年度页码	2003，6（2）：215–220
作者	Christoph Hansis[1]，Robert G. Edwards
机构	1. Program for In-Vitro Fertilization，Reproductive Surgery and Infertility，New York University School of Medicine，New York，USA
类型	Review
PMID	12676002
DOI	10.1016/s1472–6483（10）61712–9

续表

序号	17
获奖者	**Mario R. Capecchi**
标题	**The Origin and Evolution of Gene Targeting**
期刊	Dev Biol
年度页码	2022（481）：179−187.
作者	Mario R. Capecchi
机构	Department of Human Genetics，University of Utah School of Medicine，Salt Lake City，USA
类型	Historical Article
PMID	34743970
DOI	10.1016/j.ydbio.2021.10.007
序号	18
获奖者	**Mario R. Capecchi**
标题	**Gene Targeting in Mice：Functional Analysis of the Mammalian Genome for the Twenty-first Century**
期刊	Nat Rev Genet
年度页码	2005，6（6）：507−512
作者	Mario R. Capecchi
机构	Howard Hughes Medical Institute，Department of Human Genetics，University of Utah School of Medicine，Salt Lake City，USA
类型	Review
PMID	15931173
DOI	10.1038/nrg1619
序号	19
获奖者	**Martin J. Evans**
标题	**Can We Remove Scar and Fibrosis From Adult Human Myocardium?**
期刊	Eur Heart J
年度页码	2019，40（12）：960−966
作者	Ali Vazir[1]，Kim Fox[1]，Joseph Westaby，Martin J. Evans，Stephen Westaby[1]
机构	1. National Heart and Lung Institute，Imperial College London and ICMS，Royal Brompton Hospital，Dovehouse Street，London，UK
类型	Review
PMID	30203057

续表

DOI	10.1093/eurheartj/ehy503
序号	20
获奖者	**Oliver Smithies**
标题	**Many Little Things：One Geneticist's View of Complex Diseases**
期刊	Nat Rev Genet
年度页码	2005，6（5）：419-425
作者	Oliver Smithies
机构	Department of Pathology and Laboratory Medicine，University of North Carolina，Chapel Hill，USA
类型	Review
PMID	15861211
DOI	10.1038/nrg1605
序号	21
获奖者	**Craig C. Mello**
标题	**Revealing the World of RNA Interference**
期刊	Nature
年度页码	2004，431（7006）：338-342
作者	Craig C. Mello[1]，Darryl Conte Jr
机构	1. Howard Hughes Medical Institute，University of Massachusetts Medical School，Worcester，USA
类型	Review
PMID	15372040
DOI	10.1038/nature02872
序号	22
获奖者	**Craig C. Mello**
标题	**Historical Review：Deciphering the Genetic Code—A Personal Account**
期刊	Trends Biochem Sci
年度页码	2004，29（1）：46-54
作者	Marshall Nirenberg
机构	Laboratory of Biochemical Genetics，National Heart，Lung and Blood Institute，National Institutes of Health，Bethesda，USA
类型	Review，Historical Article
PMID	14729332

续表

DOI	10.1016/j.tibs.2003.11.009
序号	23
获奖者	**Francis Crick**
标题	**A Framework for Consciousness**
期刊	Nat Neurosci
年度页码	2003，6（2）：119–126
作者	Francis Crick[1]，Christof Koch
机构	1. Francis Crick is at the Salk Institute for Biological Studies，Torrey Pines Road，La Jolla，USA
类型	Review
PMID	12555104
DOI	10.1038/nn0203–119
序号	24
获奖者	**Emmanuelle Charpentier**
标题	**The Biology of CRISPR-Cas：Backward and Forward**
期刊	Cell
年度页码	2018，172（6）：1239–1259
作者	Frank Hille[1]，Hagen Richter，Shi Pey Wong，Majda Bratovič，Sarah Ressel，Emmanuelle Charpentier
机构	1. Department of Regulation in Infection Biology，Max Planck Institute for Infection Biology，Berlin，Germany；Institute for Biology，Humboldt University，Berlin，Germany
类型	Review
PMID	29522745
DOI	10.1016/j.cell.2017.11.032
序号	25
获奖者	**Emmanuelle Charpentier**
标题	**Genome Editing. The New Frontier of Genome Engineering with CRISPR-Cas9**
期刊	Science
年度页码	2014，346（6213）：1258096
作者	Jennifer A. Doudna[1]，Emmanuelle Charpentier

续表

机构	1. Howard Hughes Medical Institute，Department of Molecular and Cell Biology，University of California，Berkeley，USA. Department of Chemistry，University of California，Berkeley，USA. Physical Biosciences Division，Lawrence Berkeley National Laboratory，Berkeley，USA
类型	Review
PMID	25430774
DOI	10.1126/science.1258096
序号	26
获奖者	**Jennifer Doudna**
标题	**The Promise and Challenge of Therapeutic Genome Editing**
期刊	Nature
年度页码	2020，578（7794）：229−236
作者	Jennifer A. Doudna[1,2,3,4,5,6,7]
机构	1. Department of Molecular and Cell Biology，University of California Berkeley，Berkeley，USA 2. Department of Chemistry，University of California Berkeley，Berkeley，USA 3. California Institute for Quantitative Biosciences（QB3），University of California Berkeley，Berkeley，USA 4. Innovative Genomics Institute，University of California Berkeley，Berkeley，USA 5. Howard Hughes Medical Institute，University of California Berkeley，Berkeley，USA 6. MBIB Division，Lawrence Berkeley National Laboratory，Berkeley，USA 7. Gladstone Institutes，University of California San Francisco，San Francisco，USA
类型	Review
PMID	32051598
DOI	10.1038/s41586−020−1978−5
序号	27
获奖者	**Jennifer Doudna**
标题	**CRISPR-Cas Guides the Future of Genetic Engineering**
期刊	Science
年度页码	2018，361（6405）：866−869
作者	Gavin J. Knott[1]，Jennifer A. Doudna

续表

机构	1. Department of Molecular and Cell Biology，University of California，Berkeley，USA
类型	Review
PMID	30166482
DOI	10.1126/science.aat5011
序号	28
获奖者	**Jennifer Doudna**
标题	**Biology and Applications of CRISPR Systems：Harnessing Nature's Toolbox for Genome Engineering**
期刊	Cell
年度页码	2016，164（1–2）：29–44
作者	Addison V. Wright[1]，James K. Nuñez[1]，Jennifer A. Doudna
机构	1. Department of Molecular and Cell Biology，University of California，Berkeley，Berkeley，USA
类型	Review
PMID	26771484
DOI	10.1016/j.cell.2015.12.035
序号	29
获奖者	**Jennifer Doudna**
标题	**RNA-guided Genetic Silencing Systems in Bacteria and Archaea**
期刊	Nature
年度页码	2012，482（7385）：331–338
作者	Blake Wiedenheft[1]，Samuel H. Sternberg，Jennifer A. Doudna
机构	1. Howard Hughes Medical Institute，Chevy Chase，USA
类型	Review
PMID	22337052
DOI	10.1038/nature10886
序号	30
获奖者	**Sidney Altman**
标题	**RNA Therapeutics：Beyond RNA Interference and Antisense Oligonucleotides**
期刊	Nat Rev Drug Discov
年度页码	2012，11（2）：125–140

续表

作者	Ryszard Kole[1]，Adrian R. Krainer，Sidney Altman
机构	1. AVI BioPharma，Bothell，USA
类型	Review
PMID	22262036
DOI	10.1038/nrd3625
序号	31
获奖者	**Sidney Altman**
标题	**Inhibition of Gene Expression by RNase P**
期刊	N Biotechnol
年度页码	2010，27（3）：212-221
作者	Eirik Wasmuth Lundblad[1]，Sidney Altman
机构	1. Reference Centre for Detection of Antimicrobial Resistance，Department of Microbiology and Infection Control，University Hospital of North Norway，Norway
类型	Review
PMID	20211282
DOI	10.1016/j.nbt.2010.03.003
序号	32
获奖者	**Thomas Cech**
标题	**The Noncoding RNA Revolution-trashing Old Rules to Forge New Ones**
期刊	Cell
年度页码	2014，157（1）：77-94
作者	Thomas R. Cech[1]，Joan A. Steitz
机构	1. Howard Hughes Medical Institute；Department of Chemistry & Biochemistry，BioFrontiers Institute，University of Colorado Boulder，Boulder，USA
类型	Review
PMID	24679528
DOI	10.1016/j.cell.2014.03.008
序号	33
获奖者	**Thomas Cech**
标题	**Beginning to Understand the End of the Chromosome**
期刊	Cell
年度页码	2004，116（2）：273-279

续表

作者	Thomas R. Cech
机构	Howard Hughes Medical Institute，Department of Chemistry and Biochemistry，University of Colorado，Boulder，USA
类型	Review
PMID	14744437
DOI	10.1016/s0092-8674（04）00038-8
序号	34
获奖者	**Thomas Cech**
标题	**The Chemical Repertoire of Natural Ribozymes**
期刊	Nature
年度页码	2002，418（6894）：222-228
作者	Jennifer A. Doudna[1]，Thomas R. Cech
机构	1. Department of Molecular and Cell Biology，and Howard Hughes Medical Institute，University of California，Berkeley，USA
类型	Review
PMID	12110898
DOI	10.1038/418222a
序号	35
获奖者	**Paul Berg**
标题	**George Beadle：From Genes to Proteins**
期刊	Nat Rev Genet
年度页码	2004，5（12）：949-954
作者	Maxine Singer[1]，Paul Berg
机构	1. Carnegie Academy for Science Education，Carnegie Institution of Washington，Washington，USA
类型	Review
PMID	15573126
DOI	10.1038/nrg1494
序号	36
获奖者	**Walter Gilbert**
标题	**The Evolution of Spliceosomal Introns：Patterns，Puzzles and Progress**
期刊	Nat Rev Genet
年度页码	2006，7（3）：211-221

续表

作者	Scott William Roy[1]，Walter Gilbert
机构	1. Allan Wilson Centre for Molecular Ecology and Evolution，Massey University，Palmerston North，New Zealand
类型	Review
PMID	16485020
DOI	10.1038/nrg1807
序号	37
获奖者	**Frederick Sanger**
标题	**Determination of Nucleotide Sequences in DNA**
期刊	Biosci Rep
年度页码	1981，1（1）：3-18
作者	F. Sanger
机构	Medical Research Council Laboratory of Molecular Biology，Cambridge，UK
类型	Review
PMID	6456784
DOI	10.1007/BF01115145
序号	38

备注：诺贝尔获奖者相关信息可参考田德桥编著的《生物技术发展知识图谱》（科学技术文献出版社，2018）。

三、其他

生物技术战略规划

标题	“十三五”生物产业发展规划
网址	http://www.gov.cn/xinwen/2017-01/12/content_5159179.htm
全文地址	http://www.gov.cn/xinwen/2017-01/12/5159179/files/516df96cc5254eb4976d14708e14056f.pdf
发布机构	国家发展改革委
发布时间	2016 年
编号	1
标题	“十三五”生物技术创新专项规划
网址	http://www.most.gov.cn/tztg/201705/t20170510_132695.html
全文地址	http://www.most.gov.cn/tztg/201705/W020170510451953592712.pdf
发布机构	科技部
发布时间	2017 年
编号	2
标题	国家中长期生物技术人才发展规划（2010—2020 年）
网址	http://www.moe.gov.cn/jyb_xxgk/moe_1777/moe_1779/201112/t20111208_134734.html
发布机构	科技部　人力资源和社会保障部　教育部　中国科学院　中国工程院　国家自然科学基金委员会　中国科学技术协会
发布时间	2011 年
编号	3
标题	“十四五”生物经济发展规划
网址	https://www.ndrc.gov.cn/xxgk/zcfb/ghwb/202205/t20220510_1324436
全文地址	https://www.ndrc.gov.cn/xxgk/zcfb/ghwb/202205/P020220510324220702505.pdf
发布机构	国家发展改革委
发布时间	2021 年
编号	4
标题	A Synthetic Biology Roadmap for the UK（2012）
网址	https://ktn-uk.org/perspectives/a-strategic-roadmap-for-synthetic-biology-in-the-uk-2012/

续表

全文地址	https://ktn-uk.org/wp-content/uploads/2020/08/Synthetic-Biology-Roadmap-Report.pdf
发布时间	2012 年
编号	5
标题	**The UK Synthetic Biology Strategic Plan 2016 — Biodesign for the Bioeconomy**
网址	https://ktn-uk.org/perspectives/biodesign-for-the-bioeconomy-uk-strategic-plan-for-synthetic-biology/
全文地址	https://admin.ktn-uk.co.uk/app/uploads/2017/10/UKSyntheticBiologyStrategicPlan16.pdf
发布时间	2016 年
编号	6
标题	**New Directions：The Ethics of Synthetic Biology and Emerging Technologies**
网址	https://bioethicsarchive.georgetown.edu/pcsbi/synthetic-biology-report.html
全文地址	https://bioethicsarchive.georgetown.edu/pcsbi/sites/default/files/PCSBI-Synthetic-Biology-Report-12.16.10_0.pdf
发布机构	Presidential Commission for the Study of Bioethical Issues
发布时间	2010 年
编号	7
标题	**National Strategy for Modernizing the Regulatory System for Biotechnology Products**
全文地址	https://obamawhitehouse.archives.gov/sites/default/files/microsites/ostp/biotech_national_strategy_final.pdf
发布机构	Product of the Emerging Technologies Interagency Policy Coordination Committee’s Biotechnology Working Group
发布时间	2016 年
编号	8
标题	**The Brain Research through Advancing Innovative Neurotechnologies（BRAIN）Initiative 2.0**
网址	https://braininitiative.nih.gov/
全文地址	https://braininitiative.nih.gov/sites/default/files/images/brain_2.0_6-6-19-final_revised10302019_508c.pdf
发布机构	NIH

续表

发布时间	2019 年
编号	9
标题	**Cancer Moonshot**
网址	https://www.whitehouse.gov/briefing-room/statements-releases/2022/02/02/fact-sheet-president-biden-reignites-cancer-moonshot-to-end-cancer-as-we-know-it/
发布机构	US government
发布时间	2022 年
编号	10

生物技术战略规划英文文献

标题	**Decoding Human Cancer with Whole Genome Sequencing：A Review of PCAWG Project Studies Published in February 2020**
期刊	Cancer Metastasis Rev
年度页码	2021，40（3）：909-924
作者	Simona Giunta[1,2]
机构	1. Laboratory of Genome Evolution，Department of Biology & Biotechnology "Charles Darwin"，University of Rome Sapienza，Rome，Italy 2. The Rockefeller University，New York，USA
类型	Review
PMID	34097189
DOI	10.1007/s10555-021-09969-z
序号	1
标题	**The International Human Genome Project**
期刊	Hum Mol Genet
年度页码	2021，30（R2）：161-163
作者	Ewan Birney
机构	European Molecular Biology Laboratory，European Bioinformatics Institute，Wellcome Genome Campus，Hinxton，UK
类型	Review
PMID	34264324
DOI	10.1093/hmg/ddab198
序号	2
标题	**The Human Connectome Project：A retrospective**
期刊	Neuroimage
年度页码	2021（244）：118543
作者	Jennifer Stine Elam[1]，Matthew F. Glasser[1]，Michael P. Harms[1]，Stamatios N. Sotiropoulos，Jesper L. R. Andersson，Gregory C. Burgess[1]，Sandra W. Curtiss[1]，Robert Oostenveld，Linda J. Larson-Prior，Jan-Mathijs Schoffelen，Michael R. Hodge[1]，Eileen A. Cler[1]，Daniel M. Marcus[1]，Deanna M. Barch[1]，Essa Yacoub，Stephen M. Smith，Kamil Ugurbi[1]，David C. Van Essen[1]
机构	1. Washington University School of Medicine，St. Louis，USA

续表

类型	Review
PMID	34508893
DOI	10.1016/j.neuroimage.2021.118543
序号	3
标题	**Proteogenomics in the Context of the Human Proteome Project（HPP）**
期刊	Expert Rev Proteomics
年度页码	2019，16（3）：267-275
作者	José González-Gomariz[1,2]，Elizabeth Guruceaga[1,2]，Macarena López-Sánchez[1]，Victor Segura[1,2]
机构	1. Bioinformatics Platform，Center for Applied Medical Research，University of Navarra，Pamplona，Spain 2. IdiSNA，Navarra Institute for Health Research，Pamplona，Spain
类型	Review
PMID	30654666
DOI	10.1080/14789450.2019.1571916
序号	4
标题	**A Review of 10 Years of Human Microbiome Research Activities at the US National Institutes of Health，Fiscal Years 2007—2016**
期刊	Microbiome
年度页码	2019，7（1）：31
作者	Lita Proctor，Jonathan LoTempio，Aron Marquitz，Phil Daschner，Dan Xi，Roberto Flores，Liliana Brown，Ryan Ranallo，Padma Maruvada，Karen Regan，R Dwayne Lunsford，Michael Reddy，Lis Caler
机构	NIH Human Microbiome Portfolio Analysis Team
类型	Review
PMID	30808411
DOI	10.1186/s40168-019-0620-y
序号	5
标题	**The Human Vaccines Project：Towards a Comprehensive Understanding of the Human Immune Response to Immunization**
期刊	Hum Vaccin Immunother
年度页码	2018，14（9）：2214-2216
作者	Stacey L. Wooden，Wayne C. Koff
机构	Human Vaccines Project，NY，USA

续表

类型	Review
PMID	29847214
DOI	10.1080/21645515.2018.1476813
序号	6
标题	**Progress on Identifying and Characterizing the Human Proteome：2018 Metrics from the HUPO Human Proteome Project**
期刊	J Proteome Res
年度页码	2018，17（12）：4031-4041
作者	Gilbert S.Omenn[1,2]，Lydie Lane，Christopher M.Overall，Fernando J. Corrales，Jochen M. Schwenk，Young-Ki Paik，Jennifer E. Van Eyk，Siqi Liu，Michael Snyder，Mark S. Baker，Eric W. Deutsch[2]
机构	1. Department of Computational Medicine and Bioinformatics，University of Michigan，Michigan，USA 2. Institute for Systems Biology，Seattle，USA
类型	Review
PMID	30099871
DOI	10.1021/acs.jproteome.8b00441
序号	7
标题	**Introduction by the Guest Editor：Mobilizing the Cancer Ecosystem：The Cancer Moonshot**
期刊	Cancer J
年度页码	2018，24（3）：109-110
作者	Lyric A. Jorgenson
机构	National Institutes of Health，Bethesda
类型	Review
PMID	29794534
DOI	10.1097/PPO.0000000000000320
序号	8
标题	**A Living Foundry for Synthetic Biological Materials：A Synthetic Biology Roadmap to New Advanced Materials**
期刊	Synth Syst Biotechnol
年度页码	2018，3（2）：105-112
作者	Rosalind A. Le Feuvre[1,2]，Nigel S. Scrutton[1,2]

续表

机构	1. BBSRC/EPSRC Manchester Centre for Synthetic Biology of Fine and Speciality Chemicals（SYNBIOCHEM），Manchester Institute of Biotechnology，The University of Manchester，Manchester，UK 2. School of Chemistry，The University of Manchester，Manchester，UK
类型	Review
PMID	29900423
DOI	10.1016/j.synbio.2018.04.002
序号	9
标题	**Current Understanding of the Human Microbiome**
期刊	Nat Med
年度页码	2018，24（4）：392-400
作者	Jack A. Gilbert[1,2,3]，Martin J. Blaser，J. Gregory Caporaso，Janet K. Jansson，Susan V. Lynch，Rob Knight
机构	1. Microbiome Center，Department of Surgery，University of Chicago，Chicago，USA 2. Bioscience Division，Argonne National Laboratory，Lemont，USA 3. Marine Biological Laboratory，Woods Hole，USA
类型	Review
PMID	29634682
DOI	10.1038/nm.4517
序号	10
标题	**The Precision Medicine Initiative's All of Us Research Program：An Agenda for Research on Its Ethical，Legal，and Social Issues**
期刊	Genet Med
年度页码	2017，19（7）：743-750
作者	Pamela L. Sankar[1]，Lisa S. Parker
机构	1. Department of Medical Ethics and Health Policy，Perelman School of Medicine，University of Pennsylvania，Philadelphia，USA
类型	Review
PMID	27929525
DOI	10.1038/gim.2016.183
序号	11
标题	**Cancer Moonshot Connecting International Liquid Biopsy Efforts Through Academic Partnership**
期刊	Clin Pharmacol Ther

续表

年度页码	2017，101（5）：622-624
作者	C. Dive[1]，S. N. Shishido，P. Kuhn
机构	1. Clinical and Experimental Pharmacology Group，Cancer Research UK Manchester Institute，University of Manchester，UK
类型	Review
PMID	28182274
DOI	10.1002/cpt.657
序号	12
标题	**Australian Brain Alliance**
期刊	Neuron
年度页码	2016，92（3）：597-600
作者	Australian Brain Alliance Steering Committee
PMID	27810000
DOI	10.1016/j.neuron.2016.10.038
序号	13
标题	**China Brain Project：Basic Neuroscience，Brain Diseases，and Brain-Inspired Computing**
期刊	Neuron
年度页码	2016，92（3）：591-596
作者	Mu-Ming Poo[1]，Jiu-Lin Du，Nancy Y. Ip，Zhi-Qi Xiong，Bo Xu，Tieniu Tan
机构	1. Institute of Neuroscience，Chinese Academy of Sciences，Shanghai，China；CAS Center for Excellence in Brain Science and Intelligence Technology，Shanghai，China
PMID	27809999
DOI	10.1016/j.neuron.2016.10.050
序号	14
标题	**The Human Brain Project：Creating a European Research Infrastructure to Decode the Human Brain**
期刊	Neuron
年度页码	2016，92（3）：574-581
作者	Katrin Amunts[1]，Christoph Ebell，Jeff Muller，Martin Telefont，Alois Knoll，Thomas Lippert

续表

机构	1. Institute for Neuroscience and Medicine，Forschungszentrum Jülich，Germany；C. and O. Vogt Institute for Brain Research，University Hospital Düsseldorf，Heinrich Heine University Düsseldorf，Düsseldorf，Germany
PMID	27809997
DOI	10.1016/j.neuron.2016.10.046
序号	15
标题	**A Brief Overview of Synthetic Biology Research Programs and Roadmap Studies in the United States**
期刊	Synth Syst Biotechnol
年度页码	2016，1（4）：258-264
作者	Tong Si，Huimin Zhao
机构	Carl R. Woese Institute for Genomic Biology，University of Illinois at Urbana-Champaign，Urbana，USA
类型	Review
PMID	29062951
DOI	10.1016/j.synbio.2016.08.003
序号	16
标题	**The Human Connectome Project's Neuroimaging Approach**
期刊	Nat Neurosci
年度页码	2016，19（9）：1175-1187
作者	Matthew F. Glasser[1]，Stephen M. Smith，Daniel S. Marcus，Jesper L. R. Andersson，Edward J. Auerbach，Timothy E. J. Behrens，Timothy S. Coalson[1]，Michael P. Harms，Mark Jenkinson，Steen Moeller，Emma C. Robinson，Stamatios N. Sotiropoulos，Junqian Xu，Essa Yacoub，Kamil Ugurbil，David C. Van Essen[1]
机构	1. Department of Neuroscience，Washington University Medical School，St. Louis，Missouri，USA
类型	Review
PMID	27571196
DOI	10.1038/nn.4361
序号	17
标题	**A Decade of Human Genome Project Conclusion：Scientific Diffusion about Our Genome Knowledge**
期刊	Biochem Mol Biol Educ

续表

年度页码	2016，44（3）：215-223
作者	Fernanda Moraes，Andréa Góes
机构	Rio de Janeiro State University，Science and Biology Teaching Department-Biology Institute，Rio de Janeiro，Rio de Janeiro，Brazil
类型	Review
PMID	26952518
DOI	10.1002/bmb.20952
序号	18
标题	**The Healthy Human Microbiome**
期刊	Genome Med
年度页码	2016，8（1）：51
作者	Jason Lloyd-Price[1,2]，Galeb Abu-Ali[1]，Curtis Huttenhower
机构	1. Biostatistics Department，Harvard School of Public Health，Boston，USA 2. Microbial Systems and Communities，Genome Sequencing and Analysis Program，The Broad Institute，Cambridge，USA
类型	Review
PMID	27122046
DOI	10.1186/s13073-016-0307-y
序号	19
标题	**China Embraces Precision Medicine on a Massive Scale**
期刊	Nature
年度页码	2016，529（7584）：9-10
作者	David Cyranoski
PMID	26738574
DOI	10.1038/529009a
序号	20
标题	**The Human Genome Project，and Recent Advances in Personalized Genomics**
期刊	Risk Manag Healthc Policy
年度页码	2015（8）：9-20
作者	Brenda J. Wilson，Stuart G. Nicholls
机构	Department of Epidemiology and Community Medicine，Faculty of Medicine，University of Ottawa，Ottawa，Canada

续表

类型	Review
PMID	25733939
DOI	10.2147/RMHP.S58728
序号	21
标题	**The Brain Research Through Advancing Innovative Neurotechnologies（BRAIN）Initiative and Neurology**
期刊	JAMA Neurol
年度页码	2014，71（6）：675-676
作者	Cornelia I. Bargmann[1]，William T. Newsome
机构	1. Howard Hughes Medical Institute，The Rockefeller University，New York
类型	Review
PMID	24711071
DOI	10.1001/jamaneurol.2014.411
序号	22
标题	**The Human Brain Project：Social and Ethical Challenges**
期刊	Neuron
年度页码	2014，82（6）：1212-1215
作者	Nikolas Rose
机构	Department of Social Science，Health and Medicine，King's College，London，UK
类型	Review
PMID	24945767
DOI	10.1016/j.neuron.2014.06.001
序号	23
标题	**A Brief Review on the Human Encyclopedia of DNA Elements（ENCODE）Project**
期刊	Genomics Proteomics Bioinformatics
年度页码	2013，11（3）：135-141
作者	Hongzhu Qu[1]，Xiangdong Fang
机构	1. CAS Key Laboratory of Genome Sciences and Information，Beijing Institute of Genomics，Chinese Academy of Sciences，Beijing，China
类型	Review
PMID	23722115

续表

DOI	10.1016/j.gpb.2013.05.001
序号	24
标题	**The Application of Ecological Theory Toward an Understanding of the Human Microbiome**
期刊	Science
年度页码	2012，336（6086）：1255-1262
作者	Elizabeth K. Costello[1]，Keaton Stagaman，Les Dethlefsen，Brendan J. M. Bohannan，David A. Relman
机构	1. Department of Microbiology and Immunology，Stanford University School of Medicine，Stanford，USA
类型	Review
PMID	22674335
DOI	10.1126/science.1224203
序号	25
标题	**The Human Microbiome：At the Interface of Health and Disease**
期刊	Nat Rev Genet
年度页码	2012，13（4）：260-270
作者	Ilseung Cho[1]，Martin J. Blaser
机构	1. Department of Medicine，NYU Langone Medical Center，New York，USA
类型	Review
PMID	22411464
DOI	10.1038/nrg3182
序号	26
标题	**Standardizing Immunophenotyping for the Human Immunology Project**
期刊	Nat Rev Immunol
年度页码	2012，12（3）：191-200
作者	Holden T. Maecker[1]，J. Philip McCoy，Robert Nussenblatt
机构	1. Institute for Immunity，Transplantation and Infection，Stanford University School of Medicine，Stanford，USA
类型	Review
PMID	22343568
DOI	10.1038/nri3158

续表

序号	27
标题	**Experimental and Analytical Tools for Studying the Human Microbiome**
期刊	Nat Rev Genet
年度页码	2011，13（1）：47-58
作者	Justin Kuczynski[1]，Christian L. Lauber，William A. Walters，Laura Wegener Parfrey，José C. Clemente，Dirk Gevers，Rob Knight
机构	1. Department of Molecular，Cellular and Developmental Biology，University of Colorado at Boulder，Boulder，USA
类型	Review
PMID	22179717
DOI	10.1038/nrg3129
序号	28
标题	**Making the most of Synthetic Biology. Strategies for Synthetic Biology Development in Europe**
期刊	EMBO Rep
年度页码	2009，10（1S）：5-8
作者	Sibylle Gaisser[1]，Thomas Reiss，Astrid Lunkes，Kristian M. Müller，Hubert Bernauer
机构	1. Fraunhofer Institute Systems and Innovation Research，Karlsruhe，Germany
PMID	19636305
DOI	10.1038/embor.2009.118
序号	29
标题	**The Blue Brain Project**
期刊	Nat Rev Neurosci
年度页码	2006，7（2）：153-160
作者	Henry Markram
机构	Laboratory of Neural Microcircuitry，Brain Mind Institute，Ecole Polytechnique Fédérale de Lausanne，Switzerland
类型	Review
PMID	16429124
DOI	10.1038/nrn1848
序号	30

续表

标题	The Human Phenome Project
期刊	Nat Genet
年度页码	2003，34（1）：15-21
作者	Nelson Freimer[1]，Chiara Sabatti
机构	1. Center for Neurobehavioral Genetics，Neuropsychiatric Institute，Los Angeles，USA
PMID	12721547
DOI	10.1038/ng0503-15
序号	31
标题	The Chinese Human Genome Diversity Project
期刊	Proc Natl Acad Sci U S A
年度页码	1998，95（20）：11501-11503
作者	L. L. Cavalli-Sforza
机构	Department of Genetics，Stanford University School of Medicine，Stanford，USA
类型	Review
PMID	9751692
DOI	10.1073/pnas.95.20.11501
序号	32

生物技术战略规划中文文献

标题	中华人民共和国成立以来重大科技发展战略的演进与启示
期刊	科技导报
年度页码	2021，39（12）：36-44
作者	原帅[1]，贺飞[2]
机构	1. 北京大学学科建设办公室 2. 北京大学理学部办公室
类型	Article
序号	1
标题	中英美三国合成生物学科技规划和产业发展比较分析
期刊	生命科学
年度页码	2021，33（12）：1560-1566
作者	马悦[1,2]，汪哲[1,2]，薛淮[3]，刘晓[1]，张学博[1]，陈大明[1]，熊燕[1]
机构	1. 中国科学院上海生命科学信息中心，中国科学院上海营养与健康研究所 2. 中国科学院大学 3. 中国科学院学部工作局
类型	Article
序号	2
标题	我国微生物产业发展战略研究
期刊	中国工程科学
年度页码	2021，23（5）：51-58
作者	杜娟[1]，马连营[1]，马爱进[2]，刘龙[3]，于晴[4]，吴清平[1]
机构	1. 广东省科学院微生物研究所，华南应用微生物国家重点实验室；广东省微生物安全与健康重点实验室 2. 北京工商大学食品与健康学院 3. 江南大学未来食品科学中心 4. 上海交通大学生命科学技术学院
类型	Article
序号	3
标题	推动人与自然和谐共处和可持续发展：人与生物圈计划在中国
期刊	中国科学院院刊
年度页码	2021，36（4）：448-455

续表

作者	王丁[1]，刘宁[2]，陈向军[3]，先义杰[3]
机构	1. 中国人与生物圈国家委员会秘书处；中国科学院水生生物研究所 2. 中国人与生物圈国家委员会秘书处；中国科学院国际合作局；清华大学教育研究院 3. 中国人与生物圈国家委员会秘书处；中国科学院国际合作局
类型	Article
序号	4
标题	**生物产业发展战略与政策——把握疫情带来的窗口机遇期面向人民生命健康加快发展生物经济**
期刊	中国生物工程杂志
年度页码	2021，41（6）：1-3
作者	韩祺
机构	国家发展和改革委员会产业经济与技术经济研究所
类型	Article
序号	5
标题	**脑科学研究计划的现状与展望**
期刊	中华麻醉学杂志
年度页码	2021，41（1）：8-11
作者	田莉[1]，郑加麟[2]，熊利泽[1]
机构	1. 同济大学附属上海市第四人民医院脑功能与人工智能转化研究所；同济大学麻醉与围术期医学临床研究中心 2. 同济大学附属上海市第四人民医院脑功能与人工智能转化研究所
类型	Review
序号	6
标题	**纳米生物学学科发展战略研究进展**
期刊	中国科学：生命科学
年度页码	2020，50（7）：788-790
作者	杜鹏，焦健
机构	中国科学院科技战略咨询研究院
类型	Review
序号	7
标题	**近期国外生物经济战略综述及对我国的启示**
期刊	中国生物工程杂志
年度页码	2020，40（4）：108-113

续表

作者	郑斯齐[1]，韩祺[2]，陈艳萍[3]，姜江[2]
机构	1. 深圳国家高技术产业创新中心；清华大学深圳国际研究生院 2. 中国宏观经济研究院产业经济与技术经济研究所 3. 深圳国家高技术产业创新中心
类型	Review
序号	8
标题	**实现健康中国战略 2030 年人均预期寿命目标路径研究**
期刊	中国卫生政策研究
年度页码	2020，13（8）：1-7
作者	李琦[1]，蔡玥[2]，缪之文[2]，孟庆跃[1]
机构	1. 北京大学公共卫生学院；北京大学中国卫生发展研究中心 2. 国家卫生健康委员会统计信息中心
类型	Article
序号	9
标题	**英国合成生物学规划及其影响与启示**
期刊	中国细胞生物学学报
年度页码	2019，41（11）：2091-2100
作者	周光明，陈大明，熊燕，刘晓
机构	中国科学院上海营养与健康研究所
类型	Article
序号	10
标题	**美军《生物医学研发一体化战略规划》报告解读分析**
期刊	军事医学
年度页码	2018，42（11）：801-803
作者	张音，王磊，楼铁柱
机构	军事科学院军事医学研究院卫生勤务与血液研究所
类型	Article
序号	11
标题	**预防医学发展的国家战略需求及其关键前沿基础科学问题**
期刊	中国科学基金
年度页码	2018，32（6）：629-636
作者	秦立强[1]，戴宇飞[2]，顾爱华[3]，余灿清[4]，张作文[5]

续表

机构	1. 苏州大学公共卫生学院 2. 中国疾病预防控制中心职业卫生与中毒控制所 3. 南京医科大学公共卫生学院 4. 北京大学医学部公共卫生学院 5. 国家自然科学基金委员会
类型	Article
序号	12
标题	**地球生物基因组计划与生物分类学**
期刊	生物多样性
年度页码	2017，25（11）：1251-1254
作者	朱朝东[1]，罗世孝[2]，周欣[3]，陈华燕[4]，张冠阳[5]
机构	1. 中国科学院动物研究所，中国科学院动物进化与系统学重点实验室 2. 中国科学院华南植物园，中国科学院保护与可持续利用重点实验室 3. 中国农业大学植物保护学院昆虫学系 4. Department of Entomology，The Ohio State University，USA 5. Florida Museum of Natural History，University of Florida，USA
类型	Article
序号	13
标题	**建立新型国家预防医学体系战略研究**
期刊	中国工程科学
年度页码	2017，19（2）：55-61
作者	徐建国[1]，刘开泰[2]，陈博文[3]，贾光[4]，邵瑞太[5]，等
机构	1. 中国疾病预防控制中心传染病预防控制所 2. 中国疾病预防控制中心营养与健康所 3. 中国社区卫生协会 4. 北京大学公共卫生学院 5. 世界卫生组织
类型	Article
序号	14
标题	**中国正式启动水产生物十百千组学育种计划**
期刊	中国科学：生命科学
年度页码	2017，47（2）：244-248
作者	刘英杰[1]，徐跑[1]，徐军民[1]，黄玉[2]，刘永新[1]，方辉[1]，胡隐昌[3]，游欣欣[2]，卞超[2]，孙敏[2]，等

续表

机构	1. 中国水产科学研究院 2. 中国水产科学研究院，华大基因水产生物基因组研究中心 3. 中国水产科学研究院，珠江水产研究所
类型	Article
序号	15
标题	**中国微生物组计划：机遇与挑战**
期刊	中国科学院院刊
年度页码	2017，32（3）：241-250
作者	刘双江[1]，施文元[2]，赵国屏[3]
机构	1. 中国科学院微生物研究所 2. 加州大学洛杉矶分校 3. 中国科学院上海生命科学研究院植物生理生态研究所
类型	Article
序号	16
标题	**建议启动国际华族健康微生物组研究计划**
期刊	中国科学院院刊
年度页码	2017，32（3）：251-259
作者	赵立平，张晨虹
机构	上海交通大学
类型	Article
序号	17
标题	**英国健康领域生物科学战略研究框架（2015—2020）解读**
期刊	中华医学杂志
年度页码	2017，97（4）：248-250
作者	康旭琴，王磊，张音，杨帅
机构	军事医学科学院卫生勤务与医学情报研究所
类型	Article
序号	18
标题	**中国染色体蛋白质组计划研究进展**
期刊	生命科学
年度页码	2016，28（9）：1054-1066
作者	彭雪辉[1]，苏纳[2]，李宗桃[1]，徐平[3]

续表

机构	1. 武汉大学药学院，组合生物合成和药物开发教育部重点实验室 2. 北京蛋白质组研究中心，蛋白质组国家大科学设施，蛋白质组学国家重点实验室 3. 武汉大学药学院，组合生物合成和药物开发教育部重点实验室；蛋白质组学国家重点实验室
类型	Review
序号	19
标题	**欧盟生物基产业科技战略解析**
期刊	中国生物工程杂志
年度页码	2016，36（4）：116-122
作者	郑颖，邓勇，陈方，陈云伟，丁陈君
机构	中国科学院成都文献情报中心
类型	Article
序号	20
标题	**人类脑计划的研究进展**
期刊	中国医学物理学杂志
年度页码	2016，33（2）：109-112
作者	王亚，李永欣，黄文华
机构	南方医科大学基础医学院解剖教研室
类型	Article
序号	21
标题	**论新型作战力量战略下的脑科学军事应用体系构成研究**
期刊	军事医学
年度页码	2015，39（11）：863-867
作者	罗旭，吴昊，郭继卫
机构	第三军医大学第一附属医院
类型	Article
序号	22
标题	**美国精准医学计划解读与思考**
期刊	军事医学
年度页码	2015，39（4）：241-244
作者	赵晓宇，刁天喜，高云华，陈婷，康迪，王磊
机构	军事医学科学院卫生勤务与医学情报研究所

续表

类型	Article
序号	23
标题	**肿瘤基因组学与全球肿瘤基因组计划**
期刊	科学通报
年度页码	2015，60（9）：792-804
作者	胡学达[1]，杨焕明[2]，赫捷[1]，吕有勇[3]
机构	1. 中国医学科学院肿瘤医院 / 肿瘤研究所 2. 深圳华大基因研究院 3. 北京大学肿瘤医院暨北京市肿瘤防治研究所分子肿瘤学研究室，恶性肿瘤发病机制及转化研究教育部重点实验室
类型	Article
序号	24
标题	**新医学是解决人类健康问题的真正钥匙需精准理解奥巴马的精准医学计划**
期刊	遗传
年度页码	2015，37（6）：613-614
作者	贺林
机构	中国科学院，发展中国家世界科学院，上海交通大学 Bio-X 研究院
类型	Article
序号	25
标题	**肿瘤基因组图谱泛癌分析计划**
期刊	中国肺癌杂志
年度页码	2015，18（4）219-223
作者	张坤（综述），王红（审校）
机构	中国人民解放军军事医学科学院附属医院肺部肿瘤科
类型	Review
序号	26
标题	**中美生物医学合作研究计划及其前景**
期刊	中国科学：生命科学
年度页码	2015，45（5）：507-516
作者	吕群燕，王世颖，朱小飞，贾筱琴，董尔丹
机构	国家自然科学基金委员会医学科学部
类型	Article
序号	27

续表

标题	中国式的精准医学：九体医学健康计划
期刊	中华中医药杂志
年度页码	2015，30（10）：3407-3411
作者	王琦
机构	北京中医药大学中医体质与生殖医学研究中心
类型	Review
序号	28
标题	**我国生物质能源发展现状与战略思考**
期刊	林产化学与工业
年度页码	2014，34（4）：151-158
作者	闫金定
机构	中华人民共和国科学技术部基础研究管理中心
类型	Review
序号	29
标题	**我国脑科学研究战略部署及发展情况浅析**
期刊	中国科学：生命科学
年度页码	2014，26（6）：545-549
作者	钱万强[1]，朱庆平[1]，沈建磊[2]
机构	1. 科学技术部基础研究管理中心 2. 科学技术部基础研究司
类型	Article
序号	30
标题	**ENCODE 计划和功能基因组研究**
期刊	遗传
年度页码	2014，36（3）：237-247
作者	丁楠，渠鸿竹，方向东
机构	中国科学院北京基因组研究所，中国科学院基因组科学及信息重点实验室
类型	Review
序号	31
标题	**中国蛋白质组学研究进展以人类肝脏蛋白质组计划和蛋白质组学技术发展为主题**
期刊	中国科学：生命科学
年度页码	2014，44（11）：1099-1112

续表

作者	李衍常，李宁，徐忠伟，翟琳辉，樊锋旭，常乘，张成普，郑俊杰，徐平，贺福初
机构	中国人民解放军军事医学科学院放射与辐射医学研究所，蛋白质组学国家重点实验室；蛋白质药物国家工程研究中心；国家蛋白质科学中心（北京）；北京蛋白质组研究中心
类型	Review
序号	32
标题	**发展我国生物能源产业的战略思考**
期刊	中国生物工程杂志
年度页码	2014，34（12）：137–145
作者	赵军
机构	中国科学院学部工作局
类型	Article
序号	33
标题	**发展我国肿瘤防控转化医学研究的战略及思考**
期刊	中华医学杂志
年度页码	2014，94（2）：83–85
作者	董恒磊[1]，李慧[1]，徐宁志[2]，游伟程[3]，程书钧[2]，孙燕[2]，郝希山[1]
机构	1. 天津医科大学肿瘤医院国家肿瘤临床医学研究中心，天津市肿瘤防治重点实验室 2. 中国医学科学院肿瘤医院肿瘤研究所 3. 北京大学肿瘤医院
类型	Article
序号	34
标题	**人类脑科学研究计划：谁来圆梦？**
期刊	生理学报
年度页码	2013，65（4）：466–468
作者	王喆辰
机构	复旦大学神经生物学研究所
类型	Short Paper
序号	35
标题	**工业生物技术的现状、发展趋势和规划**
期刊	生物加工过程
年度页码	2013，11（2）：1–5

续表

作者	付卫平
机构	中国生物技术发展中心
类型	Review
序号	36
标题	**国际生物经济战略透视**
期刊	中国生物工程杂志
年度页码	2013，33（2）：111-116
作者	楚宗岭[1]，曾海燕[2]，邓心安[1]
机构	1. 中国农业大学人文与发展学院 2. 厦门大学
类型	Article
序号	37
标题	**军队战斗力生物化趋势的战略研判**
期刊	军事医学
年度页码	2012，36（11）：808-811
作者	孙世俊，郭继卫，周志坚
机构	第三军医大学西南医院
类型	Article
序号	38
标题	**我国转基因生物安全战略研究**
期刊	中国农业科技导报
年度页码	2012，14（2）：1-6
作者	范云六[1]，黄大昉[1]，彭于发[2]
机构	1. 中国农业科学院生物技术研究所 2. 中国农业科学院植物学保护研究所
类型	Article
序号	39
标题	**十年有成的海洋生物普查计划**
期刊	生物多样性
年度页码	2011，19（6）：627-634
作者	邵广昭
机构	中研院生物多样性研究中心（台北）
类型	Article

续表

序号	40
标题	**《中国生物多样性保护战略与行动计划》的核心内容与实施战略**
期刊	生物多样性
年度页码	2011，19（4）：387-388
作者	薛达元
机构	中央民族大学生命与环境学院
类型	Article
序号	41
标题	**人类基因变异组计划及其在肿瘤方面研究进展**
期刊	中国全科医学
年度页码	2011，14（8B）：2706-2709
作者	邵营波，张瑾
机构	天津医科大学附属肿瘤医院乳腺三科，乳腺癌防治教育部重点实验室；天津市肿瘤防治重点实验室
类型	Article
序号	42
标题	**人体微生物组计划**
期刊	中国微生态学杂志
年度页码	2011，23（9）：857-858
作者	成妮妮，郭春雷
机构	临沂大学生命科学学院
类型	Review
序号	43
标题	**部分国家医学科技发展战略比较初探**
期刊	中国科学：生命科学
年度页码	2010，22（4）：382-386
作者	马凌飞，张宏梁，田玲
机构	中国医学科学院医学信息研究所
类型	Article
序号	44
标题	**人类变异组计划及其进展**
期刊	遗传

续表

年度页码	2010，32（11）：1105-1113
作者	高山，张宁，张磊，段广有，张涛
机构	南开大学生命科学学院
类型	Review
序号	45
标题	**美国生物质资源研究规划与举措分析及启示**
期刊	中国生物工程杂志
年度页码	2010，30（1）：111-116
作者	邓勇，陈方，王春明，陈云伟，房俊民
机构	中国科学院国家科学图书馆成都分馆
类型	Article
序号	46
标题	**国际生物多样性研究科学计划与热点述评**
期刊	生态学报
年度页码	2009，29（4）：2115-2122
作者	李延梅[1]，牛栋[2]，张志强[1]，曲建升[1]
机构	1. 中国科学院资源环境科学信息中心 2. 中国科学院资源环境科学与技术局
类型	Review
序号	47
标题	**关于我国实施癌基因组关联研究计划的几点建议**
期刊	中华肿瘤杂志
年度页码	2009，31（9）：719-720
作者	方福德
机构	中国医学科学院北京协和医学院基础医学研究所
类型	Article
序号	48
标题	**基因组学在中国从计划到实践的 10 年**
期刊	中国科学 C 辑：生命科学
年度页码	2008，38（10）：879-881
作者	陈竺，赵国屏

续表

机构	上海市—科技部共建疾病与健康基因组学重点实验室，国家人类基因组南方研究中心；上海市—科技部共建疾病与健康基因组学重点实验室
类型	Article
序号	49
标题	**欧盟第七框架计划及其在生命科学方面的资助情况简介**
期刊	中国医学：生命科学
年度页码	2007，19（1）：6-8
作者	岳东方
类型	Article
序号	50
标题	**我国农业微生物产业发展战略与对策**
期刊	中国农业科技导报
年度页码	2007，9（4）：22-25
作者	陆建中[1]，林敏[2]，邱德文[3]
机构	1. 中国农业科学院科技管理局 2. 中国农业科学院生物技术研究所 3. 中国农业科学院植物保护研究所
类型	Article
序号	51
标题	**近期国外重要的生命科学研究计划和资助情况**
期刊	中国科学基金
年度页码	2006，20（5）：272-277
作者	饶子和
机构	中国科学院生物物理研究所
类型	Article
序号	52
标题	**癌降解组计划及其意义**
期刊	癌变 · 畸变 · 突变
年度页码	2005，17（6）：392-393
作者	周莉[1]，张天宝[2]，金克炜[1]
机构	1. 昆明医学院病理学教研室 2. 第二军医大学卫生毒理学教研室
类型	Review

续表

序号	53
标题	**生物医学研究路线图计划及其进展**
期刊	北京大学学报（医学版）
年度页码	2005，37（4）：445-447
作者	张燕蕾，高琴，谢志耘，张其鹏，胡章志
机构	北京大学医学信息中心
类型	Article
序号	54
标题	**生物可持续性科学计划与实施战略介绍**
期刊	地球科学进展
年度页码	2005，20（11）：1262-1268
作者	李延梅[1]，张志强[1]，巩杰[2]
机构	1. 中国科学院资源环境科学信息中心 2. 中国科学院生态环境研究中心
类型	Article
序号	55
标题	**印度生物技术未来 10 年发展规划浅析**
期刊	生物技术通报
年度页码	2005（4）：71-74，78
作者	刘娅
机构	中国科学技术信息研究所
类型	Article
序号	56
标题	**人类表现基因组计划**
期刊	生命的化学
年度页码	2004，24（2）：101-103
作者	黄庆，郭颖，府伟灵
机构	第三军医大学西南医院检验科
类型	Article
序号	57
标题	**血浆蛋白质组——人类蛋白质组计划的“探路者”**
期刊	生物化学与生物物理进展

续表

年度页码	2004，31（8）：673-678
作者	王英，赵晓航
机构	中国医学科学院，肿瘤医院肿瘤研究所，分子肿瘤学国家重点实验室
类型	Review
序号	58
标题	**生物技术发展现状及发展战略**
期刊	现代化工
年度页码	2004，24（6）：1-6，17
作者	欧阳藩
机构	中国科学院过程工程研究所，生化工程国家重点实验室
类型	Review
序号	59
标题	**人类基因组计划与后基因组时代**
期刊	中国生物工程杂志
年度页码	2003，23（11）：87-94
作者	骆建新[1]，郑崛村[1]，马用信[2]，张思仲[2]
机构	1. 第三军医大学成都军医学院生物化学与分子生物学教研室 2. 四川大学华西医学中心附属第一医院学遗传室
类型	Article
序号	60
标题	**人类脑计划：神经科学领域时代的里程碑**
期刊	暨南大学学报（自然科学与医学版）
年度页码	2002，23（6）：31-34
作者	罗焕敏
机构	暨南大学药学院
类型	Article
序号	61
标题	**人类后基因组计划推动免疫学迅速发展**
期刊	细胞与分子免疫学杂志
年度页码	2002，18（1）：1
作者	金伯泉
机构	第四军医大学基础医学部免疫学教研室

续表

类型	Article
序号	62
标题	**人类基因组计划及其伦理学问题**
期刊	中国科学基金
年度页码	2002，16（3）：165-168
作者	刘庆坡，薛庆中
机构	浙江大学农业与生物技术学院
类型	Article
序号	63
标题	**中国蛋白质组计划**
期刊	中国科学基金
年度页码	2002，16（5）：264-268
作者	贺福初
机构	解放军军事医学科学院放射医学研究所
类型	Article
序号	64
标题	**我国生物技术产品的发展战略**
期刊	中国生物制品学杂志
年度页码	2002，15（1）：1-4
作者	雷殿良，姜典才，饶春明，李德富
机构	中国药品生物制品检定所
类型	Article
序号	65
标题	**人类基因组计划大事记**
期刊	生物化学与生物物理进展
年度页码	2001，27（2）：135
作者	刘威
机构	中科院生物物理所
序号	66
标题	**解读生命密码——人类基因组计划**
期刊	物理
年度页码	2001，30（1）：36

续表

作者	戴闻[1]，曾宗浩[2]
机构	1. 中科院理化技术所 2. 中科院生物物理所
序号	67
标题	**人类基因组计划与生命科学及生物产业**
期刊	遗传
年度页码	2000，22（4）：273
作者	杨焕明，汪建，刘斯奇，于军
机构	中国医学科学院基础医学所人类基因组中心
类型	Article
序号	68
标题	**BIOME6000 计划：重建古生物群区的最新进展**
期刊	应用生态学报
年度页码	2000，11（3）：465
作者	倪健
机构	中科院植物所，植被数量生态学开放实验室
序号	69

Science 年度科学突破

排名	2021
1	人工智能预测蛋白质结构
	Protein Structures for All-AI-Powered Predictions Show Proteins Finding Their Shapes
2	解锁古老泥土 DNA 宝库
	Ancient Soil DNA Comes of Age
4	抗新冠强效药出现
	Potent Pills Boost COVID-19 Arsenal
6	单克隆抗体治疗传染性疾病
	Artificial Antibodies Tame Infectious Diseases
9	CRISPR 基因编辑疗法对人类疗效首次证明
	CRISPR Fixes Genes Inside the Body
10	体外胚胎培养为早期发育研究打开新窗户
	Embryo ‘Husbandry’ Opens Windows into Early Development
排名	**2020**
1	新冠疫苗点亮希望之光
	Shots of Hope—Desperately Needed Vaccines Against COVID-19，Developed and Tested Atrecord Speed，are 2020’s Breakthrough
2	CRISPR 首次成功治愈两种遗传性血液病
	First CRISPR Cures?
7	AI 首次精准预测蛋白质三维结构
	AI Disentangles Protein Folding
8	“精英控制者”开启治疗艾滋病新策略
	How ‘Elite Controllers Keep’ HIV at Bay
排名	**2019**
2	与丹尼索瓦人面对面
	Face to Face with the Denisovans
4	对抗营养不良
	Microbes Combat Malnourishment
7	填补生命“缺失环节”
	A ‘Missing Link’ Microbe Emerges

续表

8	治疗囊性纤维化病
	In a First，Drug Treats Most Cases of Cystic Fibrosis
9	埃博拉患者的希望
	Hope for Ebola Patients，at Last
排名	**2018**
1	单细胞水平追踪生物体发育
	Development Cell by Cell（With a Trio of Techniques，Scientists are Tracking Embryo Development in Stunning Detail）
6	古人“混血儿”
	An Archaic Human‘Hybrid’
7	法医系谱学时代到来
	Forensic Genealogy Comes of Age
8	基因沉默药物获批
	Gene-silencing Drug Approved
10	细胞如何自我管理
	How Cells Marshal Their Contents
排名	**2017**
2	冷冻电镜：窥见原子尺度生命
	Life at the Atomic Level
4	30 万年前的智人化石：人类新起源
	Deeper Roots for Homo Sapiens
5	新剪刀：精确的基因编辑
	Pinpoint Gene Editing
6	生物学预印本兴起：先发表了再说
	Biology Preprints Take Off
7	广谱抗癌药：将癌细胞“一网打尽”
	A Cancer Drug’s Broad Swipe
10	基因疗法胜利：为治疗神经退行性疾病带来希望
	Gene Therapy Triumph
排名	**2016**
3	计算软件设计人工蛋白
	Artificial Intelligence Ups Its Game

续表

4	杀死老细胞永葆年轻
	Killing Old Cells to Stay Young
5	猿类动物也有“读心术”
	Humans aren’t the Only Great Apes that Can‘Read Minds’
6	人工设计蛋白质开创新可能
	Proteins by Design
7	实验室制出小鼠卵子
	Mouse Eggs Made in the Lab
8	一次非洲移民潮让人类走向全球
	A Single Wave of Migration From Africa Peopled the Globe
9	纳米孔基因测序技术领风骚
	Genome Sequencing in the Hand and Bush
排名	**2015**
1	“基因剪刀”的 CRISPR 基因组编辑技术
	CRISPR Genome-Editing Technology Shows Its Power
3	肯纳威克人的骨架，证实早期美洲人来自亚洲
	Kennewick Man’s Kin
5	发现新人种 Homo naledi
	Homo naledi Comes Out of the Dark
7	研制埃博拉疫苗
	A Vaccine Against Ebola
9	淋巴管：隐藏在大脑最深处的秘密
	Lymphatic Vessels：The Brain’s Well-Hidden Secret
排名	**2014**
3	血液或真能让人返老还童
	Using Young Blood to Fight Old Age
5	模拟大脑的芯片
	Chips that Mimic the Brain
7	或可治愈糖尿病的细胞
	Cells that Might Cure Diabetes
8	操控记忆
	Manipulating Memories

续表

9	给予生命一张更大的遗传“字母表” Giving Life a Bigger Genetic Alphabet
排名	**2013**
1	癌症免疫疗法 Cancer Immunotherapy：Harnessing The Immune System To Battle Tumors
2	基因编辑技术 CRISPR Genetic Microsurgery For The Masses
3	CLARITY 成像技术 Clarity Makes It Perfectly Clear
4	人类的克隆胚胎 Human Cloning At Last
5	迷你器官 Dishing Up Mini-Organs
8	我们为什么要睡觉 To Sleep，Perchance to Clean
9	我们的微生物，我们的健康 Your Microbes，Your Health
10	结构生物学指导疫苗设计 In Vaccine Design，Looks Do Matter
排名	**2012**
2	丹尼索瓦人基因组 A Home Run for Ancient DNA
3	基因组的精密工程 Genomic Cruise Missiles（TALENs）
5	ENCODE 项目 Genomics Beyond Genes
7	X 射线激光解开蛋白质的结构 First Protein Structure from an X-Ray Laser
8	大脑 / 机器界面 Brain-machine Interfaces Start to Get a Grip
10	让干细胞形成卵子 Making Eggs From Stem Cells

续表

排名	2011
1	HIV 防御方法
	HIV Treatment as Prevention
3	揭开人类起源之谜
	Archaic Humans' DNA Lives On
6	对微生物组的逐步了解
	Microbes R Us
7	一种有前途的疟疾疫苗
	RTS，S–A Vaccine with Many Maybes
10	清除衰老细胞
	Removing Old Cells to Stay Young?
排名	**2010**
2	合成生物学
	Build Your Own Genome
3	尼安德特人基因组
	Reading the Neandertal Genome
4	下一世代的基因组学
	Next-Generation Genomics
5	RNA 的重新编程
	Souped-Up Cellular Reprogramming
6	外显子组测序 / 罕见疾病基因
	Homing in on Errant Genes
9	大鼠的回归
	Rats Redux
10	HIV 预防
	HIV Prophylaxis
排名	**2009**
3	植物的 ABA 受体
	ABA Receptors
5	雷帕霉素
	Live Long and Prosper

续表

排名	
7	基因疗法的卷土重来 Gene Therapy Returns
排名	**2008**
1	细胞再编程 Reprogramming Cells
3	癌症基因名单扩充 Cancer Genes
6	观察工作中的蛋白质 Watching Proteins at Work
7	细胞之舞 The Video Embryo
10	廉价基因组测序 Sequencing Bonanza
排名	**2007**
1	发现人类基因组个体间差异 Human Genetic Variation
2	用人类皮肤细胞仿制出胚胎干细胞 Reprogramming Cells
4	发现人体蛋白受体结构 Receptor Visions
7	发现 T 细胞同时具有两用功能 Divide to Conquer
9	发现人类大脑的重要记忆中心 Back to The Future
排名	**2006**
2	化石 DNA Digging Out Fossil DNA
6	眼部衰老的福音 A Ray of Hope for Macular Degeneration Patients
7	物种进化 Down the Biodiversity Road

续表

8	显微镜的新用途
	Peering Beyond the Light Barrier
9	记忆是如何形成的
	The Persistence of Memory
10	新的核糖核酸种类
	Minute Manipulations
排名	**2005**
1	进化研究
	Evolution in Action
3	揭开植物开花之谜
	Blooming Marvelous
5	发现精神分裂症根源
	Miswiring the Brain
7	发现看门蛋白质“近照”
	Protein Portrait
9	细胞信号研究“更上一层楼”
	Systems Biology Signals Its Arrival
排名	**2004**
2	上发现已知最小人种的化石
	The Littlest Human
3	韩国科学家宣布克隆出人类早期胚胎
	Clone Wars
5	基因组垃圾 DNA
	Hidden Dna Treasures
7	植物和动物物种的多样性正在下降
	Documenting Diversity Declines
10	发现新的基因和基因组
	Genes，Genes Everywhere
排名	**2003**
2	解开精神病产生机理
	Decoding Mental Illness（Cracking Mental Illness）
4	小核糖核酸

续表

4	Still hot（RNA Advances）
5	分子马达
	Single Molecules Groove and Glow（Zooming in on Single Molecules）
7	鼠胚胎干细胞
	Spontaneous Generation（Spontaneous Sperm and Egg Cells）
9	Y 染色体
	The little Y that Could（The Self-Reliant Y Chromosome）
10	饿死肿瘤
	Breakthrough Cancer（Therapies Starving cancer）
排名	**2002**
1	小核糖核酸
	Small RNAs Make Big Splash
3	基因测序为人类造福
	Genomes Head South
6	发现对温度和化学物都敏感的蛋白
	A Taste for Temperature
7	首获完整的细胞器三维照片
	Frozen Images
9	科学家发现全新感光细胞
	Retina Receptors
10	有感人类起源的一些最基本看法被动摇
	Evolutionary Headlines
排名	**2001**
2	科学家发现 RNA（核糖核酸）多才多艺
	RNA Ascending
4	提前完成人类基因组测序计划
	Genomes Take Off
6	找到修复受损神经的方法
	Guide Me Home
8	格里维克上市，抑制白血病有关的缺陷酶
	Cancer in the Crosshairs

备注：参考 *Science* 官网及科学网（http://www.science.cn）中文网页。

《麻省理工科技评论》年度突破性技术

排名	2022
2	新冠变异追踪（Covid Variant Tracking）
4	AI 蛋白折叠（AI for Protein Folding）
5	疟疾疫苗（Malaria Vaccine）
7	新冠口服药（A Pill for Covid）
排名	2021
1	信使 RNA 疫苗（Messenger RNA Vaccines）
排名	2020
2	超个性化药物（Hyper-personalized Medicine）
4	抗衰老药物（Anti-aging Drugs）
排名	2019
3	早产预测（Predicting Preemies）
4	肠道显微胶囊（Gut probe in a Pill）
5	定制癌症疫苗（Custom Cancer Vaccines）
6	人造肉汉堡（The Cow-free Burger）
排名	2018
2	人造胚胎（Artificial Embryos）
5	对抗性神经网络（Dueling Neural Networks）
9	基因占卜（Genetic Fortune-Telling）
排名	2017
1	治愈瘫痪（Reversing Paralysis）
7	基因疗法 2.0（Gene Therapy 2.0）
8	细胞图谱（The Cell Atlas）
排名	2016
1	免疫工程（Immune Engineering）
2	精确编辑植物基因（Precise Gene Editing in Plants）
6	DNA 应用商店（DNA App Store）
排名	2015
5	液体活体检查（Liquid Biopsy）
8	脑细胞团培育（Brain Organoids）

续表

10	DNA 的互联网（Internet of DNA）
排名	**2014**
3	脑图谱（Brain Mapping）
4	神经形态芯片（Neuromorphic Chips）
5	基因组编辑（Genome Editing）
6	微型 3D 打印（Microscale3- D Printing）
排名	**2013**
3	记忆植入（Memory Implants）
4	胎儿 DNA 测序（Prenatal DNA Sequencing）
排名	**2012**
3	卵子干细孢（Egg Stem Cells）
8	纳米孔测序（Nanopore Sequencing）
排名	**2011**
2	癌症基因组学（Cancer genomics）
8	分离染色体（Separating Chromosomes）
9	合成细胞（Synthetic Cells）
排名	**2010**
4	干细胞工程（Engineered Stem Cells）
8	植入式芯片（Implantable Electronics）
9	双效抗体（Dual- Action Antibodies）
排名	**2009**
1	生物机器（Biological Machines）
2	$100 基因组测序（$100 Genome）
3	诊断试纸（Paper Diagnostics）
排名	**2008**
2	纤维素酶（Cellulolytic Enzymes）
3	神经连接组学（Connectomics）
排名	**2007**
3	神经元控制（Neuron Control）
4	纳米康复技术（Nanohealing）
8	个性化医用监控（Personalized Medical Monitors）
10	单细胞分析（Single-Cell Analysis）

续表

排名	2006
1	纳米医学（Nanomedicine）
2	表观遗传学（Epigenetics）
4	细胞核重组（Nuclear Reprogramming）
7	纳米生物力学（Nanobiomechanics）
排名	2005
4	代谢组学（Metabolomics）
6	万用记忆体（Universal Memory）
7	细菌工厂（Bacterial Factories）
10	生物机电一体化（Biomechatronics）
排名	2004
2	合成生物学（Synthetic Biology）
7	RNAi 干扰疗法（RNAi Therapy）
10	个人基因组学（Personal Genomics）
排名	2003
6	分子成像（Molecular Imaging）
9	糖组学（Glycomics）
排名	2001
1	脑机接口（Bran-Machine Interface）
5	生物特征识别技术（Biometrics）
10	微流控芯片技术（Microfluidics）

备注：参考《麻省理工科技评论》全球十大突破性技术（2001—2021 年）及科塔学术（https://www.sciping.com/36224.html）等。